# 企业财务管理优化研究

李东明　暴海龙　著

中国商业出版社

**图书在版编目（CIP）数据**

企业财务管理优化研究 / 李东明，暴海龙著. 北京 : 中国商业出版社，2024. 8. -- ISBN 978-7-5208-3062-1

Ⅰ. F275

中国国家版本馆 CIP 数据核字第 2024DJ3069 号

责任编辑：葛　伟

中国商业出版社出版发行

（www.zgsycb.com 100053 北京广安门内报国寺 1 号）

总编室：010-63180647 编辑室：010-83118925

发行部：010-83120835/8286

新华书店经销

北京七彩京通数码快印有限公司印刷

*

710 毫米 ×1000 毫米 16 开 10.5 印张 218 千字

2024 年 8 月第 1 版 2024 年 8 月第 1 次印刷

定价：50.00 元

* * * *

# 前　言

企业财务管理主要涉及资产购置、资本融通、营运资金管理及利润分配等经济活动内容，是企业管理的重要组成部分。做好企业财务管理对于保证日常运营可行性和经济发展效果有重要作用，在一定程度上会影响企业的竞争力和生命力。在数字经济时代，随着移动互联网的迅速发展和数字化经济的蓬勃运行，万物互联、智能化互联和数据信息化融合时代全面到来。在此情况下，企业的财务管理工作也需要借助数字经济时代的大数据要素进行创新发展，只有通过数字化要素与企业财务管理的充分融合，强化财务平台应用开发，实现财务数字共享推动财务管理转型，进而达到财务管理在数据时代高效化、集约化、全面化发展，才能够应对日益数字化、智能化的社会对企业财务管理的新需求，也才能够对未来企业经济发展和创新改革提供有力的数字财务保障。

本书共分为六章。第一章企业财务管理概述，主要介绍了企业财务管理相关概念及现状、企业财务管理内部控制相关分析以及大数据时代企业财务管理相关分析；第二章企业财务绩效影响，主要是企业财务绩效相关概述，并分析了 ESG 表现和研发投入对企业财务绩效的影响；第三章企业财务管理转型，主要探究了企业财务管理数字化转型、智能化转型以及高质量发展转型；第四章企业财务风险管理，主要是企业财务风险管理相关概述，并分析了建筑企业和电子商务企业财务风险管理相关内容；第五章企业财务共享与管理，主要是企业财务共享管理相关概念，并分析了企业财务共享中心管理的可行性，探究了企业财务共享中心管理 RPA 应用，提出了企业财务共享模式下财务管理效能提升路径；第六章企业财务管理优化策略，主要从企业财务管理大数据创新、内部控制优化和高质量发展等方面提出对策，从而提高企业财务管理效率，推动企业健康发展。

综合而言，财务管理是企业的重要工作内容，它对于企业的财产安全、资金运营情况以及业务项目的质量等都会造成不容忽视的影响。为了推动企业的发展，企业必须做好财务管理工作。

著　者

# 目　录

# 第一章　企业财务管理概述

## 第一节　企业财务管理相关概念及现状

对一个企业而言，财务管理非常重要，它是企业管理的核心内容，不仅能够帮助企业降低成本，还可以从宏观上把握资本运作的流程，在一定程度上降低企业的财务风险，实现企业的利润最大化。对企业而言，财务管理改进和优化意义非凡。

### 一、企业财务管理相关概念

#### （一）企业财务管理概念

企业财务管理是企业以整体目标为基础，对企业财务活动中的利润分配、融资投资、资产购置等项目进行管理的财务工作流程。企业财务管理是在财经法规制度的基础上，基于财务管理的原则对企业财务活动和财务关系进行组织和处理的一项经济管理工作，是企业管理的重要组成部分。简单地说，企业财务管理是指通过一个标准化手段控制企业和监督财务活动所使用的具体方法、措施和程序，以确保实现财务目标。

#### （二）企业财务管理内容

企业财务管理主要包括筹资管理、营运资金管理和成本费用管理。

1. 筹资管理

筹资管理指的是企业依据自身投资、生产需要或进行资本结构调整时，采用筹资方式满足企业资金需求的一种财务行为。通常情况下，筹资方式主要有筹措债务资金与筹措股权资金两种。而进行筹资管理目的在于降低公司资金成本，降低运营风险，满足公司资金需求，增加公司收入。

具体可以依据下列标准对企业筹资进行分类。

（1）股权筹资、债务筹资及衍生工具筹资。这是企业筹资方式最常见的分类方法。股权资本由股权筹资所形成。企业依法对其享有调配、使用权。股权资本也可叫作企业股东权益资本、主权资本或自由资本，因为在企业正常运营时间范围内，投资者不可以随意收回其股权资本。股权资本能够有效衡量企业资信状况，是维持企业正常运营的重要资金，也是企业能够偿还债务的基础。常见的筹集股权资本的方法包括内部积累、发行股票、直接投资。债务筹资指的是企业利用赊购商品、融资租赁、发行债券或者借款等方式获取资金，在一定时间内所需偿还的债务。衍生工具筹资包含混合型融资与其他衍生工具融资两大类。

（2）直接筹资与间接筹资。企业筹资依据企业是否将金融机构作为融资媒介可划分为直接筹资和间接筹资。

（3）内部筹资与外部筹资。内部筹资指的是企业利用利润存留获取筹资。外部筹资是指向公司外的经济主体等筹借资金。

（4）长期筹资与短期筹资。长期筹资是指企业作为筹资主体，根据其经营活动、投资活动和调整资本结构等长期需要，通过长期筹资渠道和资本市场，经济、有效地筹集长期资本的活动。短期筹资是指筹资时间短于一年的筹资方式。

2. 营运资金管理

营运资金管理指的是企业对其流动负债和流动资产的管理工作。一定量的营运资金是企业能够正常稳定运营的必要条件，企业在进行财务管理工作时应当注重营运资金管理。

就会计的视角而言，营运资金指的是流动负债和流动资产的净额。假若流动负债与流动资产相同，流动负债也会占用一部分流动资产的资金，而假若流动负债小于流动资产，相应地净流动资产则需要以所有者权益或长期负债中的一部分资金作为流动资产的来源。会计上往往是依据流动资产和流动负债之间的差来衡量企业偿债能力的高低，并不会依据二者之间的关系进行判断。此时，容易导致财务人员无法深入了解以及有效管理营运资金。就财务角度而言，流动负债和流动资产关系的总和就是营运资金，总和表示的是两者的关系，而不是两者数额的简单相加。此时，财务人员在对营运资金进行管理时，则会注重流动负债和流动资产的管理。

应当依据营运资金的特点，制订有效的管理方案，进而提高营运资金的管理效率。营运资金通常具有下列特点。

（1）周转时间短。因其周转时间短，可以采用短期筹资方式来解决营运资金出现的问题。

（2）非现金形态的营运资金变现相对容易，如短期有价证券、应收账款、存货等。其可以有效解决企业临时资金需求。

（3）数量具有波动性。流动负债和流动资产较易受到外部条件影响，数量波动较大。

（4）来源具有多样性。企业可以通过短期筹资和长期筹资两类筹资方式来满足企业的营运资金需求。短期筹资的方式多种多样，包括票据贴现、商业信用、短期融资、银行短期借款等。

3. 成本费用管理

成本费用指的是企业进行生产经营活动所耗费的资金，也可将其视为企业为获取收益

而产生的资金支出。成本费用主要包括期间费用成本与制造成本。企业内部运营效率可以通过成本费用来衡量。在收入稳定的条件下，它能衡量公司的盈利状况。总的来说，成本费用指标在企业的运营过程中产生着积极的影响，不仅能降低生产成本，减少不必要的支出，还能优化企业的管理结构。在企业的运营过程中，对生产产品所消耗的成本以及用于开展生产活动的费用进行控制即为成本费用管理，具体包括分析、计划、核算、控制以及考核等。成本费用管理是帮助企业赢利的工具，不仅能帮助企业优化管理结构，还能为企业分担压力，寻找发展途径，挖掘潜在价值。所以加强成本费用管理，能对企业的发展产生积极影响。

以下是成本费用管理的几种方式：成本归口分级管理、成本形态分析、标准成本管理、作业成本管理以及责任成本管理。在企业管理层的指导下，将费用的消耗途径进行划分，并分析成本计划指标，为分散压力、达到共同承担责任的目的，应将指标明确告知各个部门、车间（或分部）和班组，将岗位制度和成本管理相结合，这就是成本归口分级管理，通常也叫作成本管理责任制。为了使管理者作出正确的决策，帮助企业优化经营模式，收集有用的信息，可以深入研究业务量和成本之间的相关性，进而在数量上明确两者之间的相关性和规律性，这就是成本形态分析。将实际成本与标准成本进行比较，明确两者之间存在的差别，并深入分析原因和责任，然后寻找途径，对成本进行科学的管控，就是标准成本管理，也叫作标准成本控制。以作业成本法的创新集中化管理模式为基础，旨在帮助企业获取更多的利润，提高客户满意度，即作业成本管理。在企业内部设置多个责任中心，将责任成本进行清晰的划分，围绕各中心的权力、责任和利益，对其工作绩效进行评估，这种管理方式称为责任成本管理。

### （三）企业财务管理目标

企业财务管理目标有利润最大化、股东财富最大化和企业价值最大化。

1. 利润最大化

西方微观经济学发展的理论依据就是利润最大化的思想。西方国家也是在这个观点的基础上对企业的决策和绩效进行评估、分析的。为获得较多的利益，企业需要采取一系列有效的措施，如合理降低生产成本、提高工作效率、优化管理结构、提高经济效益等。通过以上方式，不仅能帮助企业科学分配资源，还能提高收益水平。与此同时，其也存在以下几点不足。

（1）没有关注获取利润时间和资金传输时间所消耗的价值。

（2）没有进行风险评估。任何行业都存在一定的风险，而在不同行业中赚取同等的利润所要投入的资产和面临的风险也有所差别。

（3）在一定程度上，会造成企业出现暂时性的财务决策偏向，给企业的发展带来不利影响。因为利润指标通常以年限计算，所以企业的年度指标与管理者的决策相互依存，决策决定着指标的执行情况。

2. 股东财富最大化

借助科学的财务管理方式为股东创造更多的效益即股东财富最大化。当股票情况相对稳定、数量也固定的时候，股票的价格就影响着股东财富的多少。该指标也有许多不足，具体有以下几点。

（1）一般很难在非上市公司投入使用，因为和上市公司相比，其无法及时收集股价信息。

（2）存在诸多干扰股价的因素，尤其是企业外部的因素，甚至缺乏常规性，这就导致企业的财务管理情况无法得到准确的反映。

（3）由于过分关注股东权益，而忽视了部分关系人的利益。

3. 企业价值最大化

基于传统的发展道路，行业内普遍认为股东分担着企业的发展压力，也承担着剩余风险，所以完全具备获取全部经济利润的权利。由于债权人和员工没有占据主要地位，所以在选择财务管理目标的过程中几乎得不到重视。但在现实情况中，企业的风险由企业上下游关系人、员工、债权人和股东共同担负。

实现企业价值最大化就意味着企业中的关系人或者不同集团的目标都能够在企业的总价值持续增加以及企业的平稳发展中表现出来。在实现企业价值最大化的过程中将会遇到很多的难题，其中相对更难的是怎样计量的问题。根据现在的实际情况进行分析，它的计量不容易达到规范和精准的要求。

财务管理目标就是企业在财务活动中应该满足的最基本要求，进行所有的财务活动都要立足于财务管理目标并且最终都回归于财务管理目标。同时，评估企业理财活动的合理性也可以依靠财务管理目标。除此以外，财务管理目标还可以明确进行企业财务管理活动的最基本的方向。财务管理目标还具备集合和汇总与财务相关的企业经营目标的作用。

### （四）企业财务管理环节

企业财务管理环节依据财务管理工作的程序和各部分之间所存在的联系划分为计划与预算、决策与控制、分析与考核等部分。财务管理的每个环节都有着密切联系。

1. 计划与预算

财务计划是指以货币的形式进行有规划的期内筹资、投资及其所获得的财务成果的文件方案。财务计划的作用是以详尽的量化来确立财务管理工作将要实现的目标。制订计划的规则是既要有长期目标，也要有短期目标，因此财务计划包含了长期和短期的两个计划。需要一年以上的时间才能够实现的计划称为长期计划，而长达五年的计划，可以把它当成公司战略计划。短期计划是为期一年以内的计划，通常指的是年度财务预算的计划。该财务预算内容含有企业以货币形式估算计划期内资金的获得和使用以及经营时的财务成

果和收支情况。年度财务预算十分重要，占据着企业经营计划中不可或缺的位置。除此以外，财务计划还有助于财务管理与监督。财务计划的制订是基于销售、生产、设备维修、劳动工资等多方面的。事实上，经济责任制在企业内部的制定是十分重要的，因为这样不仅可以让生产经营活动依照原先所设定的计划如期进行，还能够达到增加产量、降低成本、增加经济效益的效果。

财务预算是某些方面财务活动的预算的反映，如能够反映销售收入的销售预算，可以体现出现金收支活动情况的现金预算，能够体现资本支出的资本预算，还有与成本、费用支出相关的生产费用预算（直接人工、直接材料、制造费用三个方面的预算）、期间费用预算等。综合预算则是财务活动整体状况的体现，有能反映财务成果的预计损益表，还有可以体现出财务状况的预计财务状况变动表和预计资产负债表。这些预算之间都有着密不可分的联系。生产费用预算、期间费用预算以及资本和现金预算的编制都要建立在销售预算的基础上。现金预算可以对销售预算、生产费用预算等预算中和现金收支情况相关的部分进行归纳。预计损益表的编制要基于生产费用预算、销售预算、现金预算以及期间费用预算。编制预计资产负债表则不仅要考虑到期初资产负债表，还要考虑到生产费用预算、销售预算以及资本预算等，预计资产负债表与预计损益表会应用于编制预计财务状况表。

2. 决策与控制

财务决策是公司的管理人员根据公司的实际运营状况对不同的财务方案进行取舍的过程，其目的在于综合考虑各种财务方案是否符合公司的发展需要，并选择切实可行的方案。财务方案不仅包括投资方案和筹资方案，还包括筹资和投资综合在一起的方案。进行决策的人员必须具有一定的专业领域知识，同时还要了解公司发展的整体方向，根据公司的实际运营状况，分析财务预测结果，最后择优选取。在财务决策过程中，需要参考多种决策标准，如非货币化、不可计量的非经济标准和货币化、可计量的经济标准等，即表明决策结果往往是综合考虑各方面因素，然后再作出的选择。财务决策是公司财务管理的核心内容，能否选择出最适合公司发展方向的财务方案直接关系到公司资金的投入和资源配置，进而影响企业的盈利能力。在公司确定好施行方案之后，公司应对财务方案进行讨论，并下发给各个部门，要求各部门严格按照该方案开展工作，力求取得最好的经济效益。

财务控制是指公司衡量其收益和投入比例的过程，通过校正企业的资金投入和所获利润的关系，确保公司的财务目标能实现。企业的财务控制主要服务于公司实际掌握者。现代财务理论指出，企业理财的目标就是实现公司利益最大化和股东财富最大化。该活动必须符合法律要求，并在此基础上，制订合适的控制计划，要求公司严格按照控制计划开展工作来调整整个公司的资源配置和资金投入，最后通过考评各项财务标准来实现财务控制目标。可以说，财务控制是企业理财管理活动的重中之重，也是实现资金合理利用的重要手段。

3. 分析与考核

企业的财务分析主要是用来评估企业的财务状况。财务人员在获得相关的数据之后，应及时分析整合这些数据，撰写财务报告。事实上，对财务报表中的数据进一步整理和分析，能从中获得更多的财务信息。例如，在对财务报表的分析过程中应着重关注企业的财务状况是否良好、经营效益是否满足预期，以此来判断财务方案制订得是否合理。通过财务分析也能看出各部门是否严格按照实施方案来进行生产经营以及企业既定目标的完成情况。另外，需要通过财务分析找出制约企业发展的因素，及时调整资金的投入、资源的配置情况，为以后的财务预测、决策等提供参考，并有利于企业制订接下来的发展计划。现代财务分析方法能为各个企业甚至国家有关部门提供全面的财务分析信息，企业管理人员可以利用这些信息及时调整企业的发展方向。

财务分析包含三个部分：一是财务状况分析，主要是针对企业的资产配置状况和偿债能力进行全面的分析；二是成本费用分析，主要是分析企业运营的成本费用，企业可以根据分析结果，制订成本节约计划；三是财务成果分析，主要是对企业的获利能力进行分析。

在进行财务分析时，要铭记分析目的，确定财务分析的对象，然后收集相关资料，参考这些资料，再分析本企业的财务状况，最后撰写书面报告，指出分析结果。

财务分析主要是结合各种相关资料来进行分析。常用的分析方法主要如下。①对比分析法。该方法是对两个及两个以上的相关指标进行分析，通过对比这些指标的变化趋势，找出差异。常用的对比指标包括实际指标、同行业指标以及历史指标。②比率分析法。该方法主要是计算两个指标的比值，以此来说明企业的财务状况。常用的比率分析法有相关比率分析，主要是计算具有一定相互关系的指标的比值，以此来了解其对企业发展的影响；还有构成比率分析和趋势比率分析等方法。③综合分析法。它主要是把各个与财务状况相关的指标有机结合来进行财务状况综合分析的一种方法。分析者可以根据自身企业的需要选择合适的分析方法或者综合利用这几种分析方法来把握公司的整体情况。

企业设置的财务考核应与物质奖惩挂钩。在企业进行财务考核过程中，必须关注财务指标的完成情况，以此判定相关部门或员工有无按要求完成任务。财务考核的目标主要是促进企业落实财务制度。基于此，在制定财务考核指标时，应综合考虑个人或单位的实际情况和能力，制定应承担完成责任的考核指标。将财务考核与物质奖惩紧密连接起来，符合责任制原则的要求，还可以最大限度地调动员工的积极性。在实际考核过程中，企业应该首先制订合适的奖惩计划。财务考核不仅符合按劳分配的社会分配原则，也是确保企业工作安排和完成的重要方法。

## 二、企业财务管理模式相关概述

### （一）企业财务管理模式的概念

理论界目前对于企业财务管理模式并没有一个系统明确的概念，只是对企业财务管理模式涉及的内容达成了基本的共识。R. B. Robinson 和 J. A. Peace 在《战略管理学》一书中提出了企业财务管理模式主要涉及筹资、资金分配与管理、利润分配等[①]。刘静、田世晓在《财务管理》一书中则对企业财务管理模式进行了总结，指出企业需要采用适当的方法来筹资，还需要合理分配及管理资金，将所创造利润进行再投资分配或进行利润分配[②]。张琳在《企业财务战略优化有关问题研究》一文中也探讨了企业财务管理模式的概念，主要是针对企业资金进行优化配置、保证企业资金流动性，企业在具体经营过程中需要基于外部环境变化，对有可能影响到企业正常运行的一系列财务问题进行规划管理[③]。基于以上多位学者的观点，这里将企业财务管理模式的概念设定为：为了更好地实现企业资金均衡流动，实现企业战略目标，提升企业竞争能力，在分析内外部环境及资金流动影响的基础上，对企业资产购置（投资）、资本融通（筹资）、现金流量（运营）及利润分配实施有效的管理。企业财务管理模式是企业管理中的重要组成部分，需要根据我国法律制度，按照现代化企业管理原则，对企业财务活动实施组织管理，合理处理企业财务关系，实现企业财务战略目标。

### （二）企业财务管理模式的内容

基于上述定义可知，企业财务管理模式的内容主要是对资金筹集、投资及分配要合理地进行规划，并有效地执行及监督。在具体分析的过程中主要将企业财务管理模式划分为筹资模式、投资模式及收益分配模式。

1. 筹资模式

筹资模式主要是对企业所需要的资金渠道、期限及成本等关键要素进行合理的规划安排。该模式的主要目标是为企业获取更多的资金以便支持企业运营发展。基于企业具体发展需求，通过开拓不同筹资渠道来获取资金，企业需要分析不同筹资渠道对企业发展的影响，合理地规划筹资期限，尽可能地保障筹资成本最小化，以便实现企业资本最优化。目前筹资渠道主要分为两部分：一部分是权益性筹资，该筹资模式中主要涉及股票发行、吸收直接投资及企业内部积累等；另一部分则属于债务性筹资，该筹资模式则主要包括发行债券、银行借款及租赁筹资等。另外，不同筹资模式期限也存在差别，一般情况下分为短

---

① Robinson R B, Pearce J A . The Impact of Formalized Strategic Planning on Financial Performance in Small Organization. Strategic Management Journal, 2008, 4 (3): 197-207.

② 刘静，田世晓. 财务管理［M］. 上海：立信会计出版社，2020：114.

③ 张琳. 企业财务战略优化有关问题研究［J］. 财经界（中旬刊），2018（8）：112.

期筹资和长期筹资。短期筹资主要包括银行借款及应付账款等；长期筹资则主要包括发行股票、发行长期债券及企业留存收益等。

2. 投资模式

投资模式主要是为了实现企业财务战略目标，针对企业资金进行投资规划，其中规划主要涉及企业资金投资方向、投资目标、投资规模及投资收益等。投资决策与企业发展有直接关联性，决策是否正确会决定企业接下来的运营。因此，投资模式在财务管理模式中也起到重要的引领作用，投资模式制定得正确会给企业带来较高的收益，如果投资模式不符合企业发展或受到外部其他因素的影响，会导致企业面临较大的风险，严重的话有可能导致企业破产。总的来说，企业在进行投资模式制定过程中需要结合内外部环境因素及企业自身能力来进行投资规模及投资项目的决定，针对投资风险需要事先做好识别，并做好针对性预防方案。

3. 收益分配模式

收益分配模式主要是针对企业进行利润分配，该模式基于本质层面来进行分析，也属于企业筹资的表现。收益分配与企业筹资模式有直接关联性[①]。企业采用哪种收益分配模式需要综合多种因素来考虑，如企业股东结构及内部筹资需求。同时，企业所取得收益是进行分配还是再投资也需要结合企业财务战略来系统分析。另外，员工股权激励计划也是收益分配模式中需要考虑的内容，该模式是否合理也会影响到股东及员工的团结性，合理分配能起到有效激励作用，否则起到消极作用。与此同时，企业也需要考虑自身发展需求，留存一定资金来维持企业的未来发展。

### （三）企业财务管理模式的类型

1. 集中型财务管理模式

集团企业采用集中型财务模式，则需要对企业所涉及各项经济决策进行系统集中管理，采用统一财务政策。尤其是针对子母类型的集团公司，母公司需要发挥积极的导向及调控作用，对集团资金进行有效协调管理，以此促进资源最优化，通过母公司作用降低管理成本，并最终完成集团的财务战略目标，有效地预防财务风险。但要注意，集中型财务管理模式的权限表现是高度集中化，这在一定程度上会影响子公司或下属公司的创造积极性。

2. 分权型财务管理模式

集团企业采用分权型财务管理模式，主要基于不同行业特点，将财务管理模式决策权力交由不同行业的子公司，以进一步发挥财务管理模式职能。母公司在分权型财务管理模式中主要起到监督及管理作用，帮助子公司做好财务运作。在该模式下，子公司在筹资、

① 李慧瑶. 浅议我国企业的财务管理环境［J］. 东方企业文化，2011（15）：78-88.

投资及利润分配上具有较大自主性及灵活性，以此保证企业财务决策的准确性，帮助企业提高整体的竞争优势。

3. 混合型财务管理模式

集团企业采用混合型财务管理模式，强调的是在分权基础上实现筹资、投资及利润分配有效统一，要积极参与市场竞争，以市场发展动态为基准。该模式呈现的是相对理想化的集权。一般情况下采用的是自下而上多层决策模式，这一模式能充分地发挥母公司的财务调控作用，促进子公司的发展积极性及创造性，以此来有效地预防风险，从而避免过于集权或分权对企业造成的影响。

## 三、企业财务管理与研发创新

### （一）企业财务管理与研发创新的关系

1. 企业财务管理在研发创新过程中的重要性

企业财务管理在研发创新过程中的重要作用体现在以下几个方面。首先，企业财务管理在资金筹措与分配方面发挥着关键作用，能够确保项目得以持续进行。其次，企业财务管理通过风险评估与控制，能够降低创新过程中的不确定性，提高项目的成功概率。最后，企业财务管理还能够通过经济效益评估、资源配置的优化等方式提高研发过程的效率和成果。以上这些功能全面展示了企业财务管理在研发与创新中的不可或缺的作用。

2. 企业财务管理对研发的影响因素

企业财务管理对研发的影响因素包括资金实力、财务风险承受能力、财务管理制度和流程、创新文化以及创新团队。具体而言，资金实力越强，企业越能提供充足资金支持，增加研发活动的可行性和稳定性；财务风险承受能力越强，企业对研发过程的不确定性和风险就能更好地应对和控制；合理的企业财务管理制度和流程能保证资金的合理配置和监控，降低研发风险并提高资金使用效率；积极的创新文化促使企业重视研发和创新，在企业财务管理中提供更多支持和资源；优秀的创新团队通过有效的资源配置和利用，能够提升研发成果质量和产出。以上这些因素共同影响了企业财务管理在企业研发过程中的效果。

3. 企业财务管理对研发创新的支持与促进

企业财务管理对研发创新的支持与促进作用主要表现在以下几个方面。首先，企业财务管理通过提供资金支持和资源配置，为研发创新提供必要条件和基础。企业财务管理可以确保研发创新所需资金的正常流动，提高创新项目的成功率。其次，企业财务管理在创新项目的风险评估和控制方面起着重要作用。由于创新过程伴随着不确定性和风险，企业需要评估和控制风险。企业财务管理通过对创新项目进行风险评估和控制，从而降低风险，提高成功率。最后，企业财务管理的决策支持和效率提高对研发创新产生积极影响。

企业财务管理通过评估创新项目的经济效益，为决策提供依据，选择有利于创新发展的方向和策略。同时，企业财务管理通过优化资源配置和提高效率，为研发创新提供更好的支持。

### （二）企业财务管理在研发创新中的具体作用

1. 资金管理与项目投资决策

企业财务管理在研发创新中的首要作用是对资金进行有效管理和合理分配。研发创新的过程通常需要大量的研究设备、实验材料、人力资源等投入，而资金是支撑研发活动的重要基础。财务管理通过对现有资金的合理分配及项目投资决策的支持，帮助企业高效进行研发创新，并可以确保资金的有效利用，避免资源浪费，提高项目的效益。

2. 成本控制与资源配置

企业研发创新常常伴随着较高的成本和长期的投入。在此过程中企业财务管理承担了成本控制与资源配置的重要责任。通过对研发过程中各项成本的监控和控制，财务管理可以帮助企业合理控制研发成本，确保研发项目的可持续进行。同时，企业财务管理还能够根据项目的实际需要，优化资源的配置，确保资源的最大化利用，提高研发创新的效率。

3. 风险管理与创新支持

企业研发创新过程中存在着一定的风险与不确定性，因而企业财务管理在其中起到了重要的支持作用。通过风险管理，企业财务管理能够识别、评估和控制潜在的风险因素，降低创新过程中的不确定性，并提供相应的风险应对策略。此外，企业财务管理可以通过为创新项目提供资金支持，并确保资金的稳定供应，为研发创新提供坚实的财务基础和保障。

4. 绩效评估与效果分析

企业财务管理在研发创新中有着重要的绩效评估和效果分析的作用。企业财务管理通过对研发项目的投入与产出进行评估，在财务层面上对项目的绩效进行定量分析和评价。这种评估可以帮助企业确定研发项目的经济效益，了解项目的收益和投资回报情况，并为未来的决策提供有力的依据。此外，企业财务管理还可以通过效果分析，评估研发项目对企业整体业绩的影响和贡献，从而更好地了解研发创新活动的效果和可持续发展能力。

## 四、会计信息化对企业财务管理的影响分析

会计信息化是指利用计算机技术来进行财务信息采集、处理、传递和共享的一体化财务会计工作，它对于提高企业财务管理效率和整体水平有不容忽视的作用。在企业财务管理中合理应用会计信息化，可增强企业财务管理在经济全球化中的适应性，突出会计信息化建设在企业财务管理中的重要性。与此同时，应用会计信息化模式也能保证企业财务管理内部控制系统的完善性，使企业的财务信息处于更加安全可靠的状态。

### （一）会计信息化的特点

1. 广泛性

企业财务管理中的会计信息化具有广泛性特点，这可以扩大会计信息化在企业财务管理以及相关业务工作中的应用范围，使会计信息化在各项业务工作中得到广泛应用。在广泛性特点的支持下，需要构建完善的企业财务理论体系，加大财务会计理论和各种先进技术方法在会计信息化中的融入力度，以此扩大会计信息化在企业财务管理中的应用范围，进而有效彰显会计信息化在企业财务管理中的应用价值。

2. 集成性

通过会计信息化可以将企业财务管理过程中的财务会计工作内容整合到一起，并在统一化系统中开展财务管理工作，将会计信息化融入企业各项业务工作当中，在顺利开展财务管理的同时实现财务数据集成化共享的目标①。并且在会计信息化作用下可减少企业财务管理数据信息输入工作量，保证各项数据信息的准确性和一致性，彰显会计信息化的集成性特点，从而应对企业财务管理中的各项挑战和变化。

3. 动态性

会计信息化的应用可以保证对企业财务管理各项信息进行动态化处理，将数据信息输入相应系统当中，在相关处理模块的支持下进行相应操作，实现企业财务管理中会计信息动态化分类、计算和整合处理的目标，从而保证企业财务管理中会计信息的动态化效果，详细体现出企业内部财务状况和动态化特点，同时增强会计信息化在企业财务管理中的动态适应力，以此彰显会计信息化的动态性特点。

4. 发展性

在现代化社会不断发展的过程中，会计信息化也呈现出不断优化完善的优势。在企业财务管理中可以将会计信息化与人工智能、大数据和区块链等新技术结合到一起，为会计信息化提供新的发展机遇，以此满足会计信息化在企业财务管理以及新经济环境中的发展需求。而应用在企业财务管理中的会计信息化手段有发展性特点，在不断发展中可以增强会计信息化在企业财务管理中的适应性。

### （二）会计信息化对企业财务管理的影响

1. 转变财务管理理念

会计信息化的应用可以在一定程度上改善常规财务管理过于注重事后核算和报告的现象，提高对企业财务数据监控和预警的重视程度，从而转变企业财务管理理念，突出企业财务管理的前瞻性和预测性，进而解决企业财务管理在现实开展过程中面临的问题②。从

---

① 陈媛．会计信息化对企业财务管理的影响及对策［J］．会计师，2022（2）：49-50.

② 臧浩仑．企业财务管理在会计信息化背景下的影响和对策［J］．今日财富·中国知识产权，2023（4）：65-67.

这里可以看出，通过会计信息化可以转变企业财务管理理念，使企业财务管理更好地适应现阶段的商业环境，在标准化理念支持下在企业财务管理过程中提取有用的信息，以此强化财务信息在企业战略性决策中的作用。企业可以将财务管理高效合理开展落到实处。

2. 准确进行财务核算

合理应用会计信息化可以将企业财务管理中的人工核算形式转换成计算机核算形式，避免企业财务管理中会计核算因为人为失误而出现各类问题，实现企业财务管理过程中会计信息实时收集和准确核算的目标，在会计信息化手段和创新模式支持下促使企业财务管理中会计核算的高效合理开展。另外，利用会计信息化可以促使企业财务工作人员通过计算机系统自动生成财务报表和分析报告，保证财务报表和相关会计信息的完善性和准确性，及早发现企业财务管理和会计核算过程中的异常情况，有效彰显会计信息化在企业财务管理中的积极作用。

3. 促进财务信息共享

在会计信息化积极影响下，可以为企业财务管理建立一个高效的信息共享系统，加大企业财务部门和其他部门之间的信息传输共享力度，及时获取各项业务工作实际开展过程中产生的相关信息，保证企业财务信息传输共享和汇总效果。在企业财务管理中合理应用会计信息化可以增强云计算技术和大数据分析技术在企业财务管理中的作用，加强企业各部门之间和不同地域之间财务信息的实时共享①。通过会计信息化可以提高企业财务管理过程中各项信息的共享传输效率，为企业财务管理过程中各项决策的制定和关联工作的实际良性开展提供便利与支持。

4. 规范财务内部审计

内部审计是企业财务管理中的重要工作内容，做好内部审计对于识别和防控企业财务管理中的各类风险问题有重要作用。在会计信息化作用下可以对企业财务内部审计规范开展，缓解企业财务工作中内部审计的主观性和局限性问题，这对促使企业财务管理动态有效开展有重要作用。会计信息化的应用可以建立一个专门的财务信息存储系统，集中管理企业各项业务实施和综合发展过程中产生的财务信息、管控指标和资金动向等信息，促使企业第三方审计机构及时获取相关信息，这就可以为企业财务状况评估和内部审计协调开展提供有力支持。

5. 提高财务管理水平

企业财务管理的开展对于增强企业运营管理效果和加大经济把控力度有重要作用，但是目前企业在开展财务管理的过程中会受到各项因素干扰，企业财务管理的规范性和经济把控效果也会受到一定影响。对此应通过会计信息化来实现企业财务管理动态化开展的目标，满足企业财务管理事前预算、事中监控和事后评价全面开展的需求。合理应用会计信

① 韦明华．会计信息化对企业财务管理的影响及对策［J］．上海企业，2023（10）：101-103.

息化可以对企业日常运营过程中的财务信息进行准确分析，解决企业财务管理面临的问题，及时改进企业财务管理，从而将会计信息化对企业财务管理的积极影响体现出来，使企业财务管理风险可以得到有效防控，提高财务管理水平。

## 五、企业财务管理现状及原因分析

### （一）企业财务管理现状分析

1. 会计核算不规范

企业的会计核算存在很多不规范的地方。比如，有些企业在记录会计数据时，不能做到准确无误，导致账目混乱，给企业的财务管理带来了很多困难。也有一些企业没有建立健全的会计制度，无法确保财务数据的真实性和准确性，这样也会给企业带来诸多不利影响。还有一些企业在核算会计要素时存在不规范的操作，如收入及成本费用的确认未遵循权责发生制原则、新租赁准则及新收入准则执行不到位、会计科目使用不准确、费用的错记、资产的折旧不准确等，这些问题使得企业无法及时准确地获取经营情况。对于企业来说，解决会计核算不规范问题显得尤为重要。

2. 缺乏财务预算和控制

企业在财务预算和控制方面普遍存在不足。这些企业往往缺乏科学的财务预算，无法清晰地了解未来的经营情况，从而难以作出合理的经济决策。同时，对于控制经营活动，很多企业也没有有效的手段和方法，导致企业的资金使用不合理，资金周转速度缓慢，进而影响企业的发展速度和竞争力。以上这些问题的存在，不仅会直接影响到企业的经营效果，而且可能会导致企业无法在竞争激烈的市场中立足。因此，企业必须重视财务预算和控制问题，采取有效的措施加强财务预算和控制，以确保企业的资金使用合理、资金周转顺畅，提高企业的发展速度和竞争力。

3. 资金管理不规范

由于企业对资金流入流出的把控能力相对较弱，资金管理往往不规范。这主要表现在如下几个方面。首先，对现金流量的监控不及时、不准确以及资金使用的随意性较大，导致资金无法得到有效利用。其次，企业在资金运作方面往往比较被动，缺乏主动管理的意识和措施。例如，有些企业过于依赖外部融资，而忽略了自身经营能力的提升；还有一些企业在投资决策上缺乏科学性和长远眼光，导致资金运用效率低下。最后，一些企业没有建立有效的资金预警机制，使得企业在面临资金短缺时无法及时调整经营策略，这可能会引发一系列的财务危机，如无法按时支付货款、缺乏流动资金等，进而影响到企业的正常经营。以上这些问题都使得企业的资金管理存在较大的风险。一旦资金链断裂，企业将面临生存危机。因此，企业必须高度重视资金管理问题，采取积极有效的措施提高资金管理水平，保障企业的稳健发展。

4. 税务风险管控薄弱

企业税务风险管控较为薄弱，表现在对税收政策不了解，没有和主管税务机关充分沟通，可能存在未按规定申报并缴纳相关税费的风险。企业常见的税收风险主要是企业所得税收入和增值税收入差距较大、个人所得税未按全部的工资薪金所得申报、未申报未开票收入、进行企业所得税汇算时未按规定调增应纳税所得额、未按规定缴纳印花税等，这些可能造成税务机关检查时要求补税和缴纳滞纳金的风险。同时，国家对企业的扶持力度越来越大，出台了许多税收优惠政策，比如“小微企业”税收优惠政策，高新技术企业、西部大开发鼓励类企业税收优惠政策等。有的企业在应用优惠政策时没有充分了解政策条件，导致出现不应享受税收优惠政策而享受了或者应享受而未申报享受的情况，从而给企业带来了损失。对此，企业应提高税务风险防范能力，提升企业信用，创造价值。

### （二）企业财务管理问题的原因

1. 企业自身管理水平有限

部分企业的管理水平相对有限，这是导致财务管理问题的一个重要原因。由于大多数企业缺乏专业化的财务团队和高水平的管理人才，企业对财务管理的重视程度往往不高，因而无法形成包含会计核算、资金管理、财务预算、税务管理等要素的全面财务管理体系。一方面，体现在企业财务制度不健全，没有完整的财务制度、资金管理制度、费用报销制度、预算管理办法等；另一方面，体现在财务流程管理不清晰，针对会计核算、资金管理、财务预算、税务管理没有一个系统的工作及复核流程，导致财务风险较高。因此，企业自身管理水平是企业财务管理问题的内在原因。

2. 外部环境影响

企业财务管理的问题不仅受到自身管理水平的限制，还受到外部环境的影响。金融体系对企业的融资支持相对较弱，这使得企业在资金管理方面遇到了不少困难。另外，由于企业通常缺乏足够的资产和信用记录，加上信息不对称的问题，银行和其他金融机构往往不愿意提供融资支持。即使有些企业能够获得贷款，也往往需要支付较高的利率，这给企业的财务管理带来了很大的压力。此外，政策法规对于企业的财务管理要求较高，但是一些企业缺乏了解和掌握这些政策的能力，使得财务管理无法与政策要求相匹配。这不仅会使企业在执行政策时出现问题，还可能影响到企业的信誉和形象，给企业的可持续发展带来不利影响。同时，市场竞争也是影响企业财务管理的重要因素之一。在激烈的市场竞争中，企业需要不断调整和优化自身的财务管理策略，以适应市场的变化和需求。但由于一些企业缺乏市场意识和创新精神，无法及时跟进市场的变化，这也会给企业的财务管理带来一定的风险和挑战。

3. 其他原因

除了企业自身管理水平和外部环境的影响外，还有一些其他原因导致企业财务管理问

题的存在。随着我国经济的不断发展，财务管理越来越受到重视，财务管理也借助了许多工具与平台，包括财务一体化管理系统、资金管理平台系统，这些成熟的系统虽然在很大程度上可以帮助提高财务管理水平，但是由于系统构建费用往往比较高，在很多情况下，企业缺乏足够的资金投入，导致企业的财务管理能力和系统的建立受到很大的限制。

企业还面临着市场不确定性和竞争压力，这些因素也会对财务管理产生影响。在市场竞争日益激烈的情况下，企业需要不断调整和优化自身的财务管理策略，以适应市场的变化和需求。但由于市场的不确定性，企业很难准确预测未来的市场趋势，这会给企业的财务管理带来一定的难度。同时，竞争压力也会促使企业不断扩大自身的经营规模和提高产品的质量，这需要大量的资金投入，但同时也可能增加企业的财务风险。

此外，企业的内部人员素质和管理意识也是影响财务管理问题的重要因素之一。一些企业内部人员缺乏专业的财务管理知识和技能，无法有效参与企业的财务管理活动。同时，一些企业管理者缺乏对财务管理的重视，没有充分认识到财务管理对企业发展的重要性，这也会给企业的财务管理带来不利影响。

## 第二节　企业财务管理内部控制相关分析

当前，企业面临着更为复杂的外部环境和巨大的竞争压力，面对高速发展的世界经济环境，增强现代化企业内部经营风险管理能力成为热门话题。企业内部经济活动和资金运行依托于企业财务管理，它是现代企业健康发展的重要支柱，而内部控制作为一种有效的管理手段促进企业经营风险管理能力越来越成熟。因此，探究企业财务管理内部控制的优化措施具有重要的现实意义。

### 一、企业内部控制相关概述

#### （一）企业内部控制的概念

企业内部控制指的是企业的管理层以及所有内部人员，在企业的正常生产经营活动中实施的、旨在实现控制目标的过程，能够提高企业效率、规避风险，保证经营方针的正确落实与实施，确保财务报告合法合规的一种管理模式。其关键在于规范财务会计管理、组织架构设计合理、分工明确，保证企业生产经营活动有效进行。

最早提出企业内部控制定义的权威解释是在 1992 年，美国反虚假财务报告委员会的发起人委员会（COSO）提出其内涵是“一个企业从最高管理层到基层的全体员工联合实施的组织、规划、程序与办法，在企业内实行以提高企业经营绩效、防止风险，确保财务报告合法合规”。在不断发展中，虽然学者们对企业内部控制的定义各不相同、各有说辞，但它的本质并没有发生较大的改变，其目的在于提高经营单位的经营管理水平，确保实现经营目标，保证企业各项资产的完整性以及各项活动的高效性。

### （二）企业内部控制的五要素

基于 COSO 框架下的内控五大要素为内部控制活动、内部控制环境、内部控制风险评估、信息与沟通以及内部控制监督。经过多年在实践过程中的不断演变，又增加了三大因素，即目标设定、事项识别以及风险的应对。企业是否能良好的经营、是否能实现既定的战略目标受这些因素的直接影响。下面将主要围绕影响内控的五大要素展开分析。

1. 内部控制活动

内部控制活动是指当企业识别到现在或将来面对的风险时，采取的具有针对性的规避或降低相应风险产生的影响时所采取的措施。主要包括对企业内部经济监督与规范、控制预算等方面，如控制银行存款、管理固定资产等方面，是企业财务内部控制制度执行的关键。

2. 内部控制环境

内部控制环境是企业经营管理的基石，是对内部控制最具影响力的因素之一，内部控制环境决定了企业内部控制的整体布局，是一个企业不断进行内部发展过程中的必需养料，而一个企业内部控制环境的优劣情况在很大程度上受到企业管理层认识程度的影响。结构治理、内部审计机制、组织架构的设置、职权的分配等是内部控制环境的主要构成因素。在 2008 年财政部会同证监会、审计署、银监会、保监会制定的《企业内部控制基本规范》中通过对组织架构、发展战略、人力资源、社会责任和企业文化这五个内部控制方向来指导、规范企业的内部控制环境。

3. 内部控制风险评估

内部控制风险评估指的是在企业中采取一定的措施，及时并科学地发现风险事件发生的可能性以及潜在影响力，以达到及时控制风险的目的。风险的识别、分析、应对等相关工作是识别并解决企业在生产生活过程中财务风险的有效手段，这些方式是进行风险评估工作的重中之重。而风险评估又是企业内部控制的重中之重，企业开展内部控制活动要依托于风险评估进行。

4. 信息与沟通

内部控制中的信息与沟通指的是在实施财务内部控制时，各部门人员之间、领导之间以及上下级之间的沟通与交流。一个企业想要拥有良好的内部控制，高效、准确的信息传递，便捷、顺畅的沟通都是必不可少的。想要做到这些，既要关注内部沟通，也要注意外部沟通。内部沟通即信息在企业内部进行横向、纵向的传递，而外部沟通则是双向传递的过程。

5. 内部控制监督

内部控制监督即内部控制评价的过程，企业要定期、不定期对企业内部控制的执行情

况以及实施的效果进行检查、验收。内部控制监督也包括当发现内部控制执行过程存在阻碍、实施效果不佳、存在设计缺陷和执行缺陷等情况时应及时进行完善或修改的过程。监督的关键在于考查财务内部控制的有效性、分析财务内部控制出现的问题并提出有针对性的解决措施，不断修正和完善，最终实现有效监督。

企业内部控制的五要素之间的关系如图 1-1 所示。

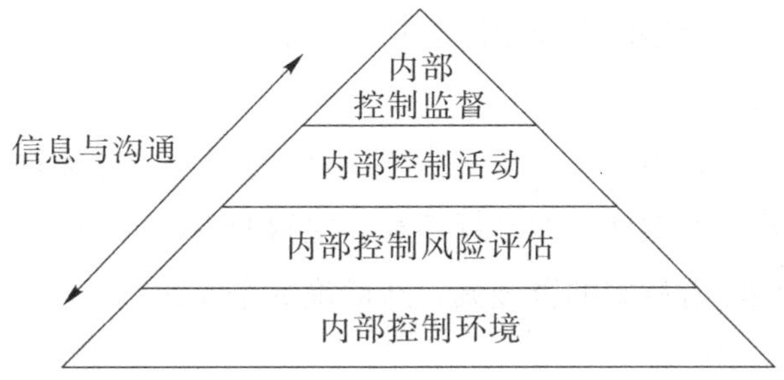


**图 1-1　企业内部控制的五要素之间的关系**

由图 1-1 可知，内部控制环境是企业内部控制五要素的根基，直接决定着其他要素的后续展开流程；内部控制监督在内部控制整个设立和运行过程中起着整体监察作用，所以处于金字塔顶端的位置；企业在运营过程中难免受外部或内部的很多因素影响，存在着各种各样的风险，企业结合实际识别风险就是内部控制风险评估的过程；企业针对可能面临的风险寻找应对措施，选择适合自身实际情况的风险应对方法，从而使风险产生的影响处于可以接受的范围内，尽最大努力减少损失，保全企业资产，这就是内部控制活动；信息与沟通在内部控制活动的全流程都是存在的，其能将其他几个要素有机地衔接起来，内部控制的顺畅运行离不开信息与沟通的协调作用。

## 二、企业财务管理内部控制概述

### （一）企业财务管理内部控制的概念

企业财务管理内部控制是在符合财务各项法律法规的情况下，制定相关制度的一种管理方法。企业财务管理内部控制包含固定资产、筹资活动、应收账款、成本费用、货币资金等，如图 1-2 所示。

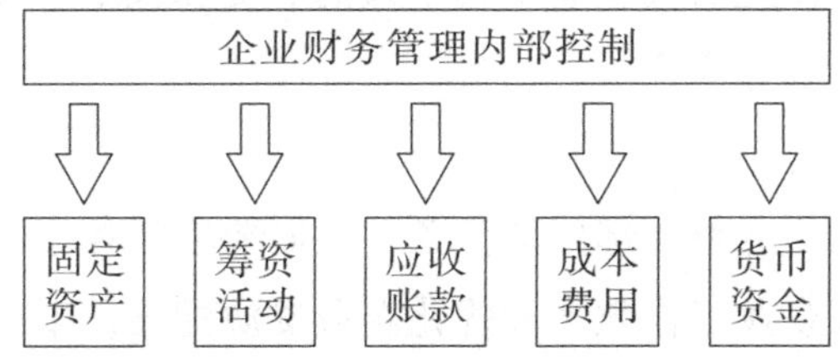


**图 1-2　企业财务管理内部控制**

1. 内部控制固定资产

企业内部的固定资产主要是指经营、管理、使用的固定性资产，如房屋、机器设备等。为了能够满足企业正常运转的需求，需对企业固定资产进行内部控制管理，并采用合理且科学的方式，提高固定资产的安全性和高效性。

2. 内部控制筹资活动

企业内部的筹资活动主要是指改变企业债务模式及结构，如投资、利益划分、融资等。企业对筹资活动进行控制，同样需要采用具有科学依据的方式，以保障企业的经济效益和降低投资风险，从而能够使企业稳定、持续发展。

3. 内部控制应收账款

企业的应收账款主要是指在企业正常运转的范围内，通过提供劳务、售卖产品等渠道，向置办单位合理收取的款项，如银行存款、主营业务收入等。企业通过内部控制应收账款，以此确保企业能够有稳定的资金流，从而确保企业的正常运转。

4. 内部控制成本费用

企业的成本费用是指在生产周期内产生的各种资金消耗，包含成本和费用。企业对其进行内部控制，可以保障企业的经营效益，有利于企业实现经营目标。

5. 内部控制货币资金

企业的货币资金主要是指在生产经营期间，以货币形式存在的资金，如库存现金。这些资金主要用于企业的各项管理活动，对其进行企业内部控制，可以确保企业的正常经营运转。

### （二）企业财务管理内部控制的主要特点

1. 应用性

财务内部控制管理是企业内部最为基础的问题，也是管理的重点。财务内部管理需要应用于企业生产经营活动的每个环节，才能保证企业货币资金管理链条正常运作。在企业运行的过程中企业管理者需要应用财务内部控制寻求风险和收益平衡，从而实现财务内部控制的现实应用价值。

2. 监督性

没有监督就没有实施，财务内部管理采取科学专业的监督管理机制，在财务活动开展中强调相互监督和制衡，以此明确企业中每个人的职责和权限，实现企业资金流向的全面监管，最大限度保证企业财务安全。

3. 连续性

财务内部控制不仅是企业财务部门的任务，还需要增强各个部门的内控信息沟通。企业内控的连续性可以提高企业工作效率和优化企业资源配置，整合散落在企业财务活动中一系列的控制行为。

4. 信息化

目前部分企业加快构建网络财务管理平台，利用云计算和大数据技术创建手机端 App

或 PC 端软件，实现企业财务无纸化管理，有效提升企业财务管理的精细度，减轻人工计算的压力，通过信息化方式规避风险。

### （三）企业财务管理内部控制的方法

关于财务内部控制的基本方法包括不相容职务分离、授权批准控制、会计系统控制、全面预算控制、管理信息系统控制、内部审计控制以及风险防范控制。具体分析如下。

1. 不相容职务分离

如果同时由一人担任不同的职务，风险发生的概率会大大增加时，这几类不同的职务就是不相容的。不相容职务之间一般存在制约关系，此时如果由一人承担，可能会出现相互掩盖等问题。这类职务必须进行合理的划分。

不相容职务分离原则的贯彻落实，能够有效避免出现职务交叉、相互掩盖的问题。现阶段，很多上市公司已经逐渐摆脱了这种现象，但依旧有很多企业在沿用这种不规范的制度。例如，由投资人同时承担董事长和总经理的职务，此时整个公司的决策控制和执行监督等权力无法分散，很容易发生贪污腐败等问题，企业在未来发展过程中也势必会出现一些风险和矛盾，这时董事会的存在根本发挥不出应有的效果，独立性形同虚设，这就要求要优化工作人员和组织机构的配置，严格禁止职务的交叉和工作人员安排上的混乱。

2. 授权批准控制

企业与其他企业开展经济活动必不可少地要获得相应的审批，授权审批主要包含两种，分别是一般授权和特殊授权。一般授权指的是常规业务办理的相关规定，其时效性比较长；而特殊授权是针对特殊业务办理制定的相关规定，时效性短。关于特殊授权，公司应当严格控制并明确要求授权范围、权力及程序。

3. 会计系统控制

对于会计系统，企业应按照我国统一的会计准则对会计凭证、原始账簿以及财务报表进行编制，保证会计工作遵守国家法律法规，财务信息真实可靠①。《中华人民共和国会计法》是指导我国企业会计系统控制的根本，同时再综合考虑国家统一的会计制度，结合自身实际情况，制定合理的财务会计报告，严格按照会计控制体系和相关制度规定落实工作流程。

4. 全面预算控制

企业在开展财务管理工作过程中，其核心内容为全面预算，即企业为了实现财务内部控制目标而制定的系列年度收支总规划。企业所有员工都要参与到全面预算管理工作中，全年预算控制需要各个部门的协同配合。

---

① 刘聪．C 汽车零部件公司财务内部控制研究［D］．大连：大连理工大学，2020.

5. 管理信息系统控制

有效的管理信息系统有助于提高公司电子信息系统的工作效率，从而增强企业的控制力度。因此，在企业发展过程中，充分融入电子信息技术手段有助于确保企业信息的客观性与真实性，进一步推动企业实现战略目标。

6. 内部审计控制

内部审计是指企业在内部独立设立部门，由专职审计人员组成专业审计机构，对公司进行审计。内部审计部门是由企业董事会或总经理直接领导的审计机构，独立于企业内部进行审计监管，能够充分发挥内部审计控制过程中的监督作用。

7. 风险防范控制

企业的发展伴随着各种各样的风险，要想长足发展，企业必须拥有较强的风险控制能力，及时掌握风险信息能够预测风险并做到事前防控，进而在一系列风险管控措施下有效地防范、控制风险。

## 三、企业财务管理和内部控制的内在联系

### （一）企业财务管理和内部控制相辅相成

从企业的角度来看，企业财务管理的部分内容是在内部控制范围之内的，企业制定的部分内部控制制度，是以企业实现经济可持续发展为目标的，需要对企业的每个财务环节进行整合优化，并保持良性发展。内部控制在企业整体发展之中主要起着两方面的作用。一是为企业提供相关制度约束。从内部控制制度来看，内部控制能为企业内外提供科学的制度约束，可以降低财务管理中的人为影响，推动财务管理科学稳定的运转。二是为企业提供科学发展依据。总的来说，内部控制能为企业管理提供合理且科学的发展依据和公司理念，有利于企业实现稳定发展。

从企业财务管理的角度来看，企业财务管理在运转周期内可以为内部控制提供支持保障。企业财务管理是每个企业能够实现稳定且持续发展的一个关键环节，而有效的财务管理，不但可以为企业降低投资风险，还能推动实现发展目标，为企业提供充足的资金，以保障企业相关活动的稳定开展。

### （二）企业财务管理和内部控制的方向一致

企业财务管理和内部控制的方向一致，即二者拥有共同的目标。就企业层面而言，内部控制的方向，同时也是整个企业想要实现内部控制的发展目标，即确保企业的稳定发展，符合相关政策法律法规，保障财务工作真实有效且具有科学依据，这和企业财务管理的发展方向完全吻合。

## 四、企业财务管理内部控制存在的问题

### （一）企业缺乏科学的管理机制和防范意识

众所周知，在企业内部，企业财务管理是企业能否正常运转的核心关键，但目前依然有许多企业的内部控制制度还不够完善，且相关财务工作管理人员没有防范风险的意识，致使企业在生产经营期间出现财务风险，严重阻碍了企业的稳定发展。现阶段，部分企业存在财务管理方面的问题，且没有专业的会计核算技能。比如，企业在进行筹资活动时，对银行贷款抱有很大希望，不考虑自身实际情况盲目选择筹资商，且内部没有合理科学的资本结构，一直以借贷的方法进行运转，直接造成资产权益不科学、流动资金少、企业维持运转困难的局面，最终可能会造成企业崩盘，失去市场竞争地位。另外，企业在进行一些外部投资时，同样缺乏合理科学的投资依据，一味地进行投资扩充，浪费了许多资金，并且在企业生产运转期间，债务权责不清晰，企业财务管理工作人员专业技能素养不高，导致出现对企业内部的资金利用不科学的现象。以上种种问题都是因为企业缺乏科学的管理机制和防范意识，严重阻碍着企业的正常运转。

### （二）企业财务工作人员专业的技能素养有待提高

在企业生产经营期间，企业财务管理和内部控制工作是整个企业的中枢神经，有着无可替代的地位。许多企业存在经营风险的问题，在实现经济效益发展目标时困难重重，这对企业的财务工作人员提出了更高要求。因此，企业需要加强对财务管理工作人员专业技能水平的培养，不断提高其职业素养，确保企业经济效益的稳定可持续性，这有利于实现企业财务管理工作人员与企业共进步、共发展。

### （三）企业缺乏健全的内部控制制度

在大时代背景下，许多企业缺乏完整的内部控制制度和监督体系，并且在企业财务管理工作当中相关监督部门并没有起到应有的作用。原因主要归结于企业没有在内部控制方面设置具有权责明确的监督和管理机制，长此以往，容易导致内部结构弱化，无法将管控制度落到实处，直接影响企业的正常经营运转，甚至出现资金流断裂的现象。另外，许多企业在使用资金时，无法严格界定资金的范围，导致资金使用情况无法规范，又由于没有严格的监督体系，导致企业长期经济效益目标无法实现，且资源消耗严重。

不少相关企业在进行财务管理和内部控制时，依然以传统的管理观念为主，导致企业在财务管理方面停滞不前，无法跟上时代的发展，在日益激烈的市场竞争中处于弱势地位。例如，有些企业在进行财务管理工作时，对于一些开票格式及财务信息，没有要求直接负责人签字，无法规范其真实性。又如，一些管理者没有定时抽查相关收据和票单的真实性，监管力度不足。另外，财务内部管理体系不健全的状态，使企业财务管理工作无法做到实时、高效，导致部分管理工作人员中饱私囊、挪用公款、公私不分，这严重制约着企业财务管理工作的正常有序开展，并且在投资活动中无法做到利益最大化，影响了企业的稳定和正常运转①。

### （四）企业缺乏科学合理的理论依据

许多企业没有形成自己独有的财务管理内部控制理论和依据，对企业财务管理也没有系统、科学的认知，导致在具体的财务管理工作期间，由于缺乏合理科学的理论依据，造成财务管理工作无方向、无目标，最终使企业经济效益目标无法实现。还有一些企业在进行财务管理工作时，完全不正视自身的实际情况，不考虑国家相关政策是否适合自身企业的实际情况，盲目地在财务管理工作中模仿其他公司的做法，这直接造成企业经济效益无法达到预期效果。

### （五）企业在财务管理内部控制中缺乏激励机制

一般情况下，企业在生产经营期间进行财务管理的内部控制，主要表现在对财务的会计核算、报表分析等具体工作中。就目前来看，各个企业进行管理和结构优化的方式都存在差异，各个部门之间需要加强沟通和交流，彼此之间建立良好的合作联系，有利于加大财务管理和内部控制工作的顺利开展，保障其工作效率和质量能够高效、稳定。但是，当前各个企业部门之间缺乏交流，没有完整的内部控制管理机制，直接造成财务管理工作人员在具体实践工作中没有制度约束力，权责不清晰，尤其是没有建立相应的激励机制，无法刺激财务管理工作人员的积极性和参与度，这就导致企业财务管理和内部控制长期存在不稳定性，无法实现企业经济效益的持续发展②。

## 五、企业财务管理与内部控制融合的意义

### （一）有利于提高财务管理的质量和效率

现阶段，仍然有许多企业管理工作人员不重视企业财务管理的相关工作，使企业缺乏完整的控制依据和制度。在企业财务管理工作中，如果没有科学合理的财务内部管理体系，企业的经济效益就无法保障，反过来又会大大降低企业财务管理工作的质量和效率，从而无法适应当前时代的发展趋势，出现停滞不前的现象。因此，企业的相关管理人员需要与时俱进，对传统理念加以创新，重视企业财务管理和内部控制工作，在遵循相关政策和法律法规之下，制定具有科学依据的内部控制体系制度并加以完善，严格要求财务工作人员操作规范化，以此保障企业财务管理工作的高效率和高质量，实现企业的稳定且持续发展。

### （二）有利于增强企业的综合竞争力

随着经济发展速度的加快，企业之间的竞争也愈演愈烈。这就需要企业正视内部的管

---

① 陈枢华．民营企业财务内部控制管理创新模式探讨［J］．财会学习，2020（18）：85-87.

② 韩湘坤，马云平．内部控制视角下中小企业财务管理创新探究［J］．商场现代化，2020（7）：157-158.

理模式，顺应时代的发展趋势，对企业财务管理进行创新。企业的财务管理工作是整个企业能否正常运转的核心关键，在企业整个运转期间处于不可或缺的位置，表明企业需要建立完善的内部控制制度，对企业财务管理进行约束和规范，以此确保企业的各个经营能够在合法合规的情况下有效运转，从而保障企业的发展，增强企业的综合市场竞争力。在企业财务管理的实际工作期间，可以和相关工作人员进行有效沟通，同时加强企业财务管理工作人员综合素质和专业技能的培养，不断提高企业员工的凝聚力和向心力，提高企业内部的综合实力。

#### （三）有利于降低财务风险

在企业整体生产经营期间，控制财务风险是企业财务管理中必不可少的部分。但现阶段许多企业过度追求经济效益，不重视社会责任和法律法规意识的提高。因此，为了保障企业经济目标的实现，必须加强企业财务管理和内部控制。通过相关的内部控制制度，可以有效地约束财务管理工作人员，降低企业的财务风险，并且为企业经营管理者提供合理科学的发展依据和目标，以确保企业的稳定和持续发展。

#### （四）有利于确保财务工作的真实和安全

在企业运转期间，企业财务工作和内部控制能够有效确保财务信息的安全真实。在企业中设立完善的内部控制制度，可以对企业财务信息实施管控，加大安全力度，并且在企业财务管理中实施内部控制，可以有效强化固定资产安全保证。

## 第三节 大数据时代企业财务管理相关分析

大数据时代面临着更为复杂的经济发展变化状况，企业在从事生产经营活动时，由数字要素构建起新的财务管理模式，这些财务管理模式既秉承了传统型财务管理职能要素，又改革创新而形成了新时代数字化要素与财务管理模式融合，决定着企业的经营发展、战略规划和前进方向。这也是数字经济时代大数据融合、企业财务管理发展转型的必然路径。只有这样，才能在大数据时代推动企业财务管理顺利完成转型，有效提高企业财务管理的效率，进而推动企业高效率、长期性、可持续化发展。

### 一、大数据时代的定义与发展状况

#### （一）大数据时代的定义

大数据时代突出的要义是数字经济的发展，正是由于在大数据时代应用了数字经济发展途径，从而形成了全面化的数据时代转型。基于此，对大数据时代的定义应当以信息化、互联网技术的发展为根本前提，并在这一前提下大量数据以信息化技术为载体，全面树立数字效应与数据资源综合化发展新路径，通过搭建信息化技术与数字化模型相互融合的新模式来推动生产发展、社会进步，进而提高社会生产效率，助推经济社会福利增长。这一过程包含了内嵌化的数据要素和数据资源，正是由于在信息化时代中，大量的数据要素资源能够有效地结合生产生活，进而得出了新的发展升级范式，才实现了数据的高效利用和广泛化的社会效率提升。这就是大数据时代的显著表现和根本内容。

### （二）大数据时代的发展状况

大数据时代突出表现为大数据经济化，它更加强调的是数据作为基础性资源参与社会生产生活，进而促进经济社会效率提高、资本增值的一种动态化过程。这说明对大数据时代的理解更多的是从数字经济时代这一视角进行新的规范化定义的。

我国在大数据时代发展数字经济方面具有一定的优势。近些年来，特别是伴随着移动互联网技术的迅速发展，我国在信息化依托下，不断实现数字经济发展，进而演化出了数字经济体系。在数字经济体系中出现了大量的数据内容，推动数字经济成为一种经济形态。国家网信办发布的《中国数字经济白皮书》显示，截至 2020 年，我国数字经济规模达到 37. 8 万亿元，占 GDP 总量的 1/3 左右，位居世界第一。可以说，大数据时代的数字经济发展，有效助推了我国经济发展和创新转型，为我国实现数字化生产、提高生产效率打下了坚实的基础。特别是近两年，伴随着大数据、云计算的大规模开发和应用，以数据为依托构建的基础型资源要素，成为类似人力资本、土地资本、劳动力资本一样的生产资本要素，参与社会生产分配、发挥经济规模效应、助推市场资源配置的重要基础性要素，它通过“互联网+”与大数据、人工智能、云计算等产业网络链条不断链接和融合发展，从而助推传统经济实现革命性变革，即由传统经济向更加智能化、数字化和新型化内涵发展，在推进元宇宙发展、万物互联、人工智能的新时代中起到了根本性作用。

根据分析，我国的数字经济时代，伴随着大数据的发展经历了不同的阶段。最早的数字经济可以延伸到 20 世纪 80 年代初出现的新生代 IT 经济发展，这一时期最早的 PC 端出现，并且得到了市场应用。然而，由于技术限制，这一期间数据产生量过小、应用范围狭窄，限制了数字化的应用范围。1990 年之后，随着互联网技术的进一步深化，以万物互联为基本遵循的 PC 电脑端数据接口成为迅速发展起来的数据积累基础，构成了最早的数据积累模型。2000 年之后，PC 端呈现出爆发式增长，并得到了全球化普及。这一时段的大数据积累呈现出高速发展、高速累积的形态，但是在数据的多元化开发和应用上，仍然由于信息接收端端口过少和应用领域相对狭窄而受到局限。2010 年之后，伴随着手机客户端的飞速发展和移动互联网的全面推进，大数据时代正式迎来了爆发期，庞大的数据资源经由微小化的手机移动端而进入千家万户，每个人都成为数据生产的源头和使用的源头，也成为数据加载和应用开发的中介，并且这种介质的广泛化、多元化载体的复合化以及多平台化承载助推了大数据时代功能的开发和数据模型的广泛应用。2016 年之后，伴随着 AI 智能、万物互联和人工智能的概念开发、落地应用，大规模的数据采集、数据模式匹配、

数据嵌套开发和大数据+工业的全面推广，使大数据时代全面与企业生产经营相结合，有效促进了企业的生产发展、经营效率提高，而这一时段企业的财务管理领域也逐步开始全面将数字化理念和数据化思维及实践引入其中，进而实现了企业财务管理与大数据模型综合化开发、多平台应用、多屏幕互联互通、共享财务管理的新的财务开发阶段。正是这一时期的企业财务管理与大数据的融合，使企业财务管理大大提高了效率，拓展了能力，为此后企业财务管理的数据化发展奠定了坚实的基础。

### （三）大数据经济的发展特征

1. 以信息技术为基础依托

大数据经济发展具有显著的特征，其中最根本的基础性特征是以信息技术为基础依托，这也是大数据及其经济发展壮大的根本原因。信息化技术构造了万物互联时代，而大数据正如煤、石油一样，成为数字经济和信息化经济融合的基础性资源。正是因为信息化技术的革命性发展，才使大数据经济的发展壮大成为可能，其中信息技术为大数据经济的要素积累形成了客观条件，同时信息技术推动大数据经济在数据模块开发、数据拓扑模型搭建、数据库建设和各类数字载体平台方面进行转型发展。简言之，大数据经济以数据为基础性资源要素，这是大数据经济赖以发展壮大的根本。正是由于数据资源的大规模开发和积累，从而形成了大数据发展过程中的无限资源供给，为大数据经济的发展提供了源源不断的能量，有效促进了信息化技术的开发利用。

2. 具有规模效应

大数据经济具有规模效应，指的是当数据积累到一定程度，由于数据要素之间通过数字信息平台的演化，进而与产业界的内容相结合，通过数据要素供给、加工生产改造，从而对社会经济生活爆发出强大的推动作用。正是由于数据信息具有累加性和马太效应，可以利用大数据、云计算来对产业进行推动，进而实现大数据经济的规模化变革。大数据经济的规模效应持续深化，由数字化变革助推的大数据经济加成为大数据经济与传统经济模式进行融合发展，进而以数字化力量改造传统经济，实现传统经济在数字规模效应上的全面转型。

## 二、大数据视域下企业财务管理发展现状

在大数据时代，企业财务管理充分借鉴和应用了数字化经济发展的规模化效应和纵深化发展逻辑，不断实现企业财务管理向数据资源聚拢，进而推动自身发展转型。一是通过大数据的挖掘，企业不断利用财务数据模型构筑多样化数据开发架构，通过这些架构使企业的财务管理有效实现了多路径的资源转化和模型应用，从而为自动化处理常规性、重复性、机械性的企业财务报表打下了坚实的基础。二是当前阶段企业财务管理中一些复杂性、非常规性的企业财务管理应用，通过数据积累要素的融合，逐步实现了简单化、纵深

化发展，对企业财务管理、绩效提升有了很好的协助。三是在大数据时代，通过对大量的企业财务数据和经营状况数据的汇总分析以及经营财务管理模型的嵌套，为企业正常经营状况、战略发展和财务高效利用提供先导性数据预警判断和信号判断，使企业财务管理能够真正实现财务信号的早期化、处理财务风险预警前置化和财务战略结合的深度挖掘，为企业的下一步发展和效率提高发挥作用。

由此可以看出，在当前企业财务管理发展中，借用了大数据的相关概念和开发实践，对于数据的应用有了初步的探索，在企业财务效率提高、企业财务多益智模型开发框架搭建和企业财务转型中都起到了重要作用。由于当前阶段的大数据发展仍然处于初步阶段，所以与企业财务管理的融合仍然不够完全和深刻。企业财务管理也由于处于后勤保障位置，所以对数据的应用仍然聚焦于初始的数据资源简单化应用，而没有对企业财务管理的思维转变、能力开发、多元化模式定位、数字化共享平台的搭建等进行彻底的改革创新。这限制了在大数据时代企业财务管理实施转型发展和效能提升，进而实现企业财务管理现代化创新发展的进度，故需要重新梳理大数据时代企业财务管理的创新对策。

## 三、大数据时代企业财务管理创新的必要性

### （一）财务管理模式改变的需要

在大数据时代实施企业财务管理创新，是财务管理模式转变的必然要求。大数据时代下财务管理模式的全面转型，能够促进财务多元化的需求得到满足。而要想实现财务管理模式在新经济时代面对新经济要素的新型化发展进行转型升级，从对旧有的相关财务管理和现金管理模式考察可以得出结论，非数据化的财务管理内容大多是事后财务管理，进行的核心财务要素结算和清算依据的内容具有一定的时滞性，对财务信息的运作、财务风险的监管预警和财务内容的监督结算都具有一定的发展错位。特别是在大数据时代的当下，数字发展、信息变化瞬息万变，这就要求财务管理必须跟得上企业经营发展的变化，跟得上市场转瞬即逝的资源要素转化。在这种情况下，只有通过数字化的全面转型，才能够使企业财务管理得到有效的应用，才可以大大拓展财务管理的应用范围，在财务管理模型搭建、算法构造、内容嵌套、数字化财务信息分配和数字财务要素资源共享等方面实现持续的升级换代，跟得上市场化的企业发展变化节奏；能够对企业内部经营管理中产生的会计分录、现金变化、经营变化、企业财务工具的应用变化等具有综合性的、多维度的开发和效率提高，使财务核算模式的应用分配和财务管理效率得到大幅提高，加速实现企业发展过程中财务数据模型和资金分配效率的科学化配置，进而实现企业成本收益的最大化和成本的最小化。以上这些都是在大数据时代满足数字化经济发展的情况下，广泛应用大数据、云计算、物联网技术，推动智能化网联，实现财务数据、信息要素和模型搭建的三位一体，构筑其自动化、全面化、智能化的财务管理系统的必然要求。它可以实现在大数据

资源禀赋供给充足情况下的财务管理模式改变，为企业的动态资金变化、财务流通性和财务预算、决算的效率性提供新的开发模式。

### （二）财务管理任务改变的需要

在大数据时代广泛利用大数据对财务管理实施转型升级，是财务管理任务改变的现实需要。众所周知，在非数据时代，财务管理的核心任务是通过将企业发展中的各项财务预算、决算数据进行记录计算，完成企业财务收支记录，实现财务标记和财务内容积累，进而为企业的生存发展、战略规划和营收目标提供支撑。然而，这些任务在大数据时代显然不能够满足变化了的数字化经济形态对企业的发展要求。为进一步梳理、完善大数据时代财务管理任务的重新变动，必须按照数字化经济平台化内涵和大数据特有的特征，对财务管理进行任务的重新梳理和确定，即在大数据时代实施财务管理的任务需要和数字经济有效结合，以推动财务管理逐步实现智能化、自动化、融合化、共享化升级转型，推动业务转型和财务管理转型的融合，加强企业业务进展与财务管理发展的相互支撑；推动企业价值增值，对数据资产进行全部的价值评估，以实现数据资源的价值量确定，并且为企业财务管理中的各个部门、各个条线、各个项目提供个性化的财务预算、决算和财务评估，实现财务一体化分销制度下财务数据供给的能力最大化和个性化，进而用数据来实施财务分析智能化，提高财务人员素质，促进财务与企业战略的标准化建设。与此同时，搭建企业转型发展战略改革、部门调整的数据支撑，为数字化财务管理的全面型任务构建和平台化、共享化财务机制的建立，提供一系列的数据化支撑和财务模型支撑。这是在大数据时代财务管理任务转型升级、发展变化的最新要求，同时也是将数字资源作为财富资源，进行财务价值评估的重要内容。

### （三）财务管理价值改变的需要

在互联网时代，大数据成为各行各业转型发展、跨越式发展的重要推动力量。在财务管理过程中，通过数据的积累进而形成大数据，从而对财务管理建立新的价值判断体系，是未来进一步驱动财务管理在大数据时代进行转型的重要方向。财务管理可以通过数字化应用和大数据的智能化实施，进而有效地提高企业财务的全面梳理和对企业财务状况的全面把握，从而规避财务风险，取得财务收益，压缩财务成本。在制定科学化财务目标方面，还能够进一步凸显出企业财务实施的全面性价值，以财务共享为主要依托平台，构建大数据下的企业财务共享运用平台。通过发挥平台型的力量，推动互联网技术和数字要素融合发展，进而使企业财务管理向数据驱动型管理服务价值方向进行转化，由粗放型企业财务管理向精细化、个性化企业财务管理发展，由传统型财务挖掘向数据型财务内涵挖掘转型，由大数据提供的财务数据规律总结发展企业财务管理过程中规律性、趋势性的内容，并对企业的未来发展战略转化作战略要素支撑。

# 第二章　企业财务绩效影响

## 第一节　企业财务绩效相关概述

### 一、企业财务绩效概念

绩效是指一个单位或一个人达到自己的目标的完成情况，企业财务绩效是对企业在生产和运营过程中所获得的效益的评估。一般情况下，从企业的盈利能力、发展潜力以及行业竞争能力等角度对企业在一段时间内的经营结果进行评估，从而将企业财务绩效反映出来。企业财务绩效是我国衡量上市企业发展质量的重要标准，它的内容主要包括盈利能力、营运能力、成长能力以及偿债能力四个方面。

### 二、企业财务绩效评价内涵及构成要素

#### （一）企业财务绩效评价内涵

企业财务绩效评价是企业综合运用定性和定量的评价方法，按照一定的评价步骤，对企业经营决策所确定目标的实现程度进行评价，再根据评估结果调整运营战略，达到业绩评估的终极目标。企业财务绩效评价有利于企业正确认识经营过程中的优势与不足，从而使决策者作出正确的决策，实现企业经营目标。

#### （二）企业财务绩效评价构成要素

企业财务绩效评价体系由评价目标、评价对象、评价标准、评价指标和评价方法五大部分组成。

1. 评价目标

企业所从事的各项业务活动都是为了达到一定的经济效益、社会效益或其他一些效益，而企业财务绩效评价就是为了使企业实现这一系列的目标而实施的，即说明企业财务绩效评价的目标与企业的目标是一致的。

2. 评价对象

对所选择的目标企业的经营成果和经营业绩进行的评价即对企业财务绩效的评价对象进行评价，具体是指对企业的资产负债表、利润表、现金流量表及报表附注等的评价。评

价对象的选择直接影响评价结果，进行企业财务绩效评价时应重视对评价对象的选择。

3. 评价标准

评价对象的好坏程度由评价标准进行衡量，评价标准是由行业、企业规模和选择的评估方法决定，同时评价标准对评价结果会产生重要的影响，所以应结合企业的实际情况进行选取。

4. 评价指标

评价指标是结合评价目标对评价对象的各个方面进行测定和评估的工具，指标的选择对于评价的效果非常关键，必须根据公司的经营特征和行业情况来选择指标。

5. 评价方法

企业财务绩效评价有多种方式，既有定性的也有定量的，应该结合评价对象及目标，选取合理的评价方法对企业进行绩效评价，从而得出科学的评价结果，提高企业的财务绩效水平。

## 三、企业财务绩效评价方法

本书主要介绍模糊综合评价法、沃尔评分法、熵值法、功效系数法等财务绩效评价方法，具体如下。

### （一）模糊综合评价法

模糊综合评价法是一种基于模糊数学的综合评判方法，运用模糊数学中的隶属度理论，对受到复杂因素影响的评价目标进行全面的评判，并对模糊边界的问题进行定量化，从而使评估结果更加明确、全面。基于模糊集合的模糊综合评价方法，运用隶属度理论对评价目标进行综合评价，使评价目标的变化范围得到合理的划分，使评价目标层次化，使影响因素和评价标准更加明确。同时，在评估过程中，也要依据经验进行评估，以达到更科学、更合理的目的。其具体实现过程是：建立综合评价指标，确定权重向量，建立隶属矩阵，综合隶属矩阵和权重。但该法指标权重的确定具有主观性，且计算过程烦琐。

### （二）沃尔评分法

沃尔评分法是亚历山大·沃尔于 1928 年提出的。这一评分方法在评估中以流动比率、产权比率、固定资产比率、存货周转率、应收账款周转率、固定资产周转率和自有资本周转率为评估指标，并按行业平均值来确定基准比例，以实际比率与基准比率之比为相对比率，相对比率与各项指标加权的乘积即总分。沃尔评分法的基本原则是将财务指标进行线性组合，从而对公司的业绩进行全面的评估。沃尔评分法按照选取财务业绩评估指标、确定指标权重、确定财务指标的标准值、确定财务指标的实际值、计算综合得分、分析数据、编制评估报告的步骤进行。沃尔评分法的缺点主要是所选择的七项指标没有得到充分的支持。

### （三）熵值法

“熵”是一个物理名词，最早出现在热力学中，在科技领域则一般用来衡量某种物质体系的状况。“熵”这个概念最初是由 C. E. Shannon 在信息论中提出的，它是一种测量不确定性的方法。信息量越大，不确定性就越小，熵也就越小；信息量越小，不确定性就越大，熵也就越大。根据“熵”的这一变化规律，可以在评价企业财务绩效时引入这一概念，采用熵值法对财务指标的离散度进行评判，其权重随熵的降低、离散度的增大而增大；熵值越大，离散度越小，对企业的财务业绩影响较小，其权重也较低。熵值法与功效系数法结合使用评价企业的财务绩效，可有效降低指标权重确定过程中的主观性，但熵值法计算出的企业财务绩效得分仅仅可以得出排名，并不能计算具体的绩效得分。

### （四）功效系数法

功效系数法是由 E. C. Harrington 提出的，其核心公式是：以满意度为上限、不容许值为下限，求出所有的经济指标得分，将所有的分数加在一起，就可以得到被评估对象的财务业绩。传统的功效系数法对满意度和不容许值的设置比较单一，确定的财务绩效评分难以灵活反映真实的企业财务绩效状况，因而将改进的功效系数法运用于企业财务业绩评估的案例中，修正后的功效系数法将固定的分配比例调整为可变动的分配比例，使评价更加灵活且科学客观。

改进后的功效系数法的步骤如下。

第一步，构建财务绩效评价指标体系。根据行业特点及企业财务现状确定企业的财务绩效评价指标体系。

第二步，确定财务绩效评价指标的权重。确定权重的方法有专家打分法、调查问卷法等。

第三步，确定标准值从而确定指标功效系数。首先根据企业主要经营业务情况确定所处行业，然后按照国资委颁布的《企业财务绩效评价标准值》，确定本行业的财务业绩评估标准值。

第四步，计算财务绩效评价指标评分及综合评分。根据功效系数法的公式计算单项指标评分，将其相加得出总评分，并对评分结果进行分析，进而形成财务绩效评价报告。

## 第二节　ESG 表现对企业财务绩效影响分析

“十四五”规划关于加快发展方式绿色转型作出的明确部署以及“碳达峰”“碳中和”目标的提出，对企业可持续发展能力提出更高的要求。在此背景下，以环境、社会、治理为主题的 ESG（环境、社会、治理）理念逐渐显现其优势。ESG 在财务信息的基础上，对企业的战略发展、运营管理等方面进行了有效补充，客观反映了企业长期可持续发展的能力和信用品质。

## 一、ESG 的相关概述

### （一）ESG 的概念

ESG 的概念源于可持续投资，是指投资者把环境（Environment）、社会（Social）和治理（Governance）同时纳入企业评价体系，通过对企业的 ESG 评价来判断企业在促进经济可持续性发展和履行社会责任方面作出的贡献。

目前，企业也逐渐意识到，仅强调短期财务目标已经不足以满足利益相关者对可持续发展的要求。发达国家率先提出并实行可持续发展，在可持续金融领域推动了一系列改革，改变了金融和非金融企业在环境、社会和治理活动发展的节奏下的运营方式。虽然企业将 ESG 披露视为一种自愿做法，但不同组织之间的 ESG 披露实践存在很大差异。历史上企业社会责任发展的三个阶段清楚地表明了 ESG 的重要性，并且 ESG 本身也是企业社会责任的一个范畴。虽然 ESG 与 CSR（企业社会责任）在概念上是有所不同，但是本质核心是一致的，即企业不仅应为股东创造价值和赚取利润，还应承担起对员工、消费者、环境、社区等利益相关方的责任。无论是 CSR 还是 ESG，它们都以不同程度的利益相关者理论为基础，引导企业在经济利益之外关注环境绩效和社会绩效。但其中 ESG 更注重企业的可持续发展，它关注企业对环境和社会的影响以及环境和社会对企业的影响。这种关注的范围更加广泛，包括环境、社会和治理等多个方面。了解 ESG 和 CSR 的区别和共同点，可以更好地理解企业社会责任的内涵和意义，也可以更好地推动企业社会责任的发展和实践。CSR 和 ESG 都是现代企业管理中不可或缺的一部分，企业应该将其纳入其发展战略中，并积极履行社会责任，实现可持续发展的目标。

1. 环境

环境是企业和投资者在进行 ESG 评价时的重要因素之一。ESG 中的环境维度主要评估企业在生产经营过程中对环境保护的态度、行为和成效，包括企业是否制定并执行有效的环境管理政策、是否采取措施减少资源消耗和污染物排放、是否投入研发和应用清洁技术和可再生能源、是否与不符合环保标准的合作方断绝关系以及是否对员工进行环保培训和考核等。具体而言，可以从以下几个方面来衡量企业的环境绩效：①正面环境指标，如环境管理体系、第三方机构认证、绿色技术专利数量、清洁能源使用量等；②负面环境指标，如污染物排放量、受到环境处罚的次数等；③气候变化相关指标，如碳排放强度、碳中和目标等；④环境创新相关指标，如清洁技术研发投入成本、可再生资源开发规模等。这些具体的环境指标反映了企业在应对全球性生态危机方面所作出的努力和贡献。

2. 社会

社会责任是一个组织在追求经济利益的同时，应当考虑其对社会的影响和贡献以及履行其对社会的义务和担当。这种义务和担当不仅包括遵守法律法规和市场规则，而且包括遵循道德准则和社会期待。社会责任是一种自愿性、道德性的行为，超越了强制性、合约性的要求。将社会责任的概念应用于企业领域，即ESG理念中的社会维度是指企业在追求经营利润的同时，关注并保障其内部和外部利益相关者（如员工、供应商、消费者等）的权益和福祉。这主要涉及企业在安全生产、环境保护、公共利益、商业道德等方面所承担的责任与义务。具体而言，可以从以下几个方面来衡量企业的社会绩效：①员工相关指标，如员工健康与安全、员工培训与发展、员工满意度等；②供应链相关指标，如供应商选择标准、供应商合规情况、供应链风险管理等；③消费者相关指标，如产品质量与安全、消费者保护与服务、消费者满意度等；④公共利益相关指标，如慈善捐赠与公益活动、反腐败政策与实践等。这些具体的社会指标反映了企业在促进社会公平与进步方面所作出的努力和贡献。

3. 治理

企业治理目标在于解决委托代理模式下可能产生的问题，特别是企业所有权与经营权分离时，如何应对信息不对称导致的利益冲突，以实现企业及其利益相关方的价值最大化。建立有效机制使各利益相关方能够在统一目标下相互制衡和协同合作。具体而言，企业需采取适当措施，在追求自身利益最大化和长期可持续发展的同时，兼顾ESG投资理念公司治理维度的要求。

### （二）ESG三因子之间的关系

环境、社会和治理这三个因子涉及的是企业与环境、企业与社会和企业内部的关系问题。在当前绿色发展趋势下，企业要想实现持续经营、长远发展，就必须处理好这些关系，即促进ESG三因子相互联系、相互配合、相互协调。环境主要强调企业能否提高资源利用效率，促进工艺优化升级和设备更新换代，降低能源消耗，走低碳环保发展道路，提高环境绩效，实现绿色转型，在绿色、低碳、可持续发展的潮流中形成竞争优势，赢得市场，为企业的生存和长远发展提供物质保障。另外，企业作为社会系统的微观主体，要想持续获得经营所必需的人力、资本等资源，就必须对社会进行反馈，承担相应责任，比如提升员工薪酬福利待遇，为其提供完整的晋升机制，从而吸引更多优秀人才为企业创造更多价值，为企业的可持续发展提供人力保障。而治理则强调企业的制度安排，即公司治理水平高低、是否能够有效保护股东权益、是否建立起有效的激励约束机制、是否能够对各方权力进行有效制衡和监督等，是企业可持续发展的制度保障。总的来说，环境、社会和治理作为ESG的三大要素在企业的可持续发展过程中相互依存、相互促进、不可或缺。

## 二、ESG表现对企业财务绩效影响的理论分析

作为一个综合概念，ESG涵盖环境、社会以及治理三项要素，其对企业绩效产生影响的路径也分为多个层次，其具体情况组成的理论框架如图2-1所示。

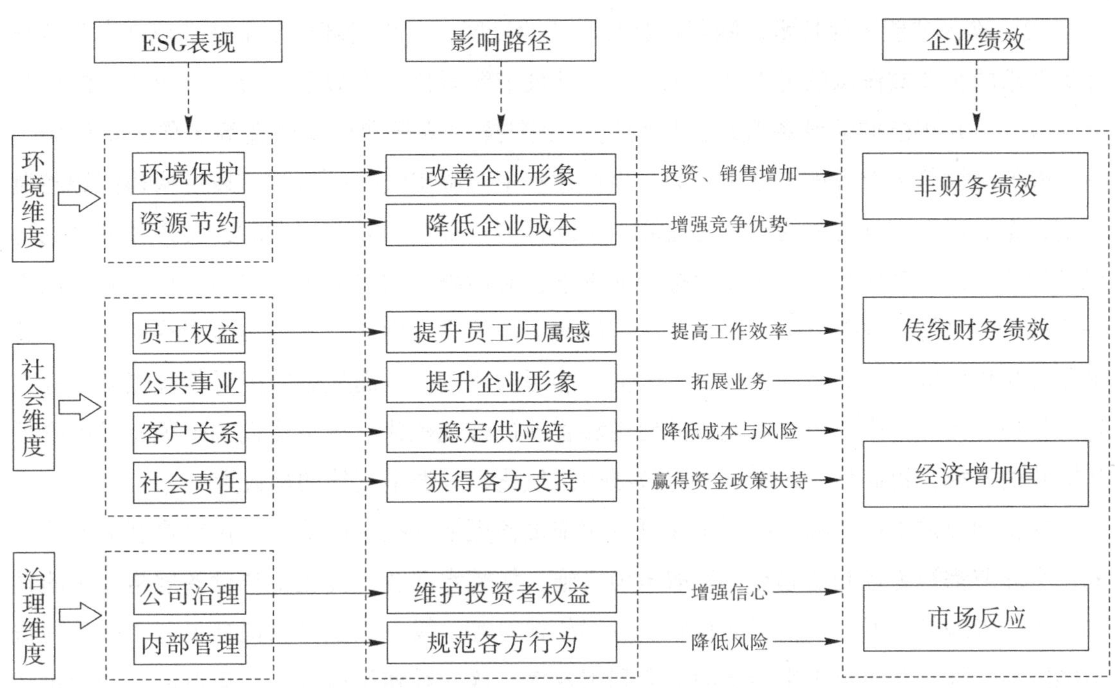


**图 2-1　ESG 表现对企业财务绩效影响的理论框架**

为了进一步研究企业 ESG 表现对企业绩效的影响机理，下面从 ESG 实践的三个维度入手，对 ESG 表现对企业绩效的影响路径进行理论分析，以便为后文的行业分析与案例研究提供理论支撑。

### （一）环境维度表现对企业绩效的影响路径

1. 环境保护与企业形象

（1）完善环境管理制度。近几年，世界范围内的环境治理理念逐渐改变，我国政府越来越关注环境保护，相应的政策法规也越来越严厉，这将对企业的发展造成很大的冲击。基于此，企业需要高度关注环保工作，将国家关于环保的有关法律和规定付诸实施，并根据这些规定制定一套与环保有关的企业规章制度，以适应各种不同的环境管理需求。同时，还要不断改进各项工作的实施，在企业里形成一种绿色的文化氛围，努力把低碳理念融入企业的生产和经营活动中，通过 ISO 14001 的环境控制系统，不断提高企业的环境控制能力。对于能源利用、废物和污染物的管理，企业要建立起相应的内部制度，以降低成本和提高效率为目的，对能源的管理进行细化，并按照各种废弃物的不同成因，对其进行有针对性的削减。同时，还应对污染物的排放和检测建立一套详尽的制度，保证污染物的达标排放，并对有害废弃物进行分类储存和管理，保证符合要求地进行处理和转换。在此基础上，企业要以可持续发展为导向，构建一套完整的环保审核与评价体系。这一机制具体包含了对环境影响因素的识别和评估、目标设定、绩效评估以及持续改进，从而推动企业向绿色发展的方向前进。

（2）推进节能环保技术。随着社会及产业的发展，人们对环保要求越来越高，不符合环保要求的企业被淘汰的可能性越来越大，开展节能减排工作势在必行。企业要不断增加环保投入，并积极推动设备升级，持续进行生产技术革新和设备改造等工作，从资源节约、降低排放等多个方面来减少企业在生产过程中对温室气体的排放。通过构建能源控制系统，企业可以实现对能耗的实时监测，不断提高资源利用效率。同时，要构建健全的环保监控系统，在确保污染物排放达标的前提下，对污染物的排放进行定期评价，并提出下一步减排的可持续改善方案。企业可以采用清洁能源进行生产，同时实施废热回收和兴建太阳能光伏发电项目等措施，大幅提升清洁能源的比例，从而显著减少对传统能源如标准煤的依赖。此外，企业也要对能源的使用和管理进行规范化，通过建设脱硫脱氮设施降低污染物的排放，提高生产效率，并有效减少二氧化碳等温室气体的排放量。

在持续改进生产流程方面，企业可以实施设备更新和技术改造。企业要将制造流程中的每个环节都视为控制的起点，采取多项措施，如废水回收、优化生产设备规格、实施精细化生产管理等。通过创新工艺技术、应用新材料等手段，企业可以提高工艺水平，促进节能减耗，提高对不可再生能源的综合利用效率。这一系列举措可以推动清洁生产和可持续发展，同时让企业赢得公众信任，获得良好的社会形象。

（3）减少污染物排放符合企业发展战略。企业应当使用环保材料、环保装置，减少废气排放量。节能和减少污染的举措使企业的碳排放效率得到了明显的提高，从而促进了企业的环保发展。除此之外，企业所开展的绿色技术改造和环保科技应用，都应符合国家绿色发展的战略，并尽量减少自身的业务和生产的产品对环境的影响。具体而言，基本的工业固体废物及有害废物也要安全处理或综合利用，处理率须达到100%，同时废水、废气及固体废弃物的排放量都应降低。这样不仅能减少因为违反规定而导致的处罚，也符合国家碳达峰、碳中和的要求，从而提升企业知名度。对环保作出积极的贡献，能够起到一个带头和示范的效果，为其他同类企业的行为起到借鉴的作用，从而树立起企业的良好形象①。

目前，我国加强生态文明建设，推进绿色低碳发展，于2020年9月正式发布“双碳”目标，并将二氧化碳等温室气体的减排措施列入中国的发展战略。2021年发布了工作方案，确定了减排措施的实施时限和路径，并启动了全国碳交易系统，稳定地推动碳达峰、碳中和进程，取得了良好的效果②。在我国，企业既是社会发展的主体，又是社会发展的关键环节。因此，企业要利用节能提效、技术创新等手段，主动回应国家的战略，减少传统能源消耗，减少污染排放，在规划、制定企业长远发展战略的时候，要将碳中和纳入其

① 李欣，顾振华，徐雨婧．公众环境诉求对企业污染排放的影响：来自百度环境搜索的微观证据［J］．财经研究，2022，48（1）：34-48.

② 窦晓铭，庄贵阳．碳排放权交易政策评估及机制研究综述［J］．生态经济，2022，38（10）：45-52.

中。另外，因为有了更清楚的资讯，所以企业不但可以参与到政府的决策中，而且可以针对政府的决策提供有针对性的建议。作为一个从事生产的基本单位，企业开展环保工作可以对国家的发展策略作出积极的响应，并且通过遵守有关的法规和产业规则，可以减轻所承受的监管压力，将对环境的关注传达给外界，有助于赢得更多的社会信任。

2. 资源消耗与能源成本

通过技术改造和设备升级等方式，企业在某种意义上提高了对资源的使用效率，并且降低了能源的消耗，从而有助于压缩成本，提升企业的产品利润。

（1）减少资源消耗。针对包装材料，企业应制定详细的应用规划，并进行规范管理。同时，结合自身的经营需求，企业可以成立一个专门的包装优化项目小组，对各种材质的应用、包装设计和方案进行最佳选择，并将其转化为技术管理标准，推广至各个分支企业。此外，企业还可以通过回收铁箱的方式，降低对木箱的损耗。在能耗上，大多数企业以汽油、柴油及天然气为主要的直接能耗，通过技术改造仍有一定的下降空间，如通过企业的废热回收等措施，对资源的利用效率可以进一步提高。

（2）降低能源成本。为了推动环境保护技术的进步、提升资源利用率、降低能耗，企业应加大对环境保护的投入力度。举例来说，可以向太阳能发电工程进行投资，通过使用可再生资源，使企业不再需要向外取电，进而为企业减少能耗。从长远来看，通过光伏发电每一种商品的能耗都会不断地降低，这就说明了该节电计划是切实可行的，这一举措也将对企业的财务情况起到正面作用。除此之外，还可以使用回收再利用技术来提高对资源的使用效率，使用清洁能源来减少对常规能源的依赖，进而将能源成本进一步降低，提高企业的利润水平①。

ESG 环境维度表现对企业绩效的影响路径具体如图 2-2 所示。

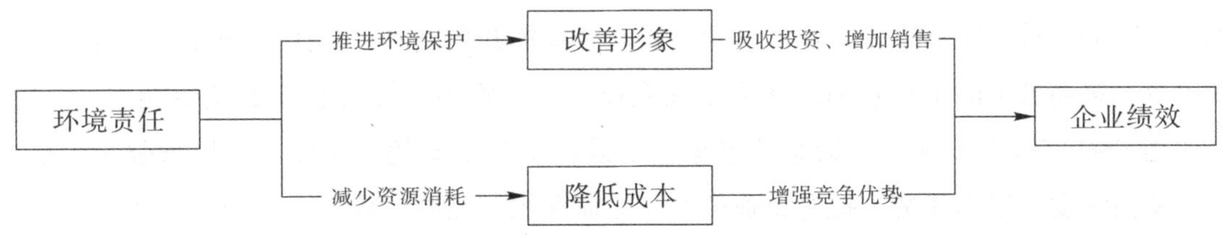


**图 2-2 ESG 环境维度表现对企业绩效的影响路径**

### （二）社会维度表现对企业绩效的影响路径

1. 员工权益与工作效率

（1）重视员工权益。企业要坚持“以人为本”的经营思想，建立健全与薪酬、招聘及民主管理有关的企业治理机制，保障公司员工的正当利益，抵制各种形式的歧视性做法，促进企业多元化的文化融合。建立公平、具有吸引力的薪酬机制，并对员工的合理要

① 肖序，曾玉．钢铁企业能源消耗的价值流核算与评价［J］．财会月刊，2017（22）：76-81.

求进行全面的考量，让员工积极参与企业的经营管理，建立一种和谐共赢的劳资关系。

企业应当采取多种形式，保证员工的工作安全和员工的身心健康。首先，根据国家有关安全生产的法律法规，制定一系列安全生产规范，并在此基础上对企业进行风险排查。其次，从企业的基础设施管理、生产过程的安全保证，到突发事件的紧急处置，再到评估和改善等多个层面上完善管理体系，并在此基础上进一步明确各工作人员的责任。在企业内设立专门的部门，对企业的基础设施管理与生产安全进行监督管理，制定完善的安全管理体系。对企业内部人员进行经常性的安全教育和培训，形成一种良好的企业文化。进行员工安全风险评价，确保员工的生命健康。同时，还要把重点放在对员工的培训上，组建一个管理培训部门，搭建一个可以为他们提供全方位培训的学习平台。在此基础上，按照员工所承担的责任，对他们进行有针对性的培训，并将企业内外培训有机结合起来，构建多元化培训体系。可以将培训转移到线上，减少重复教学，减少线下教学的费用，提高培训的效率。企业应当倡导员工取长补短、共同进步，为企业长期发展打下良好的人力资源基础。最后，企业应该建立一系列职工关爱制度，实施员工“幸福工程”，强化员工文化建设，完善员工后勤系统。除此之外，为提高员工的待遇、帮助遇到紧急情况的员工，企业可以设立一个专门的互助关爱基金，强化员工的人身保障，增强员工的归属感。

（2）提高员工的工作效率。企业的发展离不开人才。对于企业对员工等各方的社会责任及其所采取的行动，员工具有最直观、最明显的感受。因此，让员工感觉到公司认可、支持和保障自己的权益，是企业发展的目标。随着企业人才素质的提高，人才的职业化程度也随之提高。基于此，企业加强员工对企业文化和使命的认知和了解、对企业的认同，可以提高员工工作的情绪和状态，调动员工的工作热情，提高员工对企业的忠诚度、工作的专注度和敬业度，进而对促进员工提高工作业绩起到作用。开展良好的ESG实践，注重保护员工的权益，能够改善企业的形象，提高企业的知名度和公信力，增加企业的综合评估得分，提高员工的工作效率，从而增加企业的人力资本，提升企业的竞争能力。总之，企业用ESG实践来提升自己的企业形象，增强员工对企业的认可度，可以增强员工稳定性，从而激发其工作热情，提升企业的产品品质和服务品质，确保企业的可持续发展。

2. 公共事业与业务拓展

企业要主动参加公共事业的建设，要对弱势群体给予足够的关心，要注重用自己的经营发展来促进就业以及区域的经济进步与发展。企业要对有关公共事业的管理进行改进，要在公司章程中对捐赠及资助事宜的管理作出具体的规定。企业要在企业年报中披露信息，说明包括资助抗洪、医疗、学生和环境保护等在内的措施。此外，媒体舆论也要对企业的公益活动进行报道，可以让人们更好地认识到企业的价值。这些举措可以给企业传播自己的文化提供途径，让企业与外界进行交流的效率得到提高，还可以让企业的知名度得到进一步的提高，从而使得企业在大众心中留下良好的印象，吸引消费者选择品牌，吸引制造商进行新的合作，或是维持已有的、良好的战略关系，为企业提高盈利水平、培育增长潜力奠定牢固的基础。

3. 产业关联与供应链协同

作为供应链中的一环，企业与上游供应商和下游目标客户构成了企业持续生产和经营的基础条件。为此，企业必须加强供应链管理，并与供应链中的各个方面建立稳定的战略伙伴关系。这样做不仅可以确保原料供应的数量、质量和价格的稳定性，还可以满足客户需求，确保产品销售。在某种意义上，这有助于企业降低交易成本，减少原料供应和成本波动以及下游行业环境变化等因素对企业的不利影响。

（1）推进供应链建设。企业可以通过控制供应链的各个环节，确保所提供的服务和产品的质量。建立稳固、高质、高效的供应链，以构建具有竞争优势的、安全可信赖的可持续采购供应链体系。企业应当与上下游战略合作伙伴协同合作，建立供应链管理体系，运用精益思想，在降低资源消耗的同时提高企业工作效率，为顾客创造更大利润。具体措施包括以下方面：围绕顾客需求构建供应模式、搭建供应链精益屋、建立智慧供应链协同平台、构建360度供应商管理模式，确保下游和上游供应商及时获取所需信息，提高协同效率，实现供应链整体优化；利用数字化技术赋能企业供应链平台，建立数字化企业框架，推动产品定制化、生产自动化和企业运营智能化；通过客户关系平台收集客户的技术和产品需求信息反馈给企业，并将这些信息用于进行产品研发、设计和工艺改进，从而转化为与供应商的订单信息，实现供应链上的信息传递；在供应链管理全过程中，企业应当注重构建绿色供应链，建立相应的管理系统，成立领导小组，制定和执行与绿色供应链相关的战略和决策，引导企业可持续转型，将绿色理念融入原料采购、物流运输和生产过程中，推动企业发展的绿色化。

（2）与供应商合作稳定营业成本。企业在和供应商进行合作时，应建立平等、互信和共赢的可持续伙伴关系，以维持企业在市场上的竞争力，减少成本波动带来的风险，并确保原材料的稳定供应。为实现可持续发展和社会责任，应明确对供应商的企业社会责任要求，并在选择供应商时考虑其社会责任履行情况。企业应当重视与关键物料供应商的合作，形成“铁三角”运作模式，以确保关键物料的供应和关键物料供应商的稳定。同时，运用360度供应商全生命周期管理，对供应商进行精细化管理，将客户需求、企业需求和供应商需求相结合，保持资源供应的动态平衡状态。

（3）重视客户需求，保障销售渠道稳定。对企业而言，商品的供给是基于顾客的需要。对此，企业要注重服务的弹性，并使其价格最优，在控制质量的同时防控风险，实现可持续发展。从研发到制造，企业都要对产品的品质进行控制。对于客户的反馈，企业要建立专门的信箱，以确保收到相关的消息，并能在最短的时间内处理。企业要建立正规的售后服务平台，保证售后服务市场上的商品供给品质。在顾客最关心的产品质量上，企业要将其作为打造品牌的核心，这也是企业长期发展的基石，关系到企业的生死存亡。具体而言，企业对产品质量问题应当“零容忍”，要严格按照要求，对旗下的产品进行严格的质量控制。企业应当将不同客户、各类体系的标准与公司的产品策略结合起来，并且公司的内部品质控制体系与标准应当比国家及行业的规定更高。除此之外，在信息数字化时代，用户的个人隐私和数据的保密变得特别重要。在根据国家法律法规制定公司章程的情况下，通过对数据进行监控和分析发现安全缺陷，杜绝信息安全问题的发生。企业对用户个人隐私必须进行规范化的管理，以此保护用户的权益①。总体而言，只有保障客户的各方面权益、赢得客户信任，企业才能够确保销售渠道畅通无阻。

4. 社会性支出与政府补贴

对于社会性支出，很多研究都是根据企业捐赠支出占其主营业务收入的比重，衡量和分析这一指标，从中可以反映出企业在社会层次上的实践成本。由这一分析可知，在一定的范围内，企业的税费返还有了提高，其中一部分还是由政府补贴组成的，这说明了政府对企业的税务透明度的肯定，也说明了政府对企业在社会领域中的 ESG 实践的肯定②。在销售费用方面，大多数企业对于产品的售前和售后责任承担持一种正面的态度，这也反映出了企业对客户的重视。这一费用的变化与企业主营业务收入的变化非常接近，其所占的比重也较为平稳，这表明企业对顾客的责任履行得到了相应的回报，这在某种程度上也对企业的营运收入增长产生了推动作用。开展 ESG 实践，重视员工权益、进行对外捐赠等，都是企业贯彻可持续发展理念的一种方式，它们与政府和监管者的期望相吻合，有助于企业得到政府补贴，并扩大了外部融资的获取渠道。在进行深入的研究之后，可以发现国家为企业在资金上给予的资助主要包括税收优惠及奖励、就业稳岗奖励金、技术转型产业扶持补贴等。

ESG 社会维度表现对企业绩效的影响路径具体如图 2-3 所示。

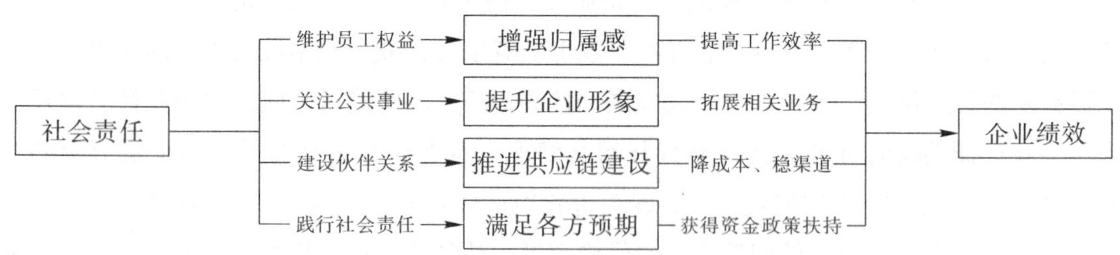


**图 2-3 ESG 社会维度表现对企业绩效的影响路径**

① 唐要家. 中国个人隐私数据保护的模式选择与监管体制［J］. 理论学刊，2021（1）：69-77.

② 李维安，王鹏程，徐业坤. 慈善捐赠、政治关联与债务融资：民营企业与政府的资源交换行为［J］. 南开管理评论，2015，18（1）：4-14.

### （三）治理维度表现对企业绩效的影响路径

1. 企业治理与投资者信心

企业通过健全治理机制、提高治理水平，可以减少管理者与所有者之间的冲突，有助于企业的长远发展，为提高企业的业绩打下良好的基础。按照有关法律法规和监管机关的要求，对企业的治理体系进行持续的改进，可以提升企业的经营水平和信息化管理水平、强化企业的运营标准化，从而让企业的经营更为顺畅。企业也要提升信息公开披露的水平，更好地保障投资者等相关各方的权益。为了促进企业的长期发展，持续完善企业的治理结构，根据外部的法律法规和内部的章程规定，企业可以在董事会下设立四个专门委员会，包括战略发展委员会、审计委员会、提名委员会和薪酬与考核委员会。同时，企业应详细说明每个委员会的具体职责，并规定委员会成员构成、议事表决程序等细节，以规范企业的管理工作。另外，企业要确保董事会成员的多样化组成，并制定相应的政策，以确定执行情况。企业要特别对独立董事制度给予足够的关注，并持续对其进行改进，以此保护小股东的利益，让各个利益相关者都能感受到企业对投资人的关注，提高投资人的信心。

2. 内部管理与经营风险

企业要构建并完善内部审计、内部控制、运营流程等内部管理制度，加强自身的自律和管理，这有助于提高企业对各种风险的防范和控制能力。为了对企业内部员工的行为进行规范、降低企业受到外部不利因素的冲击，要建立从全部员工到具体人员的制度，确保企业的员工能够遵循职业道德，保证审计工作的独立性、客观性和公平性。同时，要加强对职工的反腐败宣传和监督，增强职工反舞弊、反贪污的观念。企业应当设立一个举报渠道，可以由一个专用的举报电话和一个电子邮箱组成，给各个利益主体提供一个检举和揭露企业不诚信经营的渠道①。通过加强内部管理，企业可以规范员工的行为，减少在经营过程中的风险。

ESG治理维度表现对企业绩效的影响路径具体如图2-4所示。

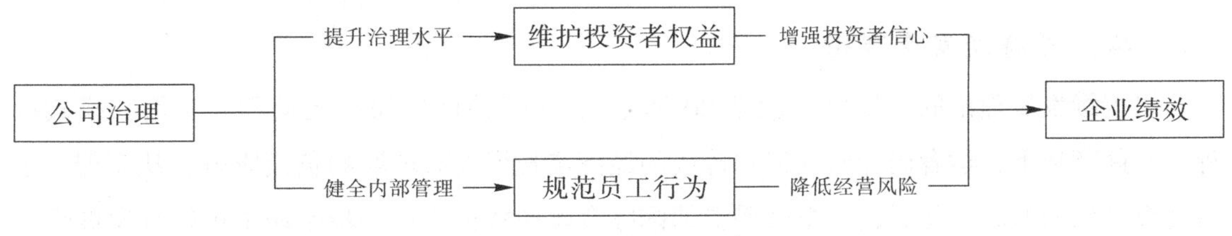


**图2-4　ESG治理维度表现对企业绩效的影响路径**

综上，在ESG划分的环境、社会、治理三个维度的基础上，结合利益相关者理论、经济外部性理论等，对ESG在环境、社会、治理三个维度的联合作用下对企业绩效产生的影

① 林斌，黄俊钦，谭素娴．中国企业反舞弊画像：基于舞弊三角理论的分析［J］．财会月刊，2022（7）：17-25.

响进行了分析：在环境方面，建立一套有效的节能管理体制、推动节能减排工作，可以在满足国家发展战略的前提下减少企业的生产成本；在社会方面，结合利益相关者理论，对员工、公共事务、供应链等方面的实践内容展开了分析；在治理方面，重点关注了治理机制和管理系统中的具体要素，并就它们对企业治理效能的影响展开了分析。

## 三、ESG 表现对企业财务绩效影响的相关理论

### （一）企业社会责任与利益相关者

在全球化竞争日趋激烈的背景下，企业社会责任已成为提升企业竞争力和可持续发展能力的重要战略选择。然而，还需要明确企业的目标是什么，才能探讨企业社会责任与利益相关者之间的关联性，特别是在股东权益理论和利益相关者理论之间存在着不同的观点时。前者认为企业的目标只在于股东利益最大化，后者则认为企业需要考虑所有利益相关者的利益。这两个方面均存在不足之处，均不能全面反映企业治理与社会责任之间复杂而微妙的关系。因此，需要探寻一种多赢模式，既能保证股东权益，又兼顾利益相关者的利益。Wood 分析了企业社会责任与利益相关者关系，得到企业社会责任概念的核心是利益相关者的结论，并提出了企业社会绩效的概念①。这一概念能够有效区分经营绩效和社会绩效，并提供了一种将企业纳入社会关系显性价值时衡量其行为表现水平和质量标准的 Wood 模型。

具体而言，在 Wood 模型中，企业的经济责任即股东利润最大化已经包含在更高层次的法律责任、伦理责任和自愿性或哲学性责任中。从这个角度来看，在 Wood 模型中经营绩效也相应地包含在更广泛意义上的社会绩效中。因此，在 Wood 模型中企业不再割裂或分步骤实现其经营目标和社会目标，而是通过一个动态且连贯的整合过程，将经济、法律、伦理、社会和环境决策标准整合起来形成一个统一的价值体系。利益相关者在这个价值体系中都有相应的地位和价值，并参与了企业经营价值创造的过程。总的来说，企业与利益相关者建立了互信互惠的伙伴关系，共同达成了企业的目标和社会价值。

### （二）可持续发展理论

可持续发展理论的发展可追溯至 20 世纪 70 年代的环境保护运动和经济增长模式批评。在此背景下，学者们开始认识到传统的经济增长模式对环境的负面影响，从而催生了可持续发展的概念。随后，一系列重要的国际会议和宣言，进一步推动了可持续发展理论的形成和发展。可持续发展理论在金融领域具有重要的学术价值。首先，可持续发展理论提供了金融机构和投资者评估企业和项目的可持续性的框架。通过引入环境、社会和治理

① Wood, Donna J. Corporate Social Performance Revisited [J]. Academy of Management Review, Vol., 1991, 16 (4): 691-718.

因素，金融机构能够综合考虑企业的长期价值和风险，从而促进可持续投资的实践。其次，可持续发展理论为金融领域提供了研究可持续金融工具和市场发展的理论基础。例如，绿色金融和社会责任投资等新兴领域的发展，借鉴了可持续发展理论的原则和方法。可持续发展理论还促进了金融风险管理和企业治理的创新，加强了金融系统的稳定性和透明度。

可持续发展一直是我国的重要战略之一，其目的在于保持经济稳定增长的同时，避免对后代的长期发展能力产生严重危害，通过保护生态环境实现可持续发展。此外，由于企业是我国经济不可或缺的组成部分之一，实现长期可持续发展既需要保证稳定的经济利益，同时也要积极履行社会责任。而采用ESG理念发展企业符合可持续发展的要求，可以使企业在追求经济效益持续增长的同时，实现环境效益的稳定发展，这样可以提高企业声誉，获得更多消费者认可，进而在长期发展中占据领先地位。

### （三）信息不对称理论

信息不对称理论是经济学中重要的理论框架，旨在解释经济主体在交易过程中信息的不对称对市场效率和资源配置的影响。该理论的发展可以追溯至20世纪70年代，最早由Joseph Stiglitz等经济学家提出①。他们的研究揭示了信息不对称在市场交易中的存在，并对市场参与者的行为和市场结果产生重要影响。随后，信息不对称理论在不同领域得到广泛应用，包括金融领域。信息不对称理论的核心概念包括隐藏信息和信号传递。其中，隐藏信息指的是市场参与者在交易中拥有某些不为其他市场参与者所知的重要信息，信号传递涉及市场参与者通过一系列行为或信号来传递关于其信息状况的暗示。在信息不对称存在的情况下，市场参与者可能面临道德风险和逆向选择等问题，导致市场无效率和资源浪费。

信息不对称理论指出，在市场条件下，不同利益相关者对目标企业所掌握的信息往往存在差异。这表明企业自主披露的内容是投资者对企业未来发展前景作出可靠预期的重要参考因素，也是投资者判断是否进行投资所必需的要素。仅仅依靠基本的企业财务指标，往往难以判断企业的持续经营能力和长期发展能力。随着投资者对于长期和稳定回报的关注，非财务因素已经成为越来越多的投资者所关注的因素。

### （四）委托代理理论

现代企业理论中，委托代理理论被视为其中的重要组成部分，它是建立在企业所有权与经营权相分离的基础上的，强调委托人和代理人之间存在利益不一致和信息不对称。这种情况通常导致委托人要求更高的风险报酬率，进而增加企业的融资成本。因此，企业的ESG表现对委托人评估企业的长期发展能力至关重要，并帮助他们选择适合投资的企业。同时，委托代理理论也揭示了企业与投资者之间的矛盾与利益分歧。这种分歧是由于委托

---

① Stiglitz, J. E. The theory of "screening", education, and the distribution of income [J]. The American Economic Review, 1975, 65 (3): 283-300.

人与代理人之间信息不对称和利益不一致所导致的。委托人通常会要求代理人为他们创造最大的收益，而代理人则可能会追求自身利益最大化，而非委托人的利益最大化。因此，委托人需要寻找合适的投资对象，而企业的 ESG 表现则是一个重要衡量标准。

此外，越来越多的投资者开始注重企业的 ESG 表现。然而，当资本集中在表现良好的 ESG 企业上时，这些企业将面临更大的市场压力，这将迫使它们进一步提高其 ESG 表现。因此，企业的 ESG 表现不仅对委托人和投资者至关重要，也对企业自身的长期发展具有重要意义。在竞争日益激烈的商业环境中，通过加强 ESG 表现，企业能够提高自身的竞争力，同时也能够获得更多投资和支持，实现可持续发展的目标。

## 四、ESG 表现对企业财务绩效影响案例分析

ESG 将环境、社会和治理纳入企业管理和运营流程，在 ESG 理念的指导下，企业负责任地经营，应对不断变化的市场需求，满足多重利益相关方的诉求，创造商业价值，实现社会价值。下面以绿色、可持续发展转型为背景，分析中国神华 ESG 理念的发展历程，并对企业整体绩效进行评价，旨在研究 ESG 指引下实体企业实现绿色转型和可持续发展的意义和必要性，并为企业管理层践行 ESG 理念、开展 ESG 活动提供一定的理论依据。

### （一）中国神华概况

中国神华能源股份有限公司（以下简称中国神华）于 2004 年成立，是国家能源投资集团有限责任公司（以下简称国家能源集团）下属的 A+H 股上市公司。中国神华属于煤炭开采行业，是一家以煤炭为基础的综合型能源公司，主要从事煤炭和电力的生产销售，铁路、港口和航空运输以及煤化工。该公司业务布局以煤炭开采业务为起点，利用自有的运输路线及销售体系，构建了火电厂以及煤化工产业，实行多元化行业与产业相结合、网状一体化的发展运营模式，呈现出由点到面的布局。近年来，中国神华均位列世界 500 强企业，且在中国煤炭企业 50 强中稳居 TOP3。

### （二）中国神华财务状况①

1. 资产状况

2015—2021 年，中国神华流动资产和非流动资产的变动及其占资产总额的比重如表 2-1 所示。由表 2-1 可知，中国神华的总资产规模在 2015—2021 年整体呈增长态势，总资产从 2015 年 5539.65 亿元，到 2021 年达 6070.52 亿元，增长幅度为 9.58%。其中，流动资产的占比波动上升，截至 2021 年占比达 34.32%，比 2015 年增长了 12.47%。非流动资产的规模整体呈下降的趋势，从 2015 年占比 78.15%下降到 2021 年占比 65.68%，下降幅度为 7.9%。2021 年，流动资产的增长幅度超过了总资产的增长幅度，在总资产中的比重也

① 夏娇. ESG 视域下中国神华企业绩效评价研究［D］. 兰州：兰州财经大学，2023.

有所上升，说明中国神华的资产流动性在不断提升。

**表 2-1　中国神华 2015—2021 年的资产结构**

| 年份 | 流动资产 | | 非流动资产 | | 资产总计 | |
|---|---|---|---|---|---|---|
| | 金额（亿元） | 占比（%） | 金额（亿元） | 占比（%） | 金额（亿元） | 同比增长（%） |
| 2015 | 1210.36 | 21.85 | 4329.29 | 78.15 | 5539.65 | - |
| 2016 | 1334.63 | 23.35 | 4382.01 | 76.65 | 5716.64 | 3.19 |
| 2017 | 1326.44 | 23.39 | 4344.80 | 76.61 | 5671.24 | -0.79 |
| 2018 | 2332.96 | 39.73 | 3539.43 | 60.27 | 5872.39 | 355 |
| 2019 | 1604.94 | 28.74 | 3979.90 | 71.26 | 5584.84 | -4.90 |
| 2020 | 1722.29 | 30.84 | 3862.18 | 69.16 | 5584.47 | 8.70 |
| 2021 | 2083.10 | 34.32 | 3987.42 | 65.68 | 6070.52 | 3.19 |

资料来源：根据中国神华 2015—2021 年年报资料汇总整理。

2. 负债状况

2015—2021 年，中国神华流动负债和非流动负债的变动及其占负债总额的比重如表 2-2 所示。2015—2020 年，中国神华总负债规模呈逐年下降趋势，但 2021 年同比增长了 280.59 亿元，增长幅度为 21.05%，这是由 2021 年流动负债增长了 32%引起的。

**表 2-2　中国神华 2015—2021 年的负债结构**

| 年份 | 流动负债 | | 非流动负债 | | 负债总计 | |
|---|---|---|---|---|---|---|
| | 金额（亿元） | 占比（%） | 金额（亿元） | 占比（%） | 金额（亿元） | 同比增长（%） |
| 2015 | 1014.87 | 51.83 | 43.21 | 48.17 | 1958.08 | - |
| 2016 | 1121.85 | 58.50 | 795.75 | 41.50 | 1917.60 | -2.07 |
| 2017 | 1159.05 | 60.21 | 765.92 | 39.79 | 1924.97 | 0.38 |
| 2018 | 1233.81 | 67.50 | 594.08 | 32.50 | 1827.89 | -5.04 |
| 2019 | 954.83 | 66.83 | 473.82 | 33.17 | 1428.65 | -21.84 |
| 2020 | 694.93 | 52.13 | 638.24 | 47.87 | 1333.17 | -6.68 |
| 2021 | 917.48 | 56.85 | 696.28 | 43.15 | 1613.76 | 21.05 |

资料来源：根据中国神华 2015—2021 年年报资料汇总整理。

中国神华的流动负债虽然呈下降态势，但流动负债占负债总额的比重基本稳定，且远高于非流动负债的比例。

3. 所有者权益状况

2015—2021 年中国神华负债和所有者权益的变动如图 2-5 所示，权益整体上保持平稳，2021 年达到 6070.52 亿元，比 2020 年增加了 486.05 亿元。其中，所有者权益变动对权益合计数的增长贡献最大，整体上呈增长态势，2021 年比 2020 年增长了 204.46 亿元；负债整体上呈下降趋势，在所有者权益不断上升和负债不断下降的作用下，权益合计整体呈增长趋势，所有者权益对总资产的增长作用越来越大。

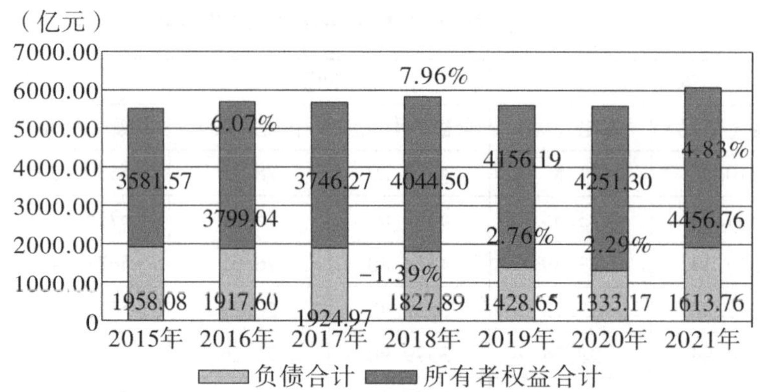


**图 2-5　中国神华 2015—2021 年权益变动**

## （三）中国神华 ESG 实践历程

中国神华在现有的权威 ESG 评级机构中的评级表现良好，表明了中国神华在企业管理中深入贯彻了 ESG 理念，且 ESG 实践取得了明显的成效。

在“双碳”政策下，碳资源将被新能源加速替代，煤企或将面临开采量下降、煤价下跌、关停落后产能等一系列挑战。因此，实现节能减排、绿色发展，成为中国神华面临的重要问题。在国家能源集团“绿色发展，追求卓越”的核心价值观的引领下，中国神华也积极践行绿色理念，制定了“建设世界一流的清洁能源供应商”的战略目标。2007 年，根据社会责任相关标准，中国神华在各业务板块构建了涵盖关键责任要素的社会责任指标体系；自 2013 年，中国神华自觉按照 ESG 要求披露其社会绩效；2015 年起，依据上交所和港交所发布的有关环境信息披露的指引编制社会责任报告；2018 年，主动发布由第三方鉴证的 ESG 报告，并于 2019 年设立专门的 ESG 治理工作办公室；2021 年 1 月，国家能源集团建成 ESG 信息系统，实现了利用信息化全面提升公司 ESG 履责能力。

在实施 ESG 治理的过程中，中国神华从治理层着手，推进治理层的变革，将环境和社会议题纳入公司的治理体系和战略决策当中，指导企业在贯彻绿色理念和承担社会责任的要求下谋求经济效益。中国神华逐渐将 ESG 理念融入整个公司的治理和经营中，形成了自上而下的治理体系，如图 2-6 所示。

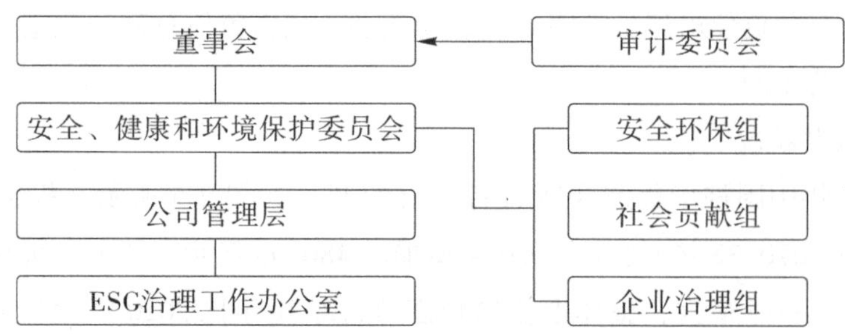


**图 2-6　中国神华 ESG 治理架构**

董事会是ESG治理体系中的最高决策者，主要负责ESG决策和ESG治理运作。董事会下设的安全、健康和环境保护委员会负责评估公司的ESG相关风险，定期制定公司的ESG管理政策，开展ESG管理和监督，并向董事会报告ESG事项。其下设三个工作组，负责落实具体事项，并定期向安全、健康和环境保护委员会报告。ESG治理工作办公室和公司管理层联合推动ESG治理相关业务的实施。审计委员会定期审查公司的年度ESG报告和披露，并提交董事会审查和批准。

引入ESG理念后，中国神华逐渐规范确定了各维度的关注内容。考虑了行业中常见的ESG议题，经过与利益相关方多种形式的沟通，中国神华以线上问卷评估了公司关注的ESG议题的重要性，筛选出十大重要议题。中国神华2018—2021年确定的十大关键实质性议题如表2-3所示。

**表2-3　中国神华2018—2021年十大关键实质性议题**

| 年份 | 重要性排序依次递增→ | | | | | | | | | |
|---|---|---|---|---|---|---|---|---|---|---|
| 2021 | 科技成果应用 | 节能降耗 | 合规管理 | 反腐倡廉 | 职业健康 | 风险预控管理 | 产品质量 | 污染防治 | 安全管理系统 | 碳排放 |
| 2020 | 科技成果应用 | 节能降耗 | 合规管理 | 职业健康 | 反腐倡廉 | 风险预控管理 | 产品质量 | 污染防治 | 安全管理系统 | 碳排放 |
| 2019 | 科技成果应用 | 节能降耗 | 合规管理 | 职业健康 | 反贪污 | 风险预控管理 | 产品质量 | 污染防治 | 安全管理系统 | 碳排放 |
| 2018 | 污染物治理 | 合规管理 | 薪酬福利 | 科技创新 | ESG沟通 | 投资者沟通 | 安全生产 | 业绩增长 | 员工权益保护 | 职业健康 |

资料来源：根据中国神华2018—2021年ESG报告资料汇总整理。

由此可以看出，2018年以来中国神华对环境保护的关注度有了极大提升，碳排放位列十大议题之首，污染防治和节能降耗的重要性也有所上升；产品质量和科技成果应用两大议题的地位稳定，势在提升产品质量和竞争优势，从而保护客户基本权益，为企业获取更大的市场份额；在社会维度注重员工权益保障，安全管理系统和职业健康是该层面的重要议题；在公司治理层面，严抓风险预控管理系统、反腐倡廉和合规管理，致力于打造合规高效的治理层。

### （四）ESG下中国神华企业绩效评价方法

企业绩效评价的研究可分为成本业绩评价时期、财务绩效评价时期、融入非财务绩效的综合评价时期三个阶段，不同的时期形成了顺应企业目标需求的绩效评价方法。

企业绩效评价最早可以追溯至19世纪初期，这一时期主要关注生产耗费的资源，如当时的纺织、铁路、钢铁等企业以生产所消耗的成本和费用为评价目标，因而产生了成本会计方法。19世纪末20世纪初，“科学管理之父”泰勒研究出的标准成本法进一步推动了成本业绩评价的发展。20世纪初期逐渐进入了财务绩效评价阶段，出现了以投资回报率为核心的杜邦财务分析法和评价企业信用水平的沃尔评分法。20世纪60年代，随着企业规模的扩大和集团公司的发展，出现了划分责任中心的业绩评价方法，该方法分成本中心、利润中心和投资中心对企业业绩进行评价。20 世纪 80 年代后期，财务绩效评价取得了进一步发展，在这一阶段企业使用现金流量指标来评估企业创造现金的能力。1991 年，思腾思特公司推出了经济增加值法（简称 EVA），并被广泛采纳。20 世纪 90 年代以后，经济全球化不断加快，企业为了获得竞争优势，取得长远发展，开始转变经营理念，相应地，企业业绩的评价融入了非财务指标，如技术创新、售后服务、生态环保、客户和员工满意度、市场占有率等。在这一时期，业绩评价理论和方法逐渐与企业经营战略相结合，开始把财务指标和非财务指标结合形成综合评价体系，其中最具代表性的是平衡计分卡。

综上，在不同时代，企业的战略目标不同，进行绩效评价的视角不一样，采用的方法也不尽相同。当今时代，企业追求绿色、可持续发展和高质量发展，企业整体绩效既包含经济绩效，又包括其在生态环境、社会责任等方面的表现。下面在财务绩效评价部分采用传统的财务指标分析法。

### （五）ESG 下中国神华企业财务绩效评价结果

经济效益是企业运营的基础，企业应首先保障经营的效益，才有能力兼顾生态保护与社会责任。在以可持续发展为核心的 ESG 视角下，财务绩效在企业整体绩效评价中依然居于重要地位。这里遵循可获得性、可比性等原则选取中国神华 2015—2021 年的财务指标，在评价过程中加入三家同行业优秀企业——兖矿能源（600188）、中煤能源（601898）和陕西煤业（601225），进行横向对比评价分析。可比企业源自中国煤炭工业协会发布的“中国煤炭企业 50 强”名单，选择了其中排名靠前且相对稳定的三家公司。

1. 盈利能力评价

在对环境保护高要求、严标准的背景下，煤企不得不承担起保护环境的责任，这就要求煤企在生产经营过程中对高污染高能耗的流程、设备等加以改进，在前期加大研发投入，从源头上节能减排降耗，或者后期加大环境治理、环境恢复投入力度，这无疑都会加大营业成本，影响企业的盈利能力。下面通过成本费用和营业收入情况分析，评价中国神华在贯彻 ESG 理念期间获得利润、实现盈利方面的能力水平。

（1）成本费用情况。从图 2-7 可以看出，中国神华在引入 ESG 理念前后 7 年间环保投入强度呈先降后升的变化趋势。以 2018 年为拐点，其环保投入逐年攀升，尤其在 2020 年，全国范围内各行业经济受挫，中国神华的业务也受到了一定影响，但是当年的环保投入较上年上升了 47.4%，环保投入强度跃升到了更高的水平。根据表 2-4 所示，在 2021 年营业收入同比上涨 43.71%的情况下，环保投入随之同比上涨 11.72%。在 ESG 理念的引导下，中国神华对节能环保提出了严要求，环保投入力度不断加大，用于改造设备流程、提升清洁生产的能力、强化资源循环利用能力。

**图 2-7 中国神华 2015—2021 年环保投入强度**

**表 2-4 中国神华 2015—2021 年环保投入与营业收入**

| 年份 | 2015 | 2016 | 2017 | 2018 | 2019 | 2020 | 2021 |
|---|---|---|---|---|---|---|---|
| 环保投入(亿元) | 14.93 | 11.05 | 9.68 | 14.22 | 14.24 | 20.99 | 23.45 |
| 环保投入强度(%) | 0.84 | 0.60 | 0.39 | 0.54 | 0.59 | 0.90 | 0.70 |
| 营业收入(亿元) | 1770.69 | 1831.27 | 2487.46 | 2641.01 | 2418.71 | 2332.63 | 3352.16 |

资料来源:中国神华 2015—2021 年企业社会责任报告和 ESG 报告。

就营业成本而言,由表 2-5 可以看出,中国神华的营业成本 7 年内整体呈上升趋势,变化幅度最大的一年是 2021 年,同比增长 61.45%。这主要是因为营业收入上涨了 43.71%,成本与收入相配比。其中,各项成本均有不同程度的上涨:占营业成本将近一半的外购煤成本同比上升 111%;原材料、燃料及动力成本同比增长 21.5%;人工成本上升 21.5%;环保投入和研发支出较上年度也有较大幅度的提升,其中,在绿色开发煤炭、清洁利用煤炭和清洁转化方面的研发投入同比增长了 55.7%。

**表 2-5 中国神华 2015—2021 年营业成本情况**

| 年份 | 2015 | 2016 | 2017 | 2018 | 2019 | 2020 | 2021 |
|---|---|---|---|---|---|---|---|
| 营业成本(亿元) | 1104.27 | 1107.69 | 1438.42 | 1555.02 | 1433.94 | 1390.23 | 2244.52 |
| 成本费用利润率(%) | 23.66 | 27.53 | 39.75 | 36.74 | 37.85 | 36.62 | 30.55 |
| 成本费用利润率行业均值(%) | -5.23 | 1.57 | 16.70 | 18.38 | 12.52 | 10.31 | 28.36 |

资料来源:中国神华 2015—2021 年年报和国泰安数据库。

由表 2-5 可知,中国神华的成本费用利润率先上升后缓慢下降,自 2017 年稳定保持在 30%以上的水平,且每年的成本费用利润率都远高于行业均值。

如图 2-8 所示可以看出,中国神华的成本费用利润率稳定且优于同行业企业,在行业获微利的状态下表现较为出色,每单位的成本费用所获得的利润均高于行业内其他企业,企业盈利能力较强。这一绝对优势可能是因为其形成了集煤炭、电力、交通运输和煤化工的开发、生产及运销为一体的规模高效的运营模式，也可归因于中国神华贯彻 ESG 理念、履行环境责任，不断加大环保领域的研发投入，专注于经营过程中实现清洁化生产、运输和转化，从而为后期形成绿色产品和提升成本获利能力提供了空间。总的来说，环保投入在短期内会增加营业成本，影响成本利润率的转化，但是从长远来看，有助于提高企业的盈利能力。

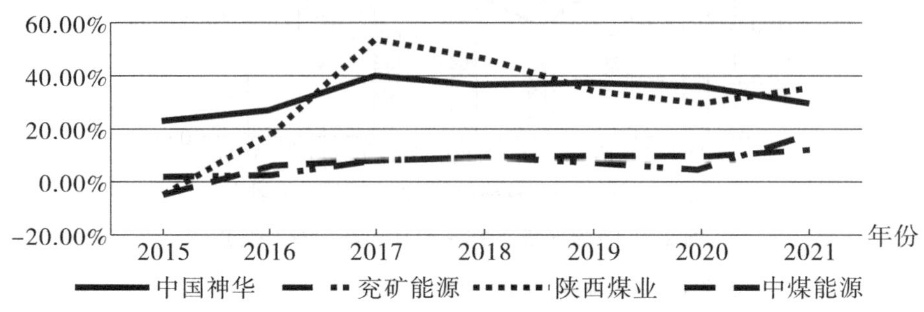


**图 2-8 中国神华与同行业企业的成本费用利润率（2015—2021 年）**

图 2-8 所示四家企业的成本费用利润率均在 2017 年和 2018 年出现了较为明显的变化，这是由于宏观经济向好发展，全国煤炭市场呈现出供需紧平衡状态，价格向上波动，煤炭企业的营收均有所提升，成本费用利润率因此爬升，其中陕西煤业借此机会实现了高营收增长，2017 年其利润总额涨幅达 279. 27%，加之取消了“一票制”售价，因此其成本费用利润率获得了大幅提升。

（2）营业收入情况。由表 2-6 所示展示了中国神华 7 年间的营业收入状况，数据表明，中国神华的营业收入在波动中呈增长趋势。在我国市场能源结构调整的影响下，加之新能源等非石化能源的冲击，煤炭及煤电供需不稳，2015 年因煤炭供应宽松导致企业销售量和平均售价分别下滑 17. 9%和 16. 6%，售电量及售电均价也同比下降，而 2017 年和 2021 年因市场需求旺盛，营业收入大幅上升。2021 年，受能源业供需阶段性失衡、行业政策调整的影响，煤炭价格剧烈变化，且国内煤炭消费量增长，全国煤炭消费总量同比上涨约 4. 6%，在这种背景下，中国神华的煤炭销售量和平均销售价格随之提升。企业营业收入虽然受市场影响大，一直处于波动状态，但是企业营业利润表现良好，均远高于行业均值。如图 2-9 所示中国神华的营业利润率较同行业其他企业稳定，且保持较高水平，说明企业的获利能力强于同行业企业。

**表 2-6 中国神华 2015—2021 年营业收入及营业利润**

| 年份 | 2015 | 2016 | 2017 | 2018 | 2019 | 2020 | 2021 |
| --- | --- | --- | --- | --- | --- | --- | --- |
| 营业收入（亿元） | 1770. 69 | 1831. 27 | 2487. 46 | 2641. 01 | 2418. 71 | 2332. 63 | 3352. 16 |
| 营业收入同比增幅（%） | -28. 70 | 3. 42 | 35. 83 | 6. 17 | -8. 42 | -3. 56 | 43. 71 |
| 营业利润率（%） | 18. 12 | 21. 48 | 28. 58 | 27. 70 | 27. 55 | 27. 22 | 23. 34 |
| 营业利润率行业均值（%） | -7. 57 | 0. 27 | 12. 54 | 13. 82 | 9. 42 | 7. 44 | 19. 05 |

资料来源：中国神华 2015—2021 年年报和国泰安数据库。

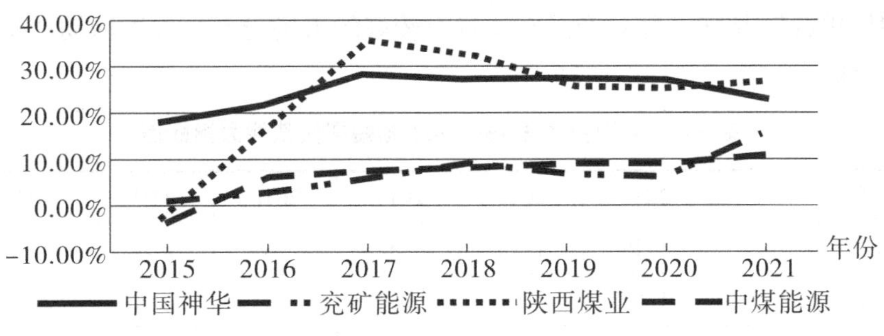


**图 2-9 中国神华与同行业企业的营业利润率（2015—2021 年）**

一直以来，中国神华都关注企业应该承担的企业社会责任，稳定且优于同行业企业的营业利润率体现出中国神华在环境责任和社会责任的约束下并未出现挤占资源等负面影响，抑或是前期的投入的研发支出与环保费用产生了溢价效应，使表现良好的盈利能力进一步得以稳固。根据前文分析，可以将此合理归因于治理层认同并树立 ESG 理念，搭建 ESG 治理框架，规范了企业绿色、可持续发展的标准，坚持煤炭产品为基础的“产运化”一体化协同高效、低成本运营模式；加大了环保技术及绿色工艺的研发力度，开采和安全生产的技术在国际上领先，清洁燃煤发电、重载铁路运输等技术在国内领先，这些技术优势维持了企业的产品溢价水平，保证了企业盈利能力。另外，虽然中国神华营业利润率一直高于行业均值，但 2020 年和 2021 年的营业利润率有所下滑，表明在此期间获利能力受挫。这一方面是因为 2020 年起国内各行业企业皆受到不可抗力的影响，供需市场疲软，产销降低，收益受到打击；另一方面是因为日趋严格的生态环保政策倒逼企业深化节能低碳发展，企业在这方面的投入加大，影响了企业营业利润率。

2. 偿债能力评价

企业偿债能力分析可以从两方面进行：从债务人角度出发，考察企业在某一时期内偿还到期债务的能力，是债务人债权安全性的保障；从企业角度出发，为企业承担债务风险的能力释放了信号，是企业未来获取投资者信任，取得债务资本的“名片”。因此，偿债能力的分析可以反映企业存续和发展所需的财务状况。下面选择反映短期债务偿还能力的流动比率、速动比率和现金流动负债率以及保障企业长期偿债能力的资产负债率和利息保障倍数等指标来进行具体分析。

（1）对短期偿债能力的影响分析。从表 2-7 中中国神华 2015—2021 年短期偿债能力的变动趋势可以看出，中国神华的短期偿债能力表现出色。具体来看，流动比率和速动比例变化趋势一致，均整体呈上升趋势，至 2020 年达到了 200%以上的水平。其中，速动比率基本上高于行业均值。如图 2-10 所示，与同行业企业相比较，中国神华的速动比率表现一直优于同行业企业，尤其是从 2018 年开始远高于其他三家企业，这说明中国神华资产的变现能力较强，每元流动负债对应充足的净现金。现金流动负债率的变化也证实了这一点，企业用于生产经营活动产生的现金净流量充足。该表现可能得益于中国神华持续打造煤电“超低排放”品牌，并且产品在市场有较好的市场份额，经营活动产生了大量现金流，现金流充裕。

表 2-7　中国神华 2015—2021 年短期偿债能力指标值

| 年份 | 2015 | 2016 | 2017 | 2018 | 2019 | 2020 | 2021 |
|---|---|---|---|---|---|---|---|
| 流动比率 | 1.19 | 1.19 | 1.14 | 1.89 | 1.68 | 2.48 | 2.27 |
| 速动比率 | 1.07 | 1.07 | 1.04 | 1.81 | 1.55 | 2.29 | 2.13 |
| 速动比率行业均值 | 0.80 | 0.85 | 1.41 | 1.26 | 1.08 | 0.74 | 0.87 |
| 现金流动负债率（%） | 54.59 | 72.99 | 82.09 | 71.52 | 66.09 | 116.97 | 103.08 |

资料来源：中国神华 2015—2021 年年报和国泰安数据库。

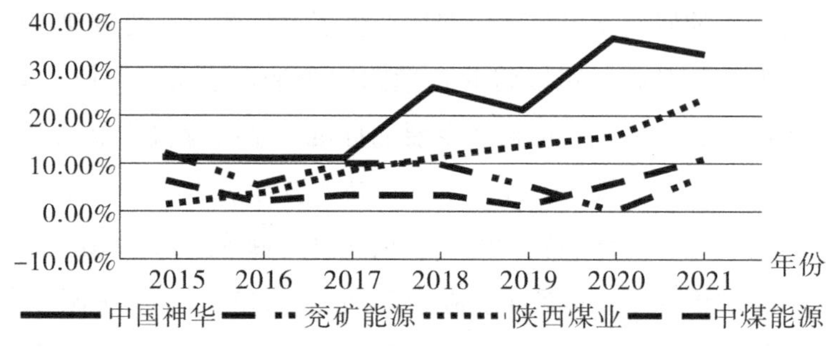


图 2-10　中国神华与同行业企业的速动比率（2015—2021 年）

（2）对长期偿债能力的影响分析。根据表 2-8 反映的内容可知，中国神华资产负债率低，基本保持稳定水平，7 年间整体呈下降的趋势，且远低于同行业均值。即便是 2020 年后在国际国内大环境较为艰难的情势下，依旧有充足的自由资金用于周转经营。从图 2-11 中可看出，中国神华的资产负债率水平优于同行业其他企业，对债权人权益有充分的保障。从利息保障倍数的数据来看，中国神华的债务保障能力较强，债权人具有良好的债务安全性，投资风险低，同时也表明企业未来获得债务融资的能力较为充足。2021 年，中国神华利息保障倍数出现大幅度变化，是由于当年利息费用较上年下降，存放于关联方的存款产生的利息收入较上年提升，财务费用较少所致。

表 2-8　中国神华 2015—2021 年长期偿债能力指标值

| 年份 | 2015 | 2016 | 2017 | 2018 | 2019 | 2020 | 2021 |
|---|---|---|---|---|---|---|---|
| 资产负债率（%） | 35.35 | 33.54 | 33.94 | 31.13 | 25.58 | 23.87 | 26.58 |
| 资产负债率行业均值（%） | 56.14 | 56.92 | 56.06 | 53.65 | 56.21 | 59.47 | 58.78 |
| 利息保障倍数 | 8.09 | 8.69 | 21.35 | 18.15 | 27.53 | 53.75 | 880.26 |

资料来源：中国神华 2015—2021 年年报和国泰安数据库。

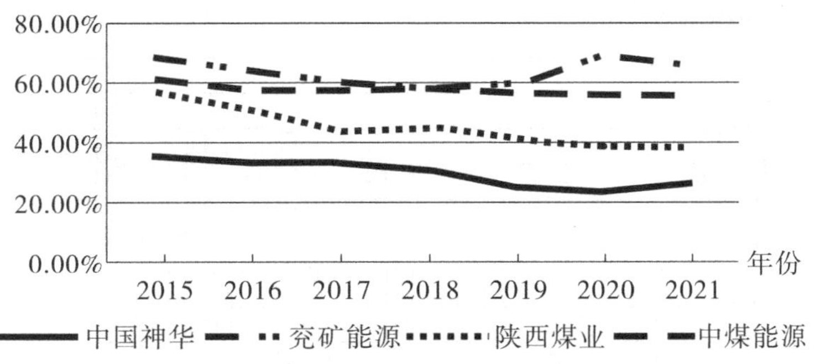


**图 2-11 中国神华和同行业企业的资产负债率（2015—2021 年）**

整体来看，无论是短期偿债能力还是长期偿债能力，中国神华的表现都处于行业优值，这可能是出于以下原因。一是中国神华作为国有企业且是行业龙头企业，具有资源优势，实现了规模化、一体化生产，有能力应对市场低迷的情况。面对能源“双控”政策等高环保约束更有余力加大研发力度进行环保投入，相较于体量小的企业，并不需要举债购入先进生产设备和技术。二是同行业企业承担社会责任、保护环境的意识较弱，环保的研发投入力度不足，相比之下，中国神华的产品更具竞争优势且其环保生产、履行社会责任的形象更为其带来了良好的声誉，因而债权人愿意对其进行投资，企业拥有更多的资金用于环保费用支出和环保技术的研发，促进绿色生产，从而为企业提供充足的现金流，进一步保障企业的偿债能力。

3. 营运能力评价

分析企业资产运营状况能够反映企业运用有限资源实现价值增值的情况，下面选取存货周转率、应收账款周转率和总资产周转率，分析中国神华践行 ESG 理念对企业资产运营状况的影响。

如图 2-12 所示直观反映了中国神华主要资产的营运状况，其存货周转率除 2020 年有所回落外，整体呈波动上升的趋势；应收账款周转率逐年上升，仅 2020 年上升幅度较小；总资产周转率整体 2020 年前后也呈现较为明显的波动，说明中国神华的经营状况受市场环境低迷的影响。根据表 2-9 反映的数据，与行业均值比较，中国神华的存货周转率一直低于行业均值，但这并不意味着企业的存货管理水平低，这跟企业的存货管理模式和管理要求有关。引入 ESG 理念后，中国神华不断强化 ESG 治理，在社会治理维度提出了保障客户权益的要求。相应地，为了做好客户保供增供，在自有煤矿生产的同时，组织外购煤源并进行运输统筹和库存管理工作，保持了一定的库存保有量。应收账款周转率变化较大，自 2018 年超越行业均值，表明了企业议价能力不断增强，应收账款政策从紧。在客户管理方面，成立了专门的团队来确定信用额度、进行信用审批，降低了信用风险，加强了应收账款的管理水平，公司与主要客户的业务关系保持稳定。总资产周转率与行业均值基本保持同向变化，整体呈上升趋势。纵向比较，企业主要资产的使用效率在不断提升，资产经营效率良好。

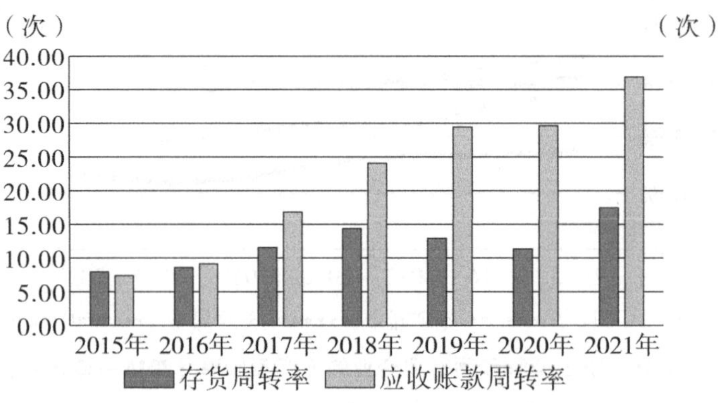


**图 2-12　中国神华 2015—2021 年资产的营运状况**

**表 2-9　中国神华 2015—2021 年资产的营运状况指标**

单位：次

| 年份 | 2015 | 2016 | 2017 | 2018 | 2019 | 2020 | 2021 |
|---|---|---|---|---|---|---|---|
| 存货周转率 | 7. 67 | 8. 47 | 11. 51 | 14. 39 | 13. 02 | 11. 21 | 17. 69 |
| 存货周转率行业均值 | – | 14. 68 | 18. 35 | 18. 86 | 20. 05 | 20. 85 | 25. 78 |
| 应收账款周转率 | 7. 38 | 9. 26 | 16. 87 | 24. 22 | 29. 61 | 29. 82 | 37. 13 |
| 应收账款周转率行业均值 | 10. 18 | 10. 40 | 17. 47 | 21. 55 | 23. 50 | 20. 64 | 29. 01 |
| 总资产周转率 | 0. 32 | 0. 33 | 0. 44 | 0. 46 | 0. 42 | 0. 42 | 0. 58 |

资料来源：中国神华 2015—2021 年年报和国泰安数据库。

4. 发展潜力评价

发展潜力是企业盈利能力、经营运作能力、债务偿还能力的综合体现，是企业的日常生产经营活动形成的发展潜力，代表着企业成长性和未来发展水平。这里选择了能够评价企业成长状况、市场占有能力和未来经营发展能力的重要指标营业收入增长率，分析中国神华的潜在发展能力。

从表 2-10 所示的数据可以看出，中国神华的营业收入增长率呈波动变化，对比行业数据，其变化基本与行业均值保持一致，说明该波动是全行业的正常表现。由于行业性质和外界经济环境变化，煤炭行业企业受市场因素的影响大，2015 年营业收入大幅下滑是由于煤炭供应宽松，煤炭销量和平均售价分别下降 17. 9%和 16. 6%，且由于全国内非化石能源发电占比上升，售电量和售电均价同比下降；2016 年起市场回暖，行业营业收入实现了正增长；但近几年环境规制、新能源冲击，国内外消费环境不振，煤炭行业在生产方面受到阻碍，导致 2020 年行业营业收入下滑。

**表 2-10　中国神华 2015—2021 年发展潜力指标值**

| 年份 | 2015 | 2016 | 2017 | 2018 | 2019 | 2020 | 2021 |
|---|---|---|---|---|---|---|---|
| 营业收入增长率（%） | −28. 7 | 3. 42 | 35. 83 | 6. 17 | −8. 42 | −3. 56 | 43. 71 |
| 营业收入增长率行业均值（%） | −20. 2 | 2. 60 | 36. 56 | 290. 7 | 3. 16 | −3. 03 | 42. 34 |

资料来源：中国神华 2015—2021 年年报和国泰安数据库。

由图 2-13 看出，4 家同行业企业的营业收入增长率变动趋势基本一致，仅中国神华 2019 年的值和兖矿能源 2021 年的值出现了异常变动。中国神华 2019 年的营业收入增长率低于行业均值，是由于公司自 2019 年 2 月 1 日起不再将一部分投资标的资产的销售额纳入公司合并报表范围，致使当年售电量同比下降 46.2%，这就排除了企业因环保投入和社会责任投资导致资源挤占影响营业收入的情况。而兖矿能源 2021 年营业收入变动的原因是非煤贸易业务收入同比减少 903.98 亿元。排除特殊影响，四家同行业企业的营业收入增长率基本保持一致。2019 年中国神华作出业务调整后，营业收入增长率于 2021 年恢复到行业均值水平，足见其良好的营运能力和盈利能力水平，这可能是由于企业坚持绿色清洁生产，加强 ESG 治理，进行环保投入、科技研发投入，提升了产品竞争力，同时强化产品质量管理和客户管理，不断优化一体化产业链，使其营运和盈利能力具有韧性。综合而言，排除市场因素，可以预见中国神华在接下来的几年里将继续平稳发展。

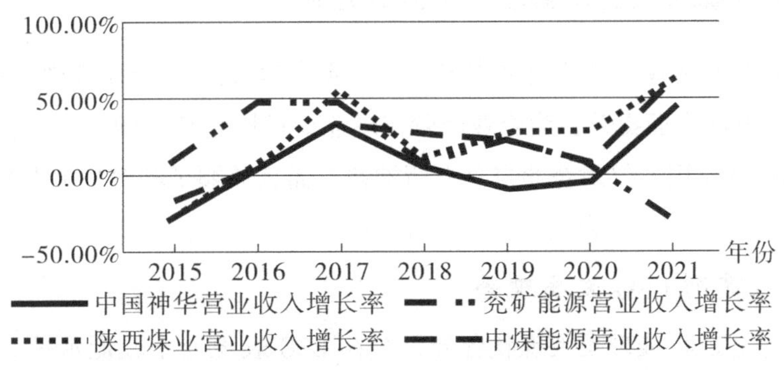


**图 2-13　中国神华 2015—2021 年发展能力变动**

5. 财务绩效评价结果分析

上述选取了反映企业财务绩效的四种能力指标，通过对企业纵向区间的数据对比分析和与三家同行业企业的横向对比分析，探究了中国神华贯彻 ESG 理念、强化 ESG 治理的举措对企业产生的影响。

从对企业的盈利能力的影响来看，中国神华强化环境保护和社会责任的履行会加大企业的营业成本，主要体现在绿色生产、清洁生产的要求下，在产品研发、工艺流程改造等方面加大投入力度，但是研发费用资本化、绿色成果的形成，有利于企业后期优化成本控制，节能减排，享受环保达标带来的税收优惠，减少违规排放等不合规导致的罚款，长期形成绿色经营模式，稳固产品竞争优势，从而提升企业的获利能力，逐渐弥补前期的成本投入。从对企业偿债能力的影响来看，中国神华资本结构稳健，绿色清洁生产形成的产品竞争优势和企业形象为其带来了充裕的现金流，使其具备充足的债务偿还能力，保障了债权人权益。从对企业营运能力的影响来看，中国神华通过加强库存管理和客户管理等活动，强化了企业日常经营管理，保持了适合企业自身的存货周转率，不断优化客户间关系，应收账款周转率逐渐提高，使企业资产使用率有效提升。从对企业发展能力的影响来看，中国神华所处煤炭行业受宏观经济波动影响较大，受环境政策和新能源布局带来的各种不确定性因素影响，外部环境复杂严峻，企业不断增强一体化管理的核心优势，大力推进技术创新，聚焦煤炭清洁高效利用，实现高端多元化发展，推行低碳煤化工产品开发，促进煤炭与新能源结合等措施，提升了管理和盈利能力，最终促进了高质量和可持续发展。

综上，ESG 是针对企业在环境、社会和治理层面表现的综合评价体系。在 ESG 治理理念的指引下，企业应超越利润最大化的短期目标，追求兼顾环境、社会和治理的长期可持续发展目标。而关注 ESG 各维度风险的应对并抓住 ESG 带来的机遇，为企业制定宏观发展战略提供支撑，帮助企业分析优势和不足，可推动企业向可持续、高质量发展的目标前进。

## 五、ESG 表现对企业财务绩效提升的建议

ESG 表现对企业绩效有显著促进作用。企业应当积极投身 ESG 表现的提升，从环境、社会、治理各个方面全面提升，为企业经营实现业绩目标起到“助推器”作用。同时，由于 ESG 表现的积极作用不仅对企业自身有所裨益，而且兼顾了利益相关者预期，故而利益相关者也会参与到企业 ESG 表现的提升过程当中。

### （一）深入贯彻 ESG 发展理念

一方面，企业 ESG 表现发展现状各异，存在 ESG 表现处于较低水平、中等水平及领先水平等不同情况。这使得较多企业尚未能够通过 ESG 表现获益。首先，对于 ESG 表现处于较低水平的企业而言，应当充分意识 ESG 表现对企业业绩提升的增益作用，把握提高 ESG 表现带来的机遇，改变短视主义，着眼于长远进行布局，尽快与 ESG 理念相接轨，在环境、社会、治理方面有所作为，改善 ESG 表现颓势，从而为企业业绩增长赋能。从行业竞争的视角看，此类企业也应当紧跟发展趋势，抓住 ESG 机遇，这将有助于企业提升竞争能力，甚至得以后发制人、弯道超车。其次，对于 ESG 表现处于中等水平的企业而言，应当继续加强 ESG 建设、贯彻落实 ESG 发展理念，避免半途而废。能够持续、稳定地履行相关责任也是评价企业 ESG 表现的重要指标之一。此类企业在前期已有一定 ESG 管理经验、落地经验，应利用这种先发优势，持续深耕以进一步取得市场响应从而改善企业绩效；若停滞不前则可能导致前期投入沦为沉默成本、流失已有经验，甚至被后来者赶超成为市场竞争牺牲品，这将可能对企业绩效提升产生负面影响。最后，对于 ESG 表现处于领先水平的企业而言，应充分利用良好 ESG 表现带来的相关优势蓄力发展，进而实现 ESG 表现与业绩表现的“双高”。站在行业视角来看，此类企业还应当发挥行业领头羊作用，在 ESG 方面引领其他企业跟进效仿，从而由企业高质量发展助推行业整体高质量发展。

另一方面，在深入贯彻 ESG 理念的同时，应当结合企业异质性特点，以更好发挥 ESG

表现为企业绩效带来的促进作用。首先，从ESG分项来看，企业环境表现普遍不佳。在此情况下，通过改善环境表现进而促进ESG表现的整体提升，相较于通过提升已有一定成绩的社会、治理表现而言，更易产生明显改善。并且当行业环境表现较差时，单一企业的环境表现提升更容易取得差异化优势，获得良好的市场反应，获得更关注企业环境表现的利益相关者支持。其次，从企业生命周期角度来看，处于成长期的企业面临较强融资约束从而导致在ESG方面难以有较多投入，而良好的ESG表现有助于企业缓解融资约束。这说明积极改善ESG表现与企业融资约束并不矛盾，可通过改善ESG表现以缓解融资约束，进而获取更多财务资源以投入生产经营，产生良性循环。对于处于成熟期的企业，ESG表现对企业绩效的促进作用更强，此时企业更应当凭借稳定的财务状况，积极布局ESG以助力企业绩效的稳步增长。对于衰退期的企业而言，则需要在ESG投入与寻找新发展路径间做好平衡，通过良好的ESG表现以"稳固后方"，同时不断寻觅新的发展机遇，寻找二次创业机会以扭转企业颓势。再次，从企业所有权性质角度来看，非国有企业在通过改善ESG表现以促进企业绩效提升上具有较大优势。因此，非国有企业更应该把握ESG机遇，在与国有企业相比具有诸多劣势的情况下，通过改善ESG表现来获取资源、提升市场竞争力，以为企业绩效创造提供支持。最后，对于不同社会责任信息披露意愿的企业而言，积极完善ESG相关信息披露更能够取得市场响应。披露企业在此情况下应当积极改善ESG表现、扎实做好信息披露工作，以更好发挥ESG表现的积极作用。

### （二）积极促进ESG落地执行

在落实ESG发展理念进而促进企业绩效提升时，将涉及如何实施以提高企业ESG表现的具体手段。针对此，企业应当结合自身ESG责任履行实际，相应采取改进措施。对于ESG的管理，应当从宏观战略部署角度入手，将ESG理念融入自身发展战略，在战略统驭下逐步推进。而在战略部署及推进过程中，特别值得注意的是，必须重视环境、社会、治理等不同维度的统筹协调与有机统一，切忌形成"单脚走路"的不利局面。ESG是一个整体框架，缺少环境、社会、治理任何维度的支撑，都将导致企业ESG表现提升受阻。尤其对制造业企业而言，不良的环境表现已成为主要障碍因素，环境风险显著加剧。在此背景下，企业更应当关注环境表现，达到三位一体、统筹兼顾，共同为企业绩效提升服务。

为保证ESG战略的贯彻落实，必须有与之契合的组织管理体系、人员配置、制度设计。首先，在管理体系角度，ESG战略实施需要管理层的强力支持、企业上下的通力配合以保证顺利推进。这就需要在管理层当中明确职责划分，如设置专职管理层成员负责ESG战略的推进实施。同时，应当设置专职ESG管理部门，对ESG事项监管、ESG数据收集、ESG信息披露等相关事项负责，降低风险事项发生概率。其次，在人员配置角度，员工作为企业生产经营活动的直接参与人，在工作中能否秉持ESG理念对最终成效的取得有重大影响。故而企业应当加强员工培训，培养员工对于ESG理念的认同感从而在日常生产经营过程中注重相关事项。例如，在与客户沟通接洽过程中保持友好、在产品生产过程中尽职尽责以保持较高质量等，这都是企业贯彻 ESG 理念的表现之一。最后，在制度设计角度，生产经营过程中的 ESG 有关事项应当构建规范化、流程化的处理范式以形成制度，如企业能源消耗管理制度、污染物处理制度、客户与供应商关系管理制度等，确保不因制度问题在具体事项方面发生 ESG 风险，从而自上而下将 ESG 战略落实到位。

此外，积极的 ESG 信息披露是 ESG 责任承担的重要体现之一。在财务信息披露之外进行更多非财务信息披露将缓解企业与利益相关方之间的信息不对称，这是对利益相关方负责的具体体现。积极的 ESG 信息披露起到了信号传递作用。只有当利益相关方接收到企业 ESG 表现较好的信号时，ESG 表现的积极作用才能够有所发挥，进而缓解融资约束、降低经营风险、缓解代理问题，最终促进企业绩效的积极影响。同时，企业应当在此基础上聘请第三方机构对 ESG 信息披露进行鉴证，加强对信息披露真实性、公允性的保证，从而赢得利益相关者信赖。总之，当企业相关信息披露的越充分、可信度越高时，市场反应才会更积极。

## 第三节　研发投入对企业财务绩效影响分析

在竞争激烈的市场中企业希望保持良好的盈利能力，并使其发展稳健和可持续，这就需要企业保证新技术和新产品的持续性推出，在竞争中保持独特优势。可以说，创新是企业高质量发展的重要手段和基础，研发投入是企业技术创新的资金支持，研发投入对新兴企业财务绩效以及未来发展具有重要影响。

### 一、研发投入的概念及特点

#### （一）研发投入的概念

研发投入指的是以研究开发新产品或技术为目的所投入的资金，其主要包含直接投入成本、相关人员成本、折旧成本等与研发相关的成本。研发投入对于提高企业的核心竞争力、开发新产品、拓展新市场具有十分重要的意义。研发投入越大，说明企业对创新的关注度与重视程度越高。

#### （二）研发投入的特点

研发投入具有以下特点。

1. 高回报性

企业决定研发投入是为了获取在同行竞争中不被竞争对手轻易模仿和取代的核心技术，进而提升企业生产力，以获取更大的市场利益。所以，成功的研发投入将会提升企业的竞争能力。如果一个创新的产品得到了市场的认同，就能凭借着强大的市场需求和技术

垄断，迅速地占据市场高地，从而获取巨大的收益，这既能补偿企业前期的研发投入，又能给企业带来额外的收益。

2. 不确定性

研发投入是一项具有高风险与未知特性的探索性行为，一方面，研发投入将会对企业的资金流动造成影响，特别是企业在创新效率不高的情况下，研发投入的资源不能很好地管理与使用，造成对研发投入的浪费，很可能对企业造成经营风险；另一方面，在进行研发投入活动的时候，企业高管除了要为企业提供稳健的资金链，还需要面对短期绩效表现不佳的压力，应对不断改变的市场需求结构。因此，企业应该在研发前就确定研发项目是否可行，经过科学严谨的分析和预测后作出合理的决策，降低研发投入无法收回的风险。

3. 周期性

技术创新是一个长期的、可持续的过程，而新技术和新产品的产出存在一定的迟滞性。新产品推向市场通常要经历一系列过程，包括原料采购、制造、检测、销售等。当期的研发投入一般不会立马在短期绩效中产生促进效果，研发成果的积累不是一蹴而就的，往往需要时间和市场的检验，而当其通过市场的检验后，将会为企业带来收益。

4. 外部性

在公开的市场中，企业能够分享市场中的生产要素，产生知识、技术的外溢。在产业集群的作用下，同类企业之间可以进行模仿和学习。具体而言，一种新技术或新产品一旦被某一企业所采用，并为市场所认同，就会引起同类企业对其进行学习、吸收、模仿或改进，进而带动全市场甚至全社会持续地进行革新。

## 二、研发投入对企业绩效影响的机理分析

### （一）持续的研发投入形成企业的创新产出

企业开展研发活动带来的成果包括新产品、新技术、知识产权等即为创新产出，这些创新产出能直接推动企业的自主创新水平提高，促进企业发展。研发活动是企业实施创新驱动战略的最基本方式，也是企业在生产和运营过程中不断提升其知识产权、专利技术等无形资产储备的有效手段。可以说，技术创新是推动企业进步的不竭动力，对高新技术企业而言，技术的革新就是行业内脱颖而出的关键，创新产出越多，技术水平就越高。

企业对研发活动的持续投入能够形成创新产出，但并不是只要开展研发活动就一定会有预想中的产出，能否将研发投入有效转化为创新产出还受到许多方面的影响，包括企业是否制定了具有可行性的研发策略、是否及时加大研发资源的投入、是否具备有益于研发活动进展的环境等。此外，除企业自身的主观影响外，研发投入本身所具备的滞后性，将会导致研发活动在刚开始进行投入时往往难以见效，需经过一段时间的持续投入后才能取得进展，对企业的效益产生影响。

### （二）创新产出形成企业竞争优势

根据竞争优势理论，创新产出若能够及时进入市场，就能够帮助企业在市场中获得独有的优势和超额利润。随着企业效益的提升，能够拥有更多资源并吸引更多的外部资本进行研发活动，取得更多的高质量的创新产出，最终发展为企业的竞争优势，以此形成良性循环。简言之，企业形成自身的竞争优势有赖于技术创新，两者有着密切的联系。

企业可以依靠研发活动来优化资源配置和生产流程，进而提高生产效率，使企业能够在一定的阶段内取得竞争优势。但通过产品生命周期理论的启示来看，由于外部市场是复杂的，市场需求不断变化，同行业竞争者也在互相赶超，使得企业竞争优势存在有效期。这表明企业不能故步自封，要进行持续的研发活动来适应外部条件的变化，形成技术壁垒，让模仿者在短时间内无法超越，并在此期间充分发挥先动优势，以高质量的创新产出来延长产品的市场寿命，使其竞争优势得以延续。

### （三）竞争优势提高企业绩效

企业的研发投入不断积累直至新产品或新技术的诞生，再到新产品进入市场或新技术得到应用，可以帮助企业建立自己的独特的竞争优势，并以此提高企业的业绩。

对企业绩效的提升，主要表现在两个方面。一方面，是财务绩效的提升。由研发活动取得的产出为企业带来的大额利润和现金流能够显著体现在企业一定会计时期的财务绩效上，通过各项财务绩效指标的稳定上升能够看出研发活动的贡献作用。盈利能力方面主要表现在收入和利润的提升；营运能力方面主要表现在盘活各类资金，使其灵活周转，流通性得到加强；偿债能力方面主要表现为对各项债务的按期偿还能力的提升以及对债务资金的灵活应用；发展能力方面主要表现为研发活动对企业的长远影响，具体可以在收入、资产和利润的增长率上体现。另一方面，是市场绩效的提升。通过研发活动所形成的竞争优势，除了带来各种财务指标的增长以外，还体现在帮助企业抢占市场先机和信号传递方面。由研发活动所形成的创新产出进入市场后，能够更精准地迎合消费者的需求与喜好，并且能够抢占市场先机，在一定时期内限制同行业竞争者的“模仿”行为，在此期间提高市场份额进而影响企业绩效。同时，创新产出的形成和带来的收益还具有信号传递功能，外部投资者可以通过企业的创新产出和收益增长情况判断企业是否具备发展潜能，并以此决定是否对企业进行投资，这能够帮助企业吸引更多的外部资金，形成丰富的资金储备。

## 三、研发投入对制造业企业财务绩效影响的机理分析

### （一）创新对制造业企业财务绩效存在影响

在不同周期阶段，创新都是企业占据市场核心竞争力的关键因素，制造业企业发展规律亦是如此。制造业企业发展初期，创新水平决定了其未来发展趋势。当一家企业创新水平较强时，该企业开发出别家企业难以模仿的技术，就可以在一段时间内占据一定的市场

主导权，从而具备更多有利条件和资源获取更高利润，这对企业财务绩效水平的提高具有积极影响。企业发展后期，技术创新水平也在很大程度上决定了企业生存能力。创新发展是技术进步的前提条件，技术进步才能帮助制造业企业生产出新颖和高质量的产品，以此在市场中保持较强竞争力水平，财务绩效才能稳步提高。

技术创新理论是企业研发创新对财务绩效影响的基础理论，依据技术创新理论，创新是制造业企业产生利润的内生动力和决定力量。新古典学派“创新理论”补充指出，利润是技术创新的第一动力，说明技术创新活动的目的最终是获取利润，为企业生产价值，占据竞争优势。因此，创新和财务绩效具有相关关系，创新水平高低对制造业企业财务绩效存在影响。

创新对制造业企业财务绩效的影响可以总结为四个方面。一是创新让制造业企业生产更多新产品。技术创新能为企业获取竞争优势，研发产生的新产品让制造业企业具备同行业较强竞争力，产生收益，带来价值，在一定程度上影响财务绩效。二是创新让制造业企业生产方式更高效。创新不仅能够促使制造业企业创造出新产品，还可以为制造业企业带来更加有效率的生产方法和技艺。制造业企业的主营业务内容就是“制造”，技术创新水平决定企业创新工艺的扩大和交流空间，制造方法和工艺技术的更新迭代为制造业企业节省时间以及人力成本，对财务绩效具有重要影响。三是创新对制造业企业具有信号传递机制。创新活动反映制造业企业内部决策者的战略方向，创新活动的活跃度可以反映企业对创新研发活动的支持度，创新投入反映企业管理者对创新业务内容的重视程度。从这一角度来说，创新活动向外界传递着企业经营状况好坏的信号。四是创新通过影响财务风险从而对企业财务绩效产生间接影响。企业投资某项业务如果在很长一段时间内没有产生收益，不仅会影响企业其他业务内容的正常进行，也会对经营稳定性不利。创新活动周期长，整个过程不确定因素多，短期内创新研发通常不会有新产品产生，很难获得收益，容易增加财务风险，从而间接影响了财务绩效。

### （二）研发投入对制造业企业财务绩效的影响具有非线性特征

依据技术创新理论，创新可以促进经济增长。从企业微观层面看，创新可以为制造业企业生产新产品、打造高效的制造技术和工艺、发挥信号传递机制、影响财务风险。从财务内容看，创新相关活动需要资金支持才能持续稳定进行，而研发投入成为企业创新活动活力的“能量供应站”，也是影响其财务活动的重要参考指标。查阅相关文献可知，研发投入对制造业企业财务绩效具有非线性特征。

研发投入对制造业企业财务绩效的非线性影响路径可以归纳为以下四个方面。

第一，研发投入周期长、调整成本高。企业从研发投入到实现产品收益是一项长期工程，这是由创新项目的特征决定的。首先，从最初的创意产生到创意孵化成新技术以及最后的创新成果投入到市场，这期间会经历复杂而漫长的过程。为了维持创新项目的持续性，研发投入资金不能中断，从研发科技人员到研发相关费用支出都有明确的核算项目，调整成本高。其次，研发活动的新产品进行“市场化”能否产生收益以及收益能否抵过研发投入成本具有不确定性。企业从研发投入到利润获取，周期性长、不确定性大，对财务活动的稳定性存在影响，影响财务绩效。

第二，研发投入具有投资阶段性特征。研发投入维持企业创新活动的正常进行，创新产生新的有价值的、稀缺且难以模仿的资源，获取更多利润，打造核心竞争力，这对制造业企业盈利能力的提高具有正面影响。在制造业行业中，如果只有一家或者少数几家企业研发并掌握关键核心技术，随着研发成功的创新产品和高新技术的不断积累，研发投资收益会超过研发投入成本。在研发投入的滞后累积效应下，这些企业可能会具备同行业竞争力优势，占据盈利能力的垄断地位。但是随着技术的扩展和企业间相互模仿学习，制造业行业中其他企业也掌握了类似核心技术，原先占据创新技术优势的制造业企业垄断利润消失，从而失去竞争优势。因此，研发投入的阶段特征对盈利能力存在非线性影响，间接对财务绩效存在非线性特征。

第三，研发投入存在机会成本效应。从企业微观层面来说，研发投入也会影响企业内部其他经营业务的资金分配结构。当研发投入处于较低投资水平时，研发投入对制造业企业财务绩效的影响可能存在积极效应。但随着研发投入水平的增长，研发投入资金可能会影响到制造业企业其他日常经营活动，从而对财务绩效的影响可能不具有积极效应。甚至研发投入作为制造业企业的一项高收益的风险投资项目，通过影响制造业企业财务风险间接影响其他业务活动的正常进行，使得财务绩效受到影响。

第四，研发投入符合企业生产要素投入边际效用递减规律。短期来看，研发投入为制造业企业带来利润或报酬，对其财务绩效具有积极影响；长期来看，随着研发投入水平的不断增加，投入不一定有回报，增加研发投入可能不会为制造业企业带来利润，因而对制造业企业财务绩效可能不具有积极影响。因此，研发投入可能存在阈值，阈值之前，研发投入对制造业企业财务绩效具有积极影响；一旦超过这个阈值，研发投入对制造业企业财务绩效的积极影响可能受到抑制甚至产生消极影响。从这一方面考虑，研发投入对财务绩效存在一定的非线性特征。

### （三）研发投入对制造业企业财务绩效的影响存在金融资产持有的门限效应

根据资源挤占理论，金融资产持有对制造业企业内部资金使用存在“挤占效应”。随着金融市场的不断成熟，在投机行为下，金融化投资活动为制造业企业的短期利润需求提供获利渠道，但企业供给主营业务内容资金的持续性会受到一定程度的影响。首先，原先供给主营业务内容的资金以及资源会被分出一部分用于金融市场的投资，制造业企业其他投资项目可能因资金不足而被耽搁，导致企业总体投资效率的降低，从而难以促进企业经营业绩的增加。其次，原先用于创新项目或者研发活动的资金被“挤占”，使得企业缺乏

足够的资金进行设备更新升级以及产品的研发创新，进而抑制了制造业企业技术创新水平以及产出。同时，制造业企业将资源倾注到金融领域本身也可能会侵占用以对外扩张和技术引进等资源，进而抑制技术引进吸收，间接影响企业技术创新。这些金融化问题会抑制制造业企业的发展创新活力和投资积极性，对制造业企业的财务绩效发展产生一定的影响。

如果一家制造业企业金融化程度不断提高，则会向外界传递一种该企业自身偏离主营业务轨道的信号，导致外界对该制造业企业经营状况产生质疑。企业持有较高程度的金融资产时，融资约束增加，金融资产本身又具有风险性特征，企业财务风险增加。投机行为还会驱使制造业企业通过借债方式持有更多金融化资产，导致企业负债程度加重。因此，制造业企业创新研发投资以及实体项目投资需要向外获取资金支持时，融资成本增加，研发投入的持续性受到影响，创新研发不确定性进一步增加，进而影响财务绩效。从信号传递机制发挥的积极影响来看，金融市场的信息传递效率高、风险分散既广又快，制造业企业资本流转效率和能力随之提高，研发投入以及实体投资效率发生改变，影响其财务绩效。

根据预防性储蓄理论，制造业企业金融资产持有可以发挥"蓄水池"效应。首先，资本套利动机下，制造业企业的金融化投资行为是为获取高额利润。这部分收益不仅可以支持企业的技术创新、人才培养、科研项目等创新发展的日常活动，还可以支持制造业企业其他的业务内容。制造业企业长期发展的目的是制造和生产，但是创造的利润和效益远不及金融市场，企业将部分资源用于金融化投资以期产生更多收益来支持技术研发等创新活动是主要目的。其次，金融资产具有很强的变现能力，企业的金融投资常被视为是流动性储备行为和风险平滑行为，当制造业企业主营业务或者创新研发项目需要现金时，金融资产可以很快转化为现金支援主营业务或创新活动。最后，金融资产流动性较强，如果企业经营需要一定的现金流，金融资产比固定资产更容易折现成现金流，在企业出现财务上的困境时可以通过出售部分金融资产缓解企业危机，保证制造业企业的日常经营活动的正常进行。制造业企业的研发投入或创新活动需要持续不断的资金支持，与企业内部的现金流息息相关，金融投资具备的流动性储备特征可以满足企业创新活动所需要的资金支持。同时，企业的技术创新项目到最后可以转化为创新产品实现收益也存在不确定，具有一定的风险性，制造业企业进行金融投资会对创新活动起到一定程度的财务缓冲器作用，其在获得收益的同时也会对创新研发投入的风险起到平滑作用。制造业企业持有流动性较大的金融资产还可以增加企业的经营信心和固定资产投资意愿，对企业的长期发展具有积极影响。

实体企业由于外部环境的不确定性增大，仅仅依靠传统主营业务内容已经不能满足企业自身的发展，制造业企业更是如此。在面对金融市场的巨大收益诱惑时，制造业企业想通过金融化行为满足企业的利润需求，以期通过金融化投资拓宽获利渠道，提高企业核心竞争力。一方面，制造业企业持有金融资产可能会挤占企业用于创新活动的研发投入从而对财务绩效产生影响；另一方面，在金融投资的逐利性投机行为下，制造业企业持有金融资产而产生的高额收益也会对企业财务绩效产生影响。如果制造业企业金融资产持有对创新研发投入的“挤占效应”占主导地位，那么制造业企业金融资产持有会挤占研发投入资金，影响财务绩效；如果制造业企业金融资产持有对创新研发投入的“蓄水池”效应占主导地位，制造业企业金融资产持有可能会将产生的部分收益用于创新相关活动的研发投入，加上金融资产的强流动性，会缓解融资约束，承担财务负担，减轻财务压力，进而影响其企业财务绩效。

综合实际情况分析可知，我国制造业企业研发投入水平还远没有达到饱和状态，研发投入对制造业企业财务绩效的影响会随着金融资产持有水平变化而发生转折的可能性非常大。制造业企业研发投入对其企业财务绩效影响具有非线性特征，当制造业企业金融资产持有处于不同水平时，研发投入对其财务绩效很可能呈现不同影响效果。

## 四、研发投入对企业财务绩效影响的案例分析

下面以制造业企业浪潮电子信息产业股份有限公司（以下简称浪潮信息）为例进行分析。浪潮信息成立时间和上市时间较长，市场份额较高，各方面综合能力较强，其研发活动促进了企业财务绩效的提升，作为案例企业分析得出结论，具有参考意义。

### （一）案例选取依据

选取浪潮信息作为案例企业的依据如下。

浪潮信息是我国具有代表性的国有控股制造业企业，注重技术研发是该公司过去业绩取得的前提，也是未来继续快速增长的基础。从研制出中国第一台小型服务器 SMP2000，到成长为世界第二大服务器供应商，掌握核心技术、改变竞争格局一直是该公司企业文化的真正内核。可以说，浪潮信息作为“高端服务器制造企业”“中国制造业信息技术服务示范企业”，拥有丰富的智能制造实践经验，是具有代表性的制造业企业之一，随着企业不断的发展，其竞争优势不断提高，引领着创新应用的发展和演进，并遥遥领先于全行业。该企业发展的各个阶段，其对于研发的投入以及企业财务绩效的变化情况均与本节的研究问题相符合。对其研发投入的研究，不仅有利于我们总结制造业上市公司的研发情况和特点，而且能为我国制造业企业优化股权集中度提供指导，因此选取其作为案例分析对象。

此外，2014—2021 年浪潮信息各变量数据披露较为充分，涵盖财务数据较为全面，拥有相对较为丰富的历史数据，可用性较高，提供了有力的论证，为个案分析提供了有力依据。下面涉及的相关资料均来源于国泰安数据库、东方财富网站、同花顺网站、巨潮资讯网及 2014—2021 年浪潮信息对外披露的年度报告。

### （二）浪潮信息概况

浪潮信息是我国最早的 IT 企业之一，其前身山东电子设备厂，是我国第一批自主研

发计算机相关设备的电子厂之一。目前浪潮信息也是我国计算机设备制造行业的龙头，其业务涵盖了服务器、存储、数据库以及 AI 加速器、AI 管理软件等，并在 AI 计算、开放计算、云计算以及边缘计算等新兴应用方面处于全球领先地位。浪潮信息作为科技部首批认定的创新型企业，拥有 IT 领域设在企业的国家重点实验室，拥有首批认证的国家级企业技术中心、国家级企业博士后工作站，是首批国家规划布局内的重点软件企业。浪潮信息的技术研发中心遍布全球各个发达地区，助推了浪潮信息的进一步发展。2020 年年底，浪潮信息将集团的“企业发展部”更名为“科技创新部”，这一更名的目的是希望集团各部门能够更加聚焦科技创新、聚焦科技成果。

### （三）浪潮信息研发投入分析

1. 研发费用投入情况

如图 2-14 所示，反映的是浪潮信息年报中披露的研发投入金额情况以及研发投入强度。从研发投入金额来看，浪潮信息 2014—2021 年的研发投入金额持续增长，从 2014 年的 39994. 89 万元增加至 2021 年的 283264. 39 万元，8 年间增加了约 6. 08 倍，研发投入强度在 8 年间虽有波动，但始终保持在 4%以上。研发投入强度计算方法为研发投入占营业收入比例，在研发投入金额持续增长的情况下带来的营业收入的增加幅度更大，体现了浪潮信息对于研发活动持续增长的积极性，营业收入的增加也印证了优秀的研发产品有利于企业的良性发展。

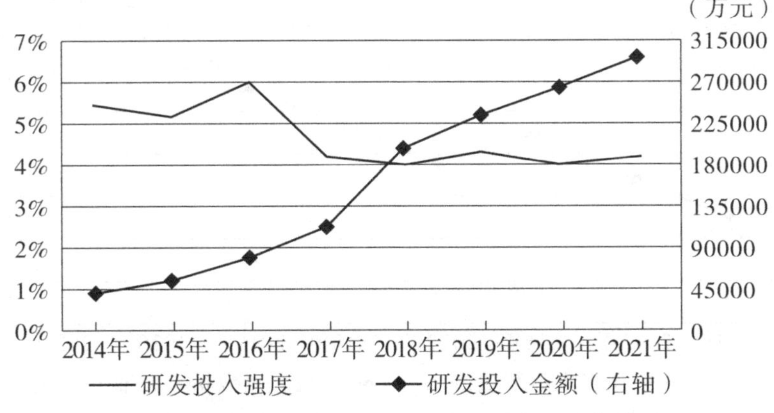


**图 2-14　浪潮信息 2014—2021 年研发投入金额情况**

浪潮信息作为代表性的高新技术制造业企业，坚持“智慧计算”的长期整体发展战略，并坚持进行自主研发、自主创新的决心，其产品具有技术含量高、更新速度快的特点。浪潮信息打造的 JDM 联合开发模式，以与用户产业链的融合为基础，面向用户具体业务，打通需求、研发、生产、交付环节，融合供需业务链，为用户提供全程定制化的产品和服务，深化供给侧结构性改革，用户深度参与了产品的研发生产，公司也深度参与了用户的实际业务。同时，研发金额的投入提高了企业产出的效率。最初浪潮信息某款新产品的研发周期为 1. 5 年，基于研发资本的投入，缩短到 9 个月，提高了研发投入产出效率，为企业带来积极影响。浪潮信息凭借不断增强的技术创新能力和融入全球市场的适应能力，同时拉动了内需和外需，满足各方市场，实现了联通和互利共赢。专利权是知识产权的一种，是知识产权智力劳动成果的重要代表形式之一，体现了企业对研发的重视程度，是评估企业科技创新能力的主要依据。浪潮信息及其关联公司目前共拥有 34445 件已公开的专利申请，最近 5 年是专利申请的高峰期。从专利状态看，浪潮信息将近 40%的专利处于审核中；从专利类型看，发明专利占比约为 85%，实用新型和外观专利占比 15%。浪潮信息围绕其主营业务领域进行专利布局，主要聚焦于服务器、虚拟机、控制器和元数据，研发投入金额的持续增长为专利成果的创造奠定了基础。

2. 研发人员投入情况

如图 2-15 所示，反映的是浪潮信息年报中披露的研发人员情况以及研发人员数量占比。从研发人员投入情况来看，浪潮信息 2014—2021 年的研发团队人员数量持续增长，从 2014 年的 962 人增加至 2021 年的 3002 人，8 年间增加了 2040 人；研发人员占比在 8 年间有波动，从 2014 年的 34. 16%增加至 2021 年的 40. 45%，占比较大。对于浪潮信息这种计算机设备制造业来说，研发人员在研发活动中非常重要，研发成果的产出主要基于有能力的研发人才。

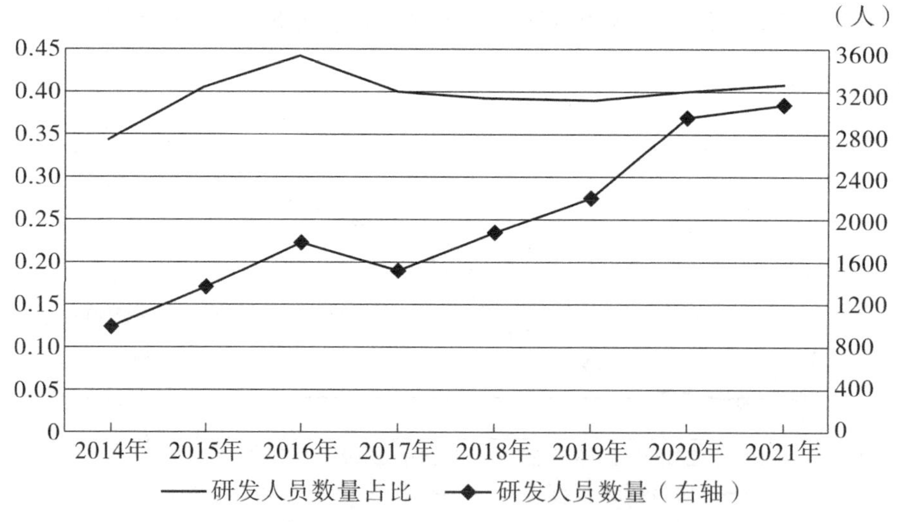


**图 2-15　浪潮信息 2014—2021 年研发人员投入情况**

2014—2021 年浪潮信息持续加大研发投入，加强研发团队整体建设，提高综合素质，着重培育高精尖带头人，进一步提升自身实力并巩固市场地位，研发人员的年平均工资水平呈现持续上升的态势；浪潮信息也在通过不断增强产品盈利能力来支持人力成本的上升，实现研发水平提升的良性循环。同时，浪潮信息深入融合产学研一体化，成立了浪潮科学研究院，与高校、科研院所联合共建 8 个实验室，发挥各自的优势，组建了创新创业孵化中心，构建研究、开发与生产的先进研发系统，借助高精尖人员力量增加创新实力。2021 年浪潮信息参与制定各类标准 17 项，累计申请专利近 8000 件，其中发明专利近 7000

件；同时，推出了安全服务器，这是中国第一款在操作系统层面达到国家三级标准，具有独立自主知识产权的服务器产品，它填补了我国在服务器安全领域的空白，肩负起提高我国财政、税务以及金融等关键领域核心系统安全的重要责任，助力我国建立自主可控的国家信息安全等级体系。清晰且具有前瞻性的业务战略以及人才布局将为浪潮信息的进一步发展提供雄厚的人力资本基础，在即将到来的新基建中，浪潮信息可以扮演更为重要的角色，把握行业未来增长点，深度受益于新基建的推进。

根据图 2-16 与图 2-17 所示，在员工学历方面，浪潮信息的研发人才组成的技术人员团队中，人员结构合理。浪潮信息通过福利待遇提升等引进人才策略，不断优化人员结构，坚持人才强企，并基于市场需求，进行长期的跟踪培训，促进专业人员的技术水平全方位提高，通过常态化的学习积累和工作经验总结，使其能够胜任专业技术程度更高的科技任务。2021 年浪潮信息的研发人员中，本科学历占比 65%，硕士学历占比 35%；30 岁以下占比 33%，30~40 岁占比 67%。年轻化、高质量的研发团队给浪潮信息的一线研发注入新鲜活力，高学历的人才为企业有效解决专业问题提供了支撑，体现了浪潮信息研发主力军的人力储备，促进了职员与企业的共同进步。

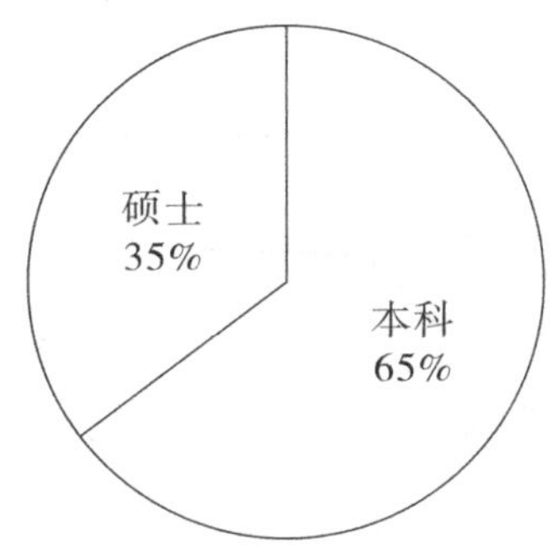


**图 2-16　浪潮信息研发人员学历结构**

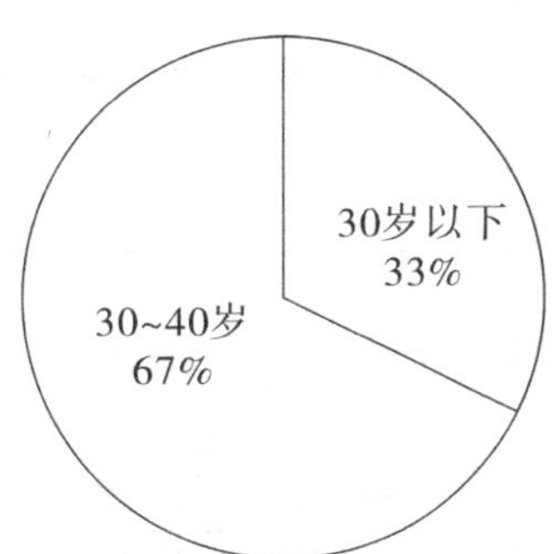


**图 2-17　浪潮信息研发人员年龄构成**

综上所述，作为技术密集型的制造业企业，浪潮信息积极营造培养“全员创新”的企业文化，鼓励不同岗位的员工开展研发活动，有针对性地进行奖励。为激发全体员工的创新积极性，浪潮信息在企业内部设立“专利墙”，出台《技术创新奖励办法》加大对科研人员的激励力度，对具有较大潜力的年轻技术骨干设立“青年人创新基金”，有效激发了员工“全员创新”的成就感和能动性，让企业从上到下、从技术人员到一线人员都培养起研发创新的意识。

### （四）浪潮信息研发投入对企业财务绩效的影响分析①

企业的财务绩效水平主要表现在企业获取利润的能力、资产的管理和投入产出的水平、以现有资产偿还债务的能力和后续发展能力等方面。下面研究 2014—2021 年浪潮信息的财务绩效情况，利用多种主要财务比率之间的关系来综合地分析企业的财务状况。

① 李馨媛．研发投入对企业财务绩效的影响研究［D］．济南：济南大学，2022.

1. 浪潮信息盈利能力分析

图 2-18 所示为浪潮信息 2014—2021 年盈利能力指标数据，这里选取总资产收益率与净资产收益率两个指标进行分析。这两个指标在 2016 年均有下降的趋势，主要是因为浪潮信息与委内瑞拉工业科技有限公司之间有出口贸易活动，该公司难以及时偿还对浪潮信息的货款。因此，浪潮信息将此项应收账款全部计提坏账准备，并将其分类为“单项金额重大并单独计提坏账准备应收账款”。该坏账计提使得浪潮信息 2016 年全年形成坏账损失 26317.72 万元，从而导致公司 2016 年的总资产收益率、净资产收益率同比下降。基于杜邦分析法，净资产收益率＝净利润/所有者权益＝销售净利润率×资产周转率×权益乘数（财务杠杆），此指标能够综合体现企业的各方面能力。从 2016 年开始，浪潮信息的净资产收益率开始稳步上升，浪潮信息及时调整战略布局，结合云计算行业爆发式增长的行业背景，将其核心业务聚焦于研发活动，战略发展重心转移。在改变初期对企业的经营业绩产生了影响，在战略调整的几年后，则重新通过新产品获得盈利能力。此时，股权的相对集中可以提升企业在面临问题时的处理效率与处理速度，保持高速增长的态势。浪潮信息积极完善数据中心、人工智能等研发布局，提高了生产效率与运营效率，产品结构优化叠加运营效率提高为盈利能力，进一步增强了创造动力。

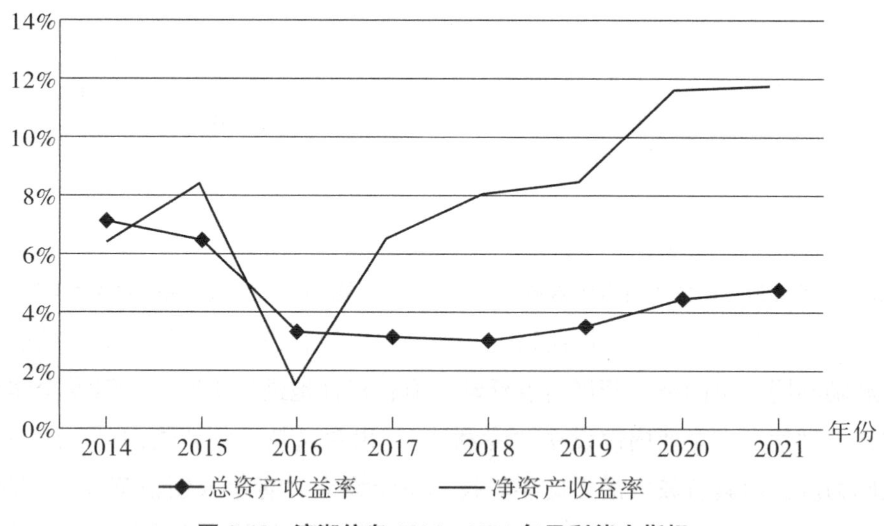


**图 2-18 浪潮信息 2014—2021 年盈利能力指标**

国务院在 2022 年发布的《“十四五”数字经济发展规划》中表明，到 2025 年我国数字经济核心产业增加值占 GDP 比重需从 7.8%提升至 10%。此规划对于作为龙头制造业企业的浪潮信息是绝对利好政策。随着原材料供应问题逐渐解决，企业成本进一步优化，再加上政策的支持，浪潮信息的盈利能力仍有一定提升空间。

2. 浪潮信息营运能力分析

企业营运能力体现在通过资产获取利润方面，可以促进企业强化资产管理，提高资产利用效率，增强盈利能力，如总资产周转率与存货周转率等，均与企业财务绩效密切相关。根据图 2-19 所示的平均趋势来看，浪潮信息对于资产与存货的管理能力比较稳定。2014—2021 年总资产周转率基本保持稳定增长趋势，资产利用率高，综合管理能力较强，保持在较高水平，也说明通过研发产出的产品得到市场的认可。2021 年浪潮信息的存货周转率大幅下降，主要是因为外部的行业环境，在全球范围内原材料数量较为紧张，周转困难，为了避免原材料供货给企业带来的影响，公司进行了大量备货。其中，受芯片短缺影响，服务器上游供应紧张，浪潮信息不断加大备货力度，2021 年的存货量增加至 224 亿元，而 2020 年的存货量仅为 2021 年的一半左右，为 109 亿元。存货量的增加可保障后续交付能力，这也表明公司的股东和经营者对未来信心充足，是未来经营情况的积极信号。

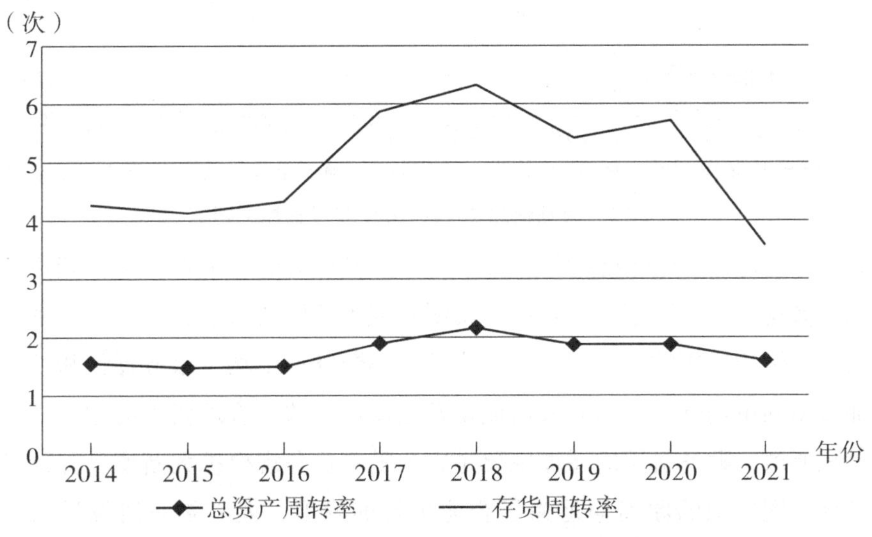


**图 2-19 浪潮信息 2014—2021 年盈利能力指标**

3. 浪潮信息成长能力分析

研发投入能够正向促进企业财务绩效的提升，从案例数据研究中发现，营业总收入、扣非净利润等代表了企业的发展情况。如图 2-20 所示，营业总收入从 2014 年的 73.07 亿元增加至 2021 年的 670.5 亿元；扣非净利润从 2014 年的 1.24 亿元增加至 2021 年的 17.97 亿元；经营活动现金流入从 2014 年的 79.7 亿元增加至 2021 年的 759.12 亿元，经营活动现金流入是企业通过自身运营所带来的现金流。在 8 年的经营过程中，特别是 2019 年存在着行业大环境与产品降价等不利因素，给企业带来更大的挑战，也给我国创新主体的发明专利申请带来了影响。虽然营业收入增长率不如前些年高，但浪潮信息的技术创新并没有因此受到阻碍，一直稳步保持着逐年提升的趋势。由于浪潮信息进行调整战略后，提高了业务中“服务器及部件”的比例，去掉了原有的产品规划中“IT 终端及散件”的部分，扣非净利润下降。在战略转型发展的初期，这对企业财务绩效的具体指标造成影响，导致 2016 年扣非净利润突然出现最低值，但在 2014—2015 年与 2017—2021 年，均保持稳定增长趋势，且保持较高增长率，说明其增长是有基础的。由此可见，企业研发进行创新要考虑到研发投入的滞后性，研发投入可能会体现在投入后的一年及多年内；综合考虑研发会使企业更具竞争力，运营状态良好，达到提升企业财务绩效的目的。

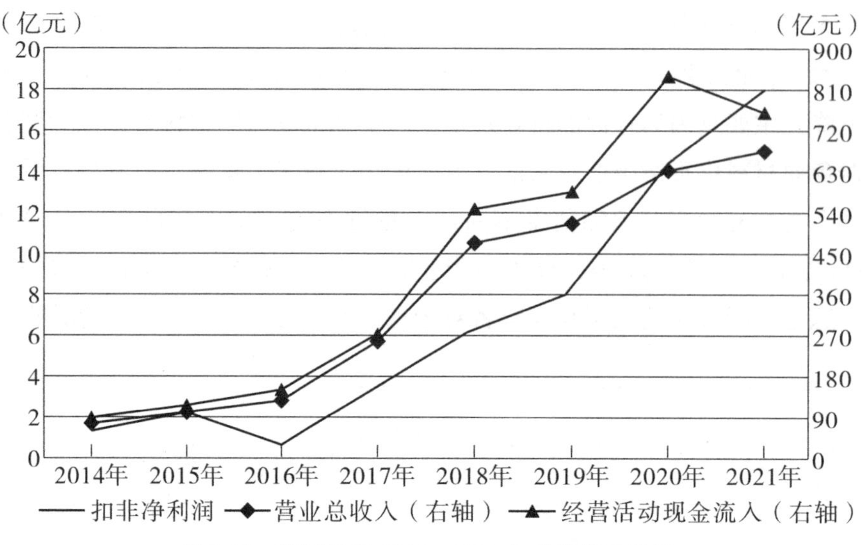


**图 2-20 浪潮信息 2014—2021 年成长能力指标**

如图 2-21 所示，从浪潮信息 2014—2021 年费用支出情况来看，销售费用、管理费用与财务费用三者均有上升再下降的趋势，说明对成本费用的管控良好，支出费用向研发方向倾斜。其中，销售费用的上升主要是因为公司不断开拓市场、服务器销售快速增长、销售人员增加带来的市场营销费用和人员成本费用增加所致，管理费用的增加主要是因为研发投入的增加所致，财务费用的增加主要是因为随着业务规模扩大新增补充流动资金借款所致，这三项费用增加的原因均是为了企业更好的发展，尤其是对研发投入的支持。在 2021 年浪潮信息全面推行降本增效，实施成本控制政策，从 2021 年的三项费用支出情况可以证实，在研发投入持续增加的前提下，对费用支出进行把控，降低管理、销售等费用支出，提高生产效率，净利润与营业总收入持续增长。未来，浪潮信息也将持续推进降本增效的政策，促进企业财务绩效向好发展。

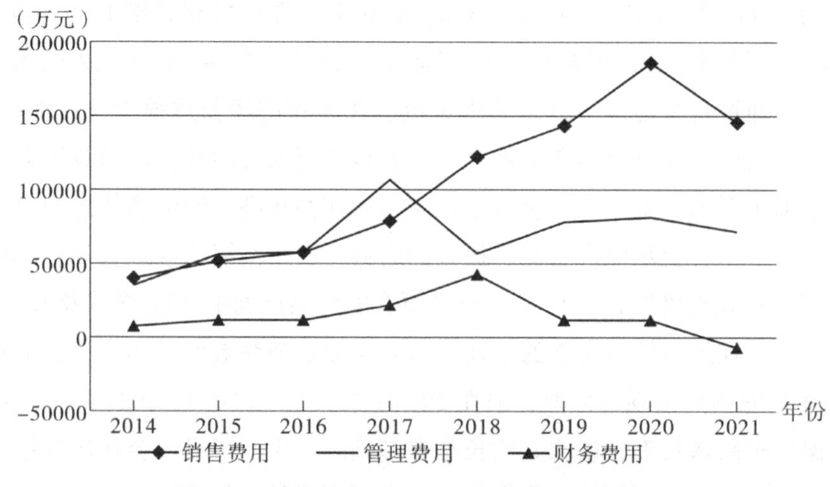


**图 2-21 浪潮信息 2014—2021 年费用支出情况**

4. 浪潮信息偿债能力分析

企业的偿债能力是指企业用其资产来偿还长期和短期债务的能力，不仅关系到企业的发展，还可能关系到企业的生存，也是反映企业财务情况的重要指标。其中，流动比率、速动比率反映了企业流动资产对流动负债的保障程度，而资产负债率也被称为财务杠杆比率，反映企业长期偿债的能力。一般情况下流动比率的指标在 2 比较好，速动比率在 1 比较好。由图 2-22 可知，浪潮信息的流动比率和速动比率一直在向最优值靠拢，资产负债率相对比较稳定，一直稳定保持在 0.6 左右，说明企业的偿债能力比较可靠。

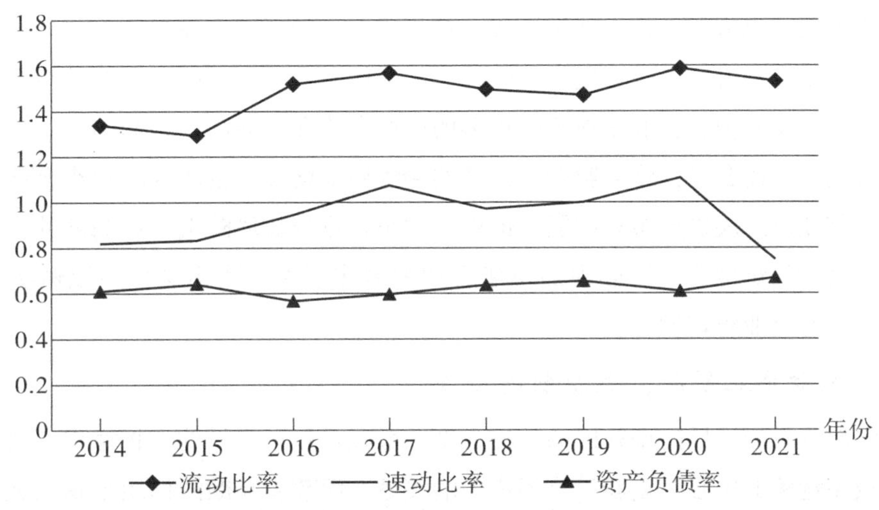


**图 2-22　浪潮信息 2014—2021 年偿债能力指标**

综上可知，浪潮信息非常明晰研发投入是企业的核心竞争力，在 2014—2021 年整体的研发投入水平呈稳定的上升态势，其整体财务绩效稳定的增长证明了研发策略的正确性。从长远来看，不遗余力的研发使浪潮信息拥有把握各类机遇的实力，技术产品成为企业中人无我有的优势产品，其研发人才资源优渥、技术领先为其打下牢固根基，在同行业的各个上市企业中处于实打实的龙头地位，再结合当前国家统筹布局，探索人工智能，强化了数字经济和智慧基建的深度融合。在以后的经营过程中，创新也将是浪潮信息生产转型升级的主基调。另外，在其经营不善的年度和外部大环境的不利影响下，依然保持了一定比例的研发投入，在行业内遥遥领先。以市场为导向，同时控制各项费用的支出，充分体现了浪潮信息坚持以研发活动推动企业可持续发展这一观念。

## 五、对研发投入提升企业财务绩效的建议

### （一）制定差异化政策

由于企业所处地区不同或企业所有制不同，同一项政策的实施效果也会有所差异。为了强化研发投入对企业财务绩效的积极效果，应面向符合特定条件的企业给予一定的政策倾斜。

第一，给予位于非东部地区的企业更优惠的政策。我国东部地区由于先天的地理、历史等原因，其市场化程度更高，在国际项目合作上更有深度，吸引了更多投资、高端技术人才等生产要素产生集聚效应，形成良性循环推动东部地区经济发展水平高于其他地区。因此其他地区自身创新能力处在较低水平，更需要政策的扶持。对此，地方政府在出台扶持新兴企业政策的时候，既要考虑本地企业的实际情况，也要考虑本地的整体经济发展情况，尽量做到对本地的新兴企业在政策扶持上具有一定倾斜性，针对非东部地区的新兴企业设定优惠的政策；同时政府提供政策上的扶持也在传递信号，既可以吸引更多外地企业到本地投资发展，也有利于在本地区形成一定规模以上的新兴产业集群。

第二，给予非国有新兴企业更优惠的政策。虽然研发投入对国有企业的短期内抑制作用更为明显，但是非国有企业正在经受更多的市场竞争和资金需要。非国有企业尤其中小企业融资难问题日益凸显，将会影响到经济的持续稳定增长。虽然这些中小企业可以通过向金融机构贷款以解决资金短缺问题，但由于中小企业贷款风险大、利润低的特性导致中小企业获得贷款的难度升高，必须加快建设和发展多层次资本市场体系以解决融资难问题，保证非国有企业稳定的资金。

### （二）激励企业创新，保护创新成果

应加强对具有创新导向型补助的补贴力度，增强对知识产权的保护意识。当前新兴企业是全球战略竞争的中心，创新是这场竞争的关键，而政府补助的作用则是减轻了新兴行业的研发经费的压力，进而推动大量的创新成果产出，提高市场竞争力。但是因为技术存在外溢性的特征，外部其他企业将受益免费“搭便车”。有时政府的补助也无法对企业自主创新研发起积极作用，因为部分企业未使企业自身投入成本与社会投入成本相等。所以，政府可以以创新技术的重要程度为划分依据，面向不同的新兴企业制订与其匹配的科研补助方案。由于关键性基础技术突破具有高风险、高投入、长周期的特点，所以政府可以出台引导性的政策以推动企业间技术研发合作项目。同时，政府可以对部分龙头企业进行重点项目的帮扶，鼓励企业攻克风险相对较小的创新项目。政府应针对新兴企业研发创新方面制定差异化激励措施，保护创新成果，政府起到助力者和保护者的作用；同时，搭建并维护各种信息交流平台以及沟通合作平台，激发企业创新意识，为企业提供良好创新氛围，提高研发资源利用效率以避免浪费。随着新兴企业的持续发展与技术升级，一定会推动并加快大量的技术成果转化。持续增强高精尖人才对知识产权的保护意识，才能引导企业更积极主动地投入创新活动，同时重视对知识产权的维护与管理。企业在行业中的地位主要由自身的创新能力决定，如果能够加强对知识保护的管理，就可以让创新成果获得认可，同时将会激励更多的创新成果出现，让科研工作者主动投身到创新工作之中。首先，增强员工的知识产权意识，鼓励员工在自主研发的同时，主动进行专利注册；其次，企业要建立良好的知识产权维护体系，以激励员工的创新热情；最后，要科学、有序地推

动创新成果的商业化进程，持续推动新的知识成果的面世，以此良性循环，助力企业发展。

### （三）注重研发投入的滞后性

研发具有较高的风险性、较长的回报周期，还具有一定的滞后效应。这就要求企业必须对整个研发过程进行充分关注，研发创新活动获利能力要等创新产品被投放到市场之后反馈鉴定，并以市场的反应为依据，持续地进行优化改造，最后才能得到高盈利创新产品。研发产品的盈利能力也需要得到市场的检验，并根据反馈进行优化，如果因为暂时研发投入无法立刻带来收益而放弃对产品的改进优化，就有可能失去新的盈利点。在研发的过程中，要对整个生命周期进行有效的控制，适度的研发投入可以为企业财务绩效起到积极促进作用。在某一段时期之内，企业所能使用的资源是存在限制的，因此要对拥有的资源进行合理的计划分配，将其投入产出进行充分利用，从而开发并制造出具有科技创新性的产品，加速并提高研发创新的转化效率，推动供需双方之间的紧密联系，既要做到先进性也要做到实用性，这样才能达到研发创新与经济发展的良好互动。此外，企业应该对研发产品的质量给予足够的重视，促进企业的高质量发展，从而更好地与市场相结合，对利润模式进行优化。

### （四）完善内部治理，提高创新效率

研发投入是企业创新活动中的重要组成部分，其使用情况对企业创新效率有重要影响。企业对自身研发目标有清晰的认识，有助于研发投入资源利用率最大化，由此创新效率随之提升。企业作为创新主体，应该从长远的角度分析问题，加强研发投入要素管理，并在企业内部积极进行自主创新。首先，企业研发投入的重点资金来源之一是政府补助，因此政府应对企业需要满足的补助细则要求进行规范，加强企业内部监督与控制，建立严格的监管制度，明确经费使用范围，健全信息交流平台。其次，要与内部控制体系相配合，做好衔接工作。企业的研发创新活动要按照其发展规律，适时地对其研发投入进行调整，所以决策者可以根据企业自身情况制定测评创新进度的相关制度，有选择性地对目标研发阶段制定相适应的制度体系并开展随后的评定工作，提高企业创新绩效水平。管理者也应认识到如果一味地加大自主研发投入资金，很有可能会对企业其他资源的投资造成侵占，对企业的财务绩效产生不利影响。对于新兴企业来说，应该时刻关注研发投入的情况，根据研发情况灵活调整研发资源的分布，在关键节点及时核对研发资源的利用率和分配情况，减少研发资源浪费现象，重点明确非核心技术与核心技术研发创新资源划分百分比，重点创新与企业有关的核心竞争技术以提升企业竞争实力。

# 第三章　企业财务管理转型

企业财务管理转型指的是企业在复杂的经济环境下，为了适应环境和长期发展的实际需要，以战略性目标为导向，改变现有财务管理模式，通过财务管理类型的转换、组织流程的转变，使财务部门全面参与企业的战略管理、市场营销和资产管理方面的经营活动，加强对企业整体经营过程中的决策支持和价值管控。

## 第一节　企业财务管理数字化转型

随着数字化技术的高度发展，企业越来越看重数字经济，究其原因在于它不仅能提高企业业绩水平，还能节约资源，实现资源合理配置。由于传统财务管理工作需要从大量的数据中获取信息进行分析，难免会出现错误。这就需要借助科技提高效率与准确性，才能减少错误的发生。可以说，智能化建设在当今已变得越来越重要，特别是在目前我国多数企业财务管理工作水平低下，财务管理工作势必要作出改变，不断完善管理系统使其更加智能，这样才能更好地做好财务管理工作，将该项工作的职能充分发挥，降低企业财务管理风险，获得长期稳定发展。

### 一、企业财务管理数字化转型的优势

#### （一）数字化转型促使企业内部优化和目标优化

数字化转型背景下，企业的组织架构、管理流程、运营模式的再造和变革成为企业运营的常态。数字化转型会迫使企业从运营模式、人才结构、组织管理着手改进。基于数字化技术运用，企业可以直接与客户建立联系，建立真正以客户为中心的运营模式。与此同时，数字化转型还推动了企业商业模式的创新与重塑，越来越多传统产业从线下走向线上，以价值释放为目标，以数据赋能为主线，为企业带来全方位的焕然一新。企业运用信息化手段搭建适合企业的管理体系，提高管理效率实现资源最优配置。通过数字化技术运用，企业基于自身知识更新的需求，需要不断提高人力资本的投入。企业组织内部的信息流动与主体互动方式会发生改变，将提高企业决策的科学性和前瞻性，会避免产品与市场信息的不对称。

#### （二）数字化转型推进财务管理改革和财务数据运用

在全球经济形势影响下，财务管理经历了许多变革，从一开始手工记账的账房先生到

会计电算化，再到财务信息化，再到现在的数字化转型，变革与创新始终伴随着财务管理发展。一方面，在大环境背景下，新的市场环境和竞争压力导致企业对财务管理要求更高，通过进行数字化转型来提高企业经济发展水平是一种必然趋势。另一方面，财务数据本身就是衡量、评判企业运营绩效的重要指标和决策依据。财务管理体系通过数字化转型将更好地运用财务数据蕴含的记录能力、洞察能力、防御风险能力、规划决策能力。

## 二、企业财务管理数字化转型中存在的问题

### （一）财务信息的安全监管不到位

在数字化转型背景下一些企业建立了自主的数据管理存储系统，但大多数规模较小的企业选择采用第三方财务平台，如金蝶、用友、报销吧等平台，通过第三方平台实现数据上传整合。但依靠第三方平台使用查询数据时，存在财务人员登录密码泄露问题以及外部组织攻击第三方平台导致核心财务信息泄露危险，发生企业信息安全责任事故。比如，对第三方平台资质核查不到位，信息安全未落实到人，发生责任事故时信息部门与财务部门互相推诿。

### （二）时效性不足

信息技术快速发展的今天，大企业引进物联网进行生产信息库存信息传输，中小规模企业则依旧采用人工输入财务数据，而由于人工输入会出现录入错误信息、漏报信息甚至遗失信息，这使中小规模企业的数据失去时效性。具体能解决这一问题的主要是大企业，但在财务管理自动化决策的过程中，大量数据依旧需要人来传递，这就使财务信息在企业经营决策中常常处于传递状态，浪费大量人力，导致财务管理工作效率低下。由此可知，无论企业规模大小，都存在着一定程度的“信息孤岛”。这样的“信息孤岛”会导致企业的数字化转型进程难以推进。信息化程度低和缺乏专业度是企业难以推进数字化技术的通病。

### （三）应用方法及手段落后

数字化背景下财务信息量庞大，来源广泛，如果管理者盲目地采用单一购买软件或下载系统模式，则会导致专业技术与协调机制严重缺失，财务数据背后的价值挖掘较少，无法实现财务共享和产业融合。另外，方法与手段的落后也与管理者的决策有关。相关调查显示，有部分企业在完成了财务系统工作阶段性建设后，管理者不愿意再投入过多的资金，尽管在某些程度上实现了数字化的转型但是管理系统依然滞后，无法满足管理实际需求。再加上当前我国不少企业并未正式地重视财务信息化系统方面，导致系统开发建设力度不足，许多企业往往会选择直接套用国外已有的、成熟的财务管理信息系统，但并未结合自身的发展状况，因此财务管理信息化工作实质性进展停滞不前。

### （四）财务人员综合素质低

人才作为稀缺资源，在数字化转型工作中尤为重要。数字化转型对财务人员的工作思维、工作模式和工作技能提出了新的要求。但现阶段财务人员在思维与视角、技能方面受到局限。缘于企业不重视财务人才，管理者对财务持有刻板印象，对财务信息缺乏数字化的管理概念，缺乏对财务人员的在岗培训，导致财务信息工作不能满足企业与社会经济的发展需求。例如，部分财务人员的思维与视野受到传统会计观念的影响，人员对企业财务管理未形成充分的责任观念，仅着眼于财务数据信息上，工作中信息技术的应用范围小，不能为企业的经济决策提供更多有参考价值的信息，无法有效把握数字化转型的最佳时机。

## 三、企业财务管理数字化转型的对策

### （一）加强风险管理

首先，构建信息安全系统，大规模企业应在前期为企业打造独立的后台硬件软件系统，将内网与外网隔离，加强内网的防火墙，建立责任到人的安全意识和责任观。其中，中小规模企业在与第三方平台进行签约订购时，要考察第三方的运营场所，重点审查第三方平台的运营资质及相关手续是否完善，并同第三方平台签订数据保管安全的责任条例，最大限度地约束第三方平台的行为，促使第三方平台承担风险，保证企业的数据安全。其次，企业应对财务管理人员进行长期安全意识培训，规范平台操作标准，充分利用企业内部交流平台，积极宣传推广网络安全基本知识，与员工签订保密协议，加强员工的网络安全防范意识。再次，企业应针对可能出现的安全事件进行演练，坚持做好基础防范、安全风险评估和定期巡查，制订网络安全应急预案，健全网络安全制度，提高企业网络安全应急处理能力。最后，企业应配备专业防火墙，对内部网络进行运行监控、流量监控和威胁监控，并生成网络安全日志。

### （二）建设标准化数字化管理

1. 重点关注新型能力

建设数字化转型的重点是将管理系统进行科技化创新，这不仅要关注企业现有的能力，也应当关注企业的创新能力。目前，很多行业在大数据面前还显得比较迟缓，数据利用基本处于业务查询、报表提交层面，究其原因主要是对现有数据的简单加工，很少涉及数据挖掘深层应用，数据开发意识不强，数据思维缺乏，数据应用滞后。数字化转型过程就是一个系统性更新再创造的过程，通过数字化转型，进行新型能力建设，从而有效盘活数据资产，提高日常工作效率，为企业经营改善提供有力依据。但转型和创新仍隐藏着许多不确定性与挑战性，随着 5G、物联网、大数据等新一代信息技术的应用，大幅降低了资源之间的连接成本，从而促使企业产品和服务供应方式的改变。当所有的交易记录、行

动轨迹、语音、影像、传感信息等均可实现数据化，因而变得更加繁杂、更难把握。未经筛选、清洗、分析、整合的数据，只是一堆无用的数字而已。事实上，只有将数据进行加工比对、从数据中发现问题和机会，才能把数据变成有效信息，才能实现从“数据管理”到“数据驱动”的跨越。企业如果固守过往的管理思路，不及时自我革新，将关注点放在企业能力建设上，在更新创造的过程中难免会出现意外。这就需要企业在发展过程中要与环境相结合，具有随机应变的能力，时刻关注能力建设问题，通过建设能力更新创造数据管理体系，保障数据的完善，真正做到“数据驱动”。

2. 增强信息的时效性

标准化、数字化管理能够将财务信息从传递状态中解救出来，智能的数字化平台将财务信息实时上传更新。企业要学会善用大数据技术，根据大数据的发展规律特点及时进行信息收集、整合、分析、管理，从而做到增强信息的时效性，提高企业工作效能。另外，由于企业是一个创造、传递、支持和获取价值的系统，每一项数字化转型活动都应围绕价值效益展开，建立一个能支撑实时感知变化，实时分析变化，实时制定最优决策，并能将决策自动执行的数字化平台，有利于实现信息平台与管理平台有效结合，充分发挥数据联动的优势，确保企业信息的全面性与精准性，为推动企业管理与信息控制提供有力的技术支持与能力保障。

### （三）进行业财融合

1. 进行数据整合、预算管理

目前企业常用的ERP管理软件对业务数据收集不足，对此，应以自主构建的信息系统为基础，建立自主的数据库，对资产进行数据管理，通过数字化管理系统，实现产品生产生命周期的全覆盖和客户需求数据的全纳入。财务人员可在立体化、高质量化数据支撑下，依据不同层次用户的多样化需求，为企业战略发展决策提供重要建议。推动预算治理一体化工作是实现数据管理的需要。预算一体化管理系统的最终目的在于实现集中反映企业基本资料、会计、固定资产管理和资金管理情况的统一预算数据，从而实现财政部门和主管部门之间的数据共享共用。预算管理在统一实施时，还能够定向地查询有关信息，并利用大数据分析为企业对管理部门提出科学有效的指导意见，把信息有机高效地运用出来。

2. 建设财务共享中心，以职能为核心进行专业化分工

数字化转型是以平台化、合作化、自动化和智能化为依托，而财务共享恰能实现基于规模效应的效率提高，在财务数字化转型中起到关键性作用。所以必须继续完善、整合财务数据共享，打造财政数据共享系统。财务共享服务平台的基本作用之一，就是为完成企业基本核算事务的高效、集中处理，并转变财务的工作重心。企业首先需要分类、分步骤处理所有纳入财务共享服务中心的业务工作，使进入任务池的业务完成合理、高效、及时

的任务派工，支撑以职能为核心的专业化分工作业体系。

### （四）建设专业财会队伍

1. 培养财会人员新型财务管理思维，完善激励制度

在数字化背景下，企业财务部门首先要解放思想，在理念上需要通过探索、实验、创新逐步培养新型财务管理思维。具体而言，企业应当鼓励财务人员不断强化自身与时俱进的意识，及时跟随时代发展潮流，主动投入到业财融合工作推进当中，推动业财融合的高质量发展，为企业的战略决策提供参考价值，推进经营活动业财融合进程，适应转型期企业对财务岗位的新要求。其次，企业要不断改进和完善员工激励制度，管理层转变对财务部门的刻板印象，鼓励企业各部门与财务部门深入结合。财务人员思考推进财务工作的同时，应与业务部门及时沟通，打破传统业务和财务工作的沟通障碍，深入了解产品周期业务进展，积极为企业各个环节的业务和各个层级的决策提供重要的参考信息和价值，为业财融合提供有利条件。

2. 加强现代信息技术培训，提升财会人员财务管理综合素质与能力

在财务系统转换的过程中，财务人员应积极学习现代信息技术，利用先进的数字化管理会计工具对企业内外部环境进行分析，对业务和经营中的潜在风险进行识别和监控，进而为管理层提供前瞻性的战略支持。通过请进来、走出去，线上和线下相结合等方式加强对现有财务管理人员培养培训，不断提升他们财务管理综合素质与能力，让其成功实现角色转变和定位，使其成为国有企业运营系统中的左膀右臂。同时，财务人员在转型过程中应当具备对数据进行理解与分析的洞察力和感知力、对数据关系的高敏感度、对转型工作的抗压能力。这就需要制订专属的财务数字化人才培养方案，选拔具备数字思维的财务人员进行培养，应结合相关业务需要，积极运用数据分析软件或编程软件，引导企业财务部门创新工作方式，加大有关现代信息技术深度应用的在职培训力度，全面加强提升管理会计工具实践应用效果。

数字化时代下企业的财务管理工作改革转型是必然趋势，也为企业带来了更好的发展机遇，让财务管理的转型工作有了更为坚实的基础。企业抓住数字化时代的机遇，能够为自身的长远发展提供持续动力。在此背景下，一方面，企业的财务管理工作不仅全面创新思维、工作方式与工作技能，人才培养方面也能得到创新；另一方面，公司在机遇面前必须保持住现代化企业的发展步伐，在运用信息化技术管理经营事业的同时，也要适应企业数字化所带来的巨大冲击，并争取以较为平稳的发展步伐，来减少技术变革所带来的各种经营风险，以完成企业数字化转型。

## 第二节　企业财务管理智能化转型

智能化时代对企业的财务管理工作提出了更高的标准和要求，如何适应智能化时代的

发展，推动企业财务管理转型升级，进而更好地满足企业经营发展的现实需求是企业在财务管理改革中需要解决的一个重要问题。在这种情况下，有必要针对智能化时代企业财务管理转型进行细致的分析与研究。

## 一、企业财务管理智能化模式的核心要素

### （一）数据分析与处理的自动化

从财务数据处理效率来看，自动化技术的应用提升了企业财务数据处理效率。由于传统财务管理在数据处理上主要依赖于繁杂的手工操作，易出现错误且效率低下。而自动化技术，尤其是机器学习和智能算法的应用，可以实现数据的实时收集、快速整理与准确分类。基于此，企业可以建立自动化账目管理系统，运用这一系统实时跟踪财务活动，自动整合并归类相关数据，从而减少人为操作的错误率，提高工作效率。另外，一些高级的数据处理软件的应用可以帮助财务管理人员自动识别和分析复杂的财务数据，以了解资金流动趋势，并为成本结构优化提供数据支持。从决策支持来看，数据分析与处理的自动化为企业提供了更为精确和全面的数据信息。自动化技术能够通过分析历史数据和市场趋势，准确地预测未来的财务状况，从而在资本配置、风险管理等方面提供数据依据，帮助企业财务管理人员作出更合理的决策，同时还能实时监控市场变化和企业经营状况，及时提供决策建议，从而提高企业应对市场波动的能力。

### （二）预测模型和决策支持系统

预测模型通过分析历史数据和市场趋势，可以提供关于未来财务状况的科学预测。借助于机器学习算法，预测模型可以分析企业的收入趋势、成本结构变化、现金流动态等，帮助企业提前识别潜在的财务风险和机会，这种前瞻性分析能够更好地满足企业资本配置、预算编制、财务规划等方面的决策需要，提高企业应对复杂多变的市场环境的能力。而决策支持系统则为企业提供了一个综合的决策框架。决策支持系统能够将大量的财务数据和市场信息整合起来，提供定制化的分析报告和建议，辅助管理层进行更有效的战略规划和风险管理。管理层在面临重大投资决策时，决策支持系统可以为其提供关于投资回报率、风险评估、市场潜力等多方面的深入分析，并以直观的方式展现分析的结果，而管理层依据这一分析结果，可以作出更为明智的决策。

### （三）风险管理与合规监控的智能化

企业管理者应用大数据分析、人工智能、机器学习等技术可以构建智能风险管理体系，从而对潜在的财务风险进行识别、评估和预防。这种技术手段可以对企业的交易记录、市场数据及其他相关信息进行深入的分析，预测和识别信用风险、市场风险、操作风险等，及时发现异常模式和潜在风险，为企业提供更为精确的风险评估和预警，并能够根据企业的具体情况和市场环境的变动，提供定制化的风险管理策略和建议，帮助企业更有

效地应对各种风险。目前，随着监管环境的日益复杂化，传统的合规监控方式已难以满足现代企业的需求。而智能化合规监控系统通过集成先进的数据分析技术，可以实时监控企业的财务活动，及时发现并报告可能的合规问题，识别潜在的合规风险和违规行为。

## 二、企业财务管理智能化转型的重要性

### （一）完善企业内部控制

内部控制是现阶段企业经营过程中的一项重要管理手段，其强调各部门人员的共同参与、相互协调，以便加强对各项业务活动的规范化管理。在智能化飞速发展的时代，企业逐步实现了自身财务管理工作转型，财务工作由原有的数据统计、报表分析等逐渐向突出管理职能方面转化，并通过业财一体化建设，为内部控制工作提供了更高质量的支持。

### （二）提高企业管理决策能力

在经营发展过程中，任何一个企业都应该最大限度地确保决策的科学性和合理性，避免决策失误给企业经营发展带来负面影响。决策是建立在企业管理者对企业经营情况全面细致地了解和分析的前提和基础上的，其中一个最重要的决策依据就是财务管理报告。智能化时代，随着财务管理范围的不断扩大，此项工作涉及的内容已经不局限于企业已经发生的经济活动，甚至对未发生的经济活动也能进行分析和预测；同时，范围也不局限于财务，业务活动、市场变化也成为财务数据分析的重要内容。尤其是在智能化时代下，应借助大数据、云计算、人工智能等技术，强化财务数据分析能力，为企业决策提供充分的数据支持，增强决策的科学性。

### （三）增强风险管理控制能力

风险管理是企业经营管理的重要保障，只有在企业经营发展过程中，及时有效地识别出各种潜在的风险并进行控制，才能有效地降低各种风险对企业经营发展的负面影响。财务管理分析是分析和识别企业经营发展过程中各种风险的重要途径和方法。经营风险和资金风险等都能体现在企业的财务管理报告及相关财务指标中，利用专业的分析软件或者具体的风险评价模型，再借助财务数据，可以较为准确客观地反映出企业经营发展过程中的各种潜在风险。在这一过程中，充分利用先进技术手段推动财务管理智能化发展，有利于进一步增强企业经营管理过程中风险识别和管理控制的能力。

## 三、智能化技术在企业财务管理中的应用现状

智能化技术可应用于数据处理和分析，优化企业财务信息的收集、整理和分析过程。通过大数据分析，企业财务管理人员可以更准确地预测现金流动态，优化资产配置，及时发现潜在的财务问题；应用机器学习技术进行数据的处理，同时生成的财务报告可以预测趋势、分析趋势，为企业管理层提供更有价值的决策支持；借助自动化的内部控制系统可

以实时监控财务流程，及时发现并纠正错误或欺诈行为，降低操作风险。

基于大数据分析，企业财务管理人员通过分析市场数据、历史交易记录和客户行为模式，可以对市场风险、信用风险等进行更为精准的评估和管理。

智能化技术也可应用于税务管理，通过集成的税务管理系统，企业财务管理人员能够更有效地处理复杂的税务事务，确保税务的合规性。智能化税务系统可以自动处理日常的税务申报和缴纳工作、提供税务策略的建议，帮助企业合理规划税务，从而减少税务成本。

## 四、企业财务管理智能化转型面临的挑战

### （一）传统企业财务管理观念的制约

在传统财务管理观念下，企业财务管理工作的主要职能和作用是财务核算。在这种观念的影响之下，账务核算成为财务管理的主要工作，以此为基础构建一个较为完善的核算管理机制。随着智能化技术的迅猛发展，企业面临的发展环境越发复杂，很多企业走向多元化发展，业务的快速拓展对财务管理工作的要求越来越高，财务管理内容和目标也发生了极大的变化。财务核算只是财务管理工作中的一个职能，其还承担着数据分析、内部控制、风险管理等一系列职能，只有认真细致地履行企业赋予的各项职能，才能充分发挥财务管理工作在企业经营发展中的作用。但传统财务管理的固化思维和观念，让企业财务管理者面对新的财务管理职能定义时无所适从，不知如何履行自身的职能、如何高效地完成自身的岗位工作任务和目标，最终影响企业财务管理工作的效率和质量。

### （二）财务管理人员素质能力不高

智能化时代来临，财务管理智能化已成为企业财务管理改革的一个重要领域，其借助于先进科学的管理信息系统，在提高财务管理效率的前提之下，进一步扩大财务管理工作的范围，深化财务管理工作的内容。这对管理人员的素质能力提出了更高的标准和要求，尤其是对信息化能力的要求更高。现阶段，很多企业现有的财务管理人员一般年龄偏大，虽然在财务管理工作中具有丰富的经验，但是对智能化财务软件的操作方式不够熟练，主要体现在以下几个方面。

第一，受传统财务管理工作思维及工作模式的影响，企业现有的财务管理人员大多缺少足够的信息化意识，未能掌握较为先进的财务管理软件，对于软件中的各项功能应用不够熟练，更多倾向于传统的手工数据处理和计算模式，导致财务工作效率很难有效提升，且人工处理的方式容易存在一定的误差，这影响了会计数据信息的准确性，无法确保财务工作质量。这使现有的财务人员综合能力难以适应企业财务管理智能化建设的需求。

第二，在智能化时代，企业的财务管理工作范围有了明显的拓展，不再局限于财务管理，在业务管理、决策支持等工作中也承担着非常重要的工作责任，这些工作中也有对应

的信息化或者智能化管理系统，但很多财务管理人员对这些系统缺乏足够的了解，操作能力和效率都受到很大影响。

### （三）财务管理职能的调整

企业财务管理职能的调整是智能化时代企业财务管理转型工作中面临的一个重要问题。随着信息化时代和大数据时代的到来，多数企业已经开始从传统的财务会计向管理会计转变，财务管理部门的职能发生了很大的变化，除了会计核算职能之外，在企业经营管理、内部控制和业务管理等方面的职能日益增强。在职能调整和划分的过程中需注意以下几个问题。

第一，通过对智能化时代企业财务管理职能调整的分析可知，一些企业虽然在其财务管理工作中引入了一定的智能化建设，但现有财务管理职能仍然有待进一步的拓展，对于智能化财务管理平台的应用仍然存在一定的优化空间，并且对财务管理模式由传统财务核算到智能化转变的促进作用不够明显。

第二，管理会计是新时代财务转型的一大方向，管理会计的各项职能也是智能化时代企业财务管理职能调整优化的主要参考，企业必须重视管理会计的应用。目前，部分企业对于管理会计的应用仍然不够完善，内部管理会计工作整体水平较低，形式主义问题较为突出。比如，一些企业虽然在其内部设立了管理会计岗位，但未能赋予该岗位人员相应的职能，管理会计岗位与传统财务岗位未能区分，导致相关人员无法明确个人职责、权限等，不利于相关工作的有序开展。

### （四）技术适应性与系统集成的挑战

在技术适应性上，随着企业规模的扩大和业务的多样化，企业已有的信息系统涵盖了各种不同的技术平台和数据库，这些系统之间存在技术标准和数据格式的不一致性，给智能化系统的集成和应用带来了一定的难度。新引进的智能化财务管理系统需要与现有的ERP系统、CRM系统等其他管理信息系统进行有效的数据交换和集成，如何在不同的技术平台和系统之间实现高效、稳定的数据交互和集成，已成为企业在实施智能化财务管理过程中必须面对的关键技术挑战。在系统集成方面，智能化财务管理系统需要与企业的财务政策、管理流程、组织结构等多个方面紧密结合才能发挥最大的效用，这就要求企业在实施智能化财务管理系统时，不仅要考虑技术层面的集成，还要考虑业务流程的优化和调整、组织结构的适应性改造等。因此，企业不仅需要重新设计财务报告流程，以适应智能化系统的自动化和实时性特点，还需要对财务团队进行技能培训，使其具备使用和管理智能化系统的能力。这些方面的集成和调整工作，都对企业的管理理念、组织文化和员工能力都提出了新的要求。

### （五）数据安全与隐私保护的问题

大数据、云计算等技术的广泛应用大大增加了企业财务数据的量级和复杂性，数据存

储、处理和传输过程中的安全风险也随之增大。企业财务信息如收入数据、成本分析、投资决策等信息一旦泄露，就很容易给企业带来严重的经济损失和信誉风险，且一些黑客针对企业财务系统的网络攻击也日益频繁。在此背景下，如何确保数据在传输和存储过程中的安全，避免恶意侵入和数据泄露，就成了企业智能化财务管理必须面对的重要问题。在隐私保护问题方面，智能化财务系统需要处理大量重要的个人和企业信息，其中包含员工薪资、客户交易记录等。如何在利用这些数据提高管理效率和决策质量的同时，确保个人和企业信息的隐私不被侵犯成了智能化财务管理需要着重考虑的问题。这不仅关系到技术层面，还关系到法律和道德层面。目前，我国的数据保护法律在不断完善，要求企业在处理财务信息时必须遵守相关的法律法规，以规避法律风险、道德问题的产生。

## 五、企业财务管理智能化转型的建议

### （一）转变企业财务管理观念

现代企业在经营发展过程中应及时转变财务管理观念，以便更好地适应智能化的发展需求，为财务智能化的转变打下坚实的基础。具体而言，企业的财务管理人员应尽快认识到财务智能化管理工作的积极作用，转变传统的工作思维和工作模式，推动智能化财务管理转型工作的顺利开展。

一方面，智能化技术的高速发展，使企业所处的经营发展环境也越发复杂，为了更好地适应新的社会环境变化，企业走向多元化发展，财务管理人员应不断提高个人专业水平和综合素质，积极学习并适应智能化财务管理工作模式，为企业的发展提供有效的助力①。

另一方面，智能化时代的财务管理工作，除了对各项财务数据的整理、分析、记录外，还需要实现职能转型，更好地督促企业内部控制、风险管理等工作的开展。因此，财务管理人员必须打破思维禁锢，在学习智能化时代各种新知识、新技术的基础上，明确转型后的财务管理工作职能，并制定科学的工作目标，充分发挥智能化财务管理工作的积极效用，实现企业整体财务管理工作效率的提高。

### （二）提升财务管理人员智能化管理素质能力

要想适应智能化时代的发展要求，进一步提高企业财务管理能力与水平，推动企业财务管理工作迈向智能化，其关键是要进一步提升财务管理人员智能化管理素质能力，确保财务管理人员的素质能力能满足企业财务管理智能化改革的现实需求。这就要求在财务管理智能化转型的过程中，应该重视和加强财务管理的队伍建设，提升财务管理人员的素质能力，使之能够适应财务管理智能化的需求。为了达到这一目的，可以采取以下两个措施。

---

① 张帆. 大数据引领财务管理智能化［J］. 现代营销（下旬刊），2020（5）：224-225.

第一，通过对外招聘的方式获取财务智能化管理优秀人才。很多高校会计专业的学生，在专业学习期间就会接触一些先进的会计管理软件，尤其是一些智能化的财务分析软件，虽然与一线应用的落后 1~2 代，但是经过简单的培训教育以后，他们很快就会熟练地掌握公司的财务管理软件和工具，并可以在较短的时间内胜任智能化财务管理改革的要求。

第二，根据企业财务管理智能化转型的现实发展需求对现有的财务管理人员进行智能化管理培训。对此，可以邀请专业的机构对现有的财务管理人员针对各种智能化软件的操作和使用进行系统培训，通过培训让其系统地掌握智能化软件的使用方法和在使用过程中需要注意的具体问题，使现有财务管理人员的素质能力能够达到财务管理智能化转型的需要。

### （三）推动智能化改造后财务管理职能的转型

财务管理智能化改造以后，其管理职能应该如何进行调整和优化、如何实现进一步转型，也是企业在改革当中需要解决的一个现实问题。结合当前企业财务管理的现实需求和特点以及智能化财务管理的基本内容，企业的智能化财务管理职能转型应当包含以下两方面的内容。

一方面，企业应加强对先进的财务智能系统的应用，借助其高效的信息数据收集和分析能力，从原有的对交易事项的核算管理向对企业价值创造过程的预警和控制转变，转变为对企业经营过程中所产生的各项数据信息加强分析，推动企业财务管理的智能化转型。

另一方面，企业应加强对管理会计的应用，实现企业财务管理工作由原有的财务会计向管理会计的转型。为此，企业现有的财务管理人员应当积极学习管理会计方面的专业知识，了解管理会计的相关工作要求和工作流程，形成科学的财务管理工作思维；同时，推进业财融合工作的开展，帮助财务管理人员积极了解企业业务方面的相关工作，以便于对所获取到的数据的真实性进行有效核实。虽然企业财务管理职能的转型主要是以智能技术为支撑，但也需考虑到一些不可避免的影响因素，企业还需要通过对先进的网络技术的应用，推动自身财务管理职能的快速转型。

### （四）选择适当的财务管理工具

财务管理工具的选择和应用也是企业在智能化财务管理转型发展过程中需要解决的一个重要问题，并且在解决这一问题的过程中需要充分体现出企业的现实需求和未来的发展需要。从企业财务管理智能化转型的角度来讲，在智能化转型的过程中，企业所选择的财务管理工具需要与智能化转型的现实需求结合起来。从未来的财务管理工具的选择和应用的角度来讲，适合的财务管理工具主要集中在以下几种。

第一，智能化财务管理软件。借助大数据、云计算、人工智能技术，企业能够实现将传统财务管理过程中的大量的、重复性的工作由财务机器人完成，包括各种智能审单、统

计工作、会计报表的生成与核算工作等，让财务人员从烦琐重复的事务性工作中解脱出来，从而更好地参与到业务和战略财务工作中。

第二，财务管理分析软件。企业可以通过抽取财务系统、业务系统数据进行分析，以文字、图表等丰富的展现形式，通过电脑端、手机端或者大屏看板展示，让企业管理者实时动态了解企业的经营情况、风险预警情况，从而帮助管理者作出正确的决策并合理优化业务流程。

第三，内部控制软件。企业可以根据内部控制工作识别的风险点，建立与企业经营管理业务相适应的信息化控制流程，提高业务处理效率，减少和消除人为操纵因素，利用技术手段对关键流程和环节进行风险识别和预警，从而增强内部控制的针对性和实效性。

### （五）设计灵活的技术架构，强化系统集成能力

企业需要设计灵活的技术架构，采用模块化设计原则，构建可扩展、可定制的财务管理系统。这种模块化架构允许企业根据需要添加新功能或升级现有模块，而不必对整个系统进行大规模重构，从而提高了系统的适应性和未来的扩展能力，更好地支持企业的长期发展。企业也可以采用云计算平台，构建一个财务管理系统，这一系统能够为企业财务管理工作的开展提供更为灵活和可扩展的计算资源，帮助企业更快速地适应市场变化和技术进步。在不断发展过程中，企业业务逐渐变得多样化，信息化程度不断提高，相应的财务管理系统也需要与企业的其他管理系统如 ERP 系统、CRM 系统等进行高效集成，以确保数据的一致性和流程的顺畅。为此，企业应采用先进的中间件技术和 API（应用程序接口）策略，避免“信息孤岛”，提高决策的效率和准确性，并重视数据标准化工作，确保不同系统间的数据格式和定义的统一，以降低数据整合的复杂性，从而实现不同系统间的高效对接和数据共享。

### （六）强化数据安全，遵守隐私保护法规

在智能化环境下，企业财务数据的量和价值大幅增加，这使得数据成为黑客攻击的主要目标。为此，企业需要采用先进的加密技术保护数据在存储和传输过程中的安全，实施严格的访问控制，确保只有授权人员才能访问重要的财务信息，并定期进行数据安全培训，增强员工的安全意识，减少由于操作不当引起的安全风险。数据保护法规如欧盟的《通用数据保护条例》的实施要求企业在处理个人和重要数据包括客户数据、员工财务信息时都需要更加谨慎。为此，企业需要制定和实施相应的数据保护政策，对数据的收集、存储、使用和传输等各个环节进行严格的法律合规性审查，并且需要定期对隐私保护政策进行评估和更新，以适应法规的变化和技术的进步。采用以上措施，企业不仅可以保护自身免受数据泄露和隐私侵犯的风险，也能在日益关注数据保护的市场环境中树立良好的品牌形象。

综上所述，智能化时代的来临，对企业财务管理工作提出了更高的标准和要求，企业

经营管理的智能化改造，要求企业的财务管理工作必须进行智能化转型，以此为基础适应企业管理体系的改进和优化，进一步提高财务管理能力和水平。在这一过程中关键是要解决财务管理的功能定位及职责范围，同时要确保财务管理人员的素质和能力达到智能化转型的标准和要求。只有这样才能为企业的财务管理智能化转型创造良好的条件，才能进一步提高企业的财务管理能力和水平，充分发挥财务管理工作在企业经营发展中的地位和作用。

## 第三节　企业财务管理高质量发展转型

在推动高质量发展的要求下，企业应合理地应用各类信息化技术，并逐步扩大信息化技术的整体应用范围，在提高财务管理水平与管理质量的基础上保证企业能够处在更加稳定的发展状态中。同时，企业也要采用大数据技术扩大各类信息化技术在企业后续发展管理阶段中的应用范围，促进整体管理水平的稳步提高，为社会经济的稳定发展提供重要支持。在企业后续的高质量发展进程中，财务管理的转型升级则需要确保人工智能技术能够与大数据技术更好地融合在一起，确保智能技术能够得到全面的创新应用，为企业后续的高质量发展提供全新的思路。

### 一、企业高质量发展的基本要求

现阶段，企业的高质量发展要求主要涉及以下三个方面的内容。

首先，技术创新要求。企业要逐步提高自身的整体现代化水平，并且应当将企业自身作为主体，然后将市场作为基本导向来针对应用技术展开深入研究，并逐步加大对于国家战略的关注力度，从而在内部形成一种立体性与开放性更强的创新网络体系。对此，企业应当逐步强化各类技术的创新能力，以此为基础培养出创新能力更强的专业人才，还要促进各类院校与科研机构之间的沟通交流。同时，高校作为社会当中的知识中心，也应当主动与科研机构进行合作，使企业方面能够与高校共同实现创新发展，在提高各类科研成果转化率的基础上形成完整的创新联盟。企业通过科研机构与相关产业之间所进行的协同创新来进行风险分担，对保证企业的核心技术开发能力可以稳步提高。

其次，资金管理水平的提高。企业在实际开展资金管理工作的过程中，对财务管理模式有着较高的依赖性。简单来说，就是要在企业可持续发展的基础上，对内部采用的财务管理模式开展必要的完善优化，从而有效促进企业的可持续发展。同时，还要加大对资金管理模式的重视程度。这样不仅能够逐步优化企业内部的资金运营模式，还能获取更大的社会效益及经济效益。

最后，管理水平的提升。在现阶段的高质量发展背景下，企业要在结合实际情况的基

础上在内部构建出功能完善的信息化管理模式，还要在内部充分融合岗位的具体管控情况，通过更加科学合理的管理措施来提供准确的数据信息。同时，在信息化管理平台的重要作用下，也要针对系统内部的具体情况进行优化，使后续的结算管理信息有着更高的透明度，从而更好地避免各种管理问题。除此之外，企业还应当针对管理重心进行转移，重点提高各类管理人员的管理水平，保证那些处在一线的工作人员有着更高的工作积极性，从而促进企业经济效益的稳步提高。所以，企业在对财务管理进行优化时，还要采取完善的管理体系，使企业的信息化管理能够取得更加优异的效果①。

## 二、基于企业高质量发展需求的财务管理转型

### （一）财务管理工作开展难点的分析

在企业开展财务管理工作的过程中，其内部存在的主要影响因素就在于企业的各类活动及财务管理制度。

首先，传统财务管理方式产生的影响较为严重。在目前企业高质量发展的背景下，其内部管理工作涉及的内容也更加广泛。然而，部分企业受到传统财务管理措施产生的影响较为严重，导致其在具体的财务管理方式方面无法进行必要的完善优化，进而加大了各类管理问题的发生概率。同时，在企业各类管理工作的开展进程中，财务部门的参与程度也较低，这样也会影响财务信息的处理效率。由此可以看出，企业的传统财务管理方式已成为影响其后续稳定发展的重要因素之一。

其次，“信息孤岛”问题。在企业现阶段的发展进程中，“信息孤岛”问题也会对财务管理工作的转型发展产生影响。并且，企业对于各类数据信息也很难实现高效共享，这样会使得各类数据信息无法得到充分利用，很难为业务发展提供必要支撑，后续业务部门与财务部门在工作过程中也无法进行全方位的协同管理。

最后，软件不协调问题。在财务管理转型过程中，如果企业没有充分发挥信息化软件的实际作用，就会使财务与业务内容在协同阶段中产生数据信息沟通效率较低等多种问题。工作内容无法进行合理协调，导致后续部分工作的开展过程复杂化，不利于提高企业的财务管理质量。

### （二）高质量发展下财务管理的价值

企业在开展财务管理工作的实际过程中，应当采取有针对性的措施来帮助企业获取更多的资金，以此为基础促进企业后续的发展进步。举例来说，在各大建筑施工企业当中，在进行财务管理工作时应当针对成本方面的具体内容进行严格管控，从而有效降低成本方面所产生的消耗。而在当前社会经济飞速发展的背景下，企业之间的竞争压力及竞争激烈

① 王静．论业财融合在建筑企业财务管理转型中的运用［J］．质量与市场，2023（4）：40-42.

程度也在逐步提升。部分企业内部的财务管理思想及采用的财务管理方式都不够科学，这样会逐步降低整体财务管理效率，使企业在后续工作开展进程中出现资金控制的问题。如果企业方面没有对成本消耗加以控制，会加大各类资金流转问题的发生概率，严重影响到企业的整体经济效益。这就需要企业做好财务管理工作，在稳步提高生产效率的基础上避免内部产生严重的资源浪费问题。目前的部分大型企业与中型企业对于内部管理的重视程度都比较高，需要采用业财融合方式来稳步提高财务管理效率及管理质量，为企业带来更加优异的经济效益。而在企业后续的发展进程中，也要针对财务管理模式进行必要的完善优化，以此为基础促进企业后续的可持续发展。

## 三、企业高质量发展要求下财务管理转型的具体优化措施

### （一）提高对内部信息交流的重视程度

企业提高风险管理质量的基本条件，就在于提升数据信息交流的准确性与合理性。在这种情况下，企业应结合基本需求构建出对应的数据信息交流平台，从而有效促进企业后续的稳定发展，同时也是企业后续开展风险防范及内控管理工作的基础内容。而企业在充分结合企业实际发展需求的基础上，应采取内部数据信息交流的方式，针对产生各类不良行为的工作人员进行合理约束，从而为后续财务管理工作的转型发展奠定坚实的基础。在当前的社会背景下，财务人员在企业内部的业务系统中起到了至关重要的作用，需要在业务的综合管理阶段中对系统中所隐藏的各种问题展开科学、合理的检查，并逐步提高对于基本业务流程的重视程度，以保证各类财务数据信息可以进一步转化为后续工作开展所需的管理数据，从而在提高企业财务管理效率的基础上创造出更高的企业价值。

为了进一步帮助财务人员改变自身的角色，企业必须重点增强其工作责任感，改变传统的工作模式，进而适应新形势下财务工作开展的基本需求，构建出更加完整的数据信息交流机制。除此之外，企业还必须结合实际情况来优化内部的基本财务管理体系及责任体系，并在后续财务管理工作的开展进程中确定好内部的基本责任，从而保证基本的财务管理质量不受影响。这就需要企业将财务管理进一步引入企业的整体规划内容当中，明确各个工作部门与工作人员所具备的基本职责，而企业的高级管理层也要作出更加合理的决策，核心管理层要针对计划内容加以协商，并在后续的工作开展进程中进行充分实施。此外，企业还应构建出更加完整的评价体系，通过财税一体化的财务管理转型以对管理的具体实施情况展开合理评价，从而形成一种从上到下的评价标准，使企业的各方面工作内容能够引入对应的评价体系当中，进而提高企业财务管理水平及管理质量。

### （二）做好工作人员专业素养的培养工作

在现阶段的社会发展进程中，部分企业当中的财务管理人员缺少主动学习的意识，使其在综合素养及专业能力等方面存在着较为显著的缺陷，不利于后续财务管理转型工作的

顺利开展。这就需要企业进一步加大对财务管理人员的培养力度。

首先，企业应组织财务管理部门的工作人员积极参与各类培训活动。通常情况下，团队精神属于影响工作人员后续工作的关键所在，只有在内部形成完整的团队精神，才可以确保工作人员能够在实际培训活动中获取到更多的专业知识。站在企业财务管理部门的角度上来看，企业也应当引导所有工作人员进入培训活动，帮助其逐步提高自身的专业水平，使所有工作人员都可以对自身的专业知识进行必要的巩固与提升。

其次，企业的财务管理人员也要结合自身的专业能力来进行不同类型的培训。企业可以根据不同工作人员的工作内容合理安排有针对性的培训活动，促使其积极参与培训。企业通过这种培训方式，能够确保财务管理部门的工作人员对其工作内容展开合理分配，引导每一名工作人员在自己负责的工作环节中投入更多的精力。除此之外，企业当中的财务管理人员也要主动提升自身的专业知识水平。这是由于在那些规模比较小的企业当中，后续的发展阶段营运资金的数量比较少，很难拿出更多的资金对财务管理人员加以培训。在此情况下，就需要财务管理人员积极主动地提升自身的综合素养，有效满足后续财务管理岗位所提出的基本需求，通过持续的学习促进企业财务管理工作的转型发展。

### （三）提升对于财务管理成本控制重要性的认知

为了有效促进企业的稳定发展，领导人员须进一步提高自身对于财务成本的管理意识，从根本上强化对于各类成本控制内容的重视程度，在后续构建出更加完整的成本管控制度，从而为企业后续的可持续发展奠定坚实的基础。而在成本会计工作的实际开展进程中，由于其属于财务管理中至关重要的构成部分，对企业后续的运营发展起到了十分重要的作用。

首先，在目前全球化经济高速发展的背景下，国内各大企业必须在结合实际情况的基础上，针对自身的资金情况进行合理规划，保证企业内部各类资金的应用效率能够稳步提高。

其次，企业内部的商业企划应当与成本会计工作充分结合在一起，这主要是由于商业企划内容无论是在设计阶段还是在后续的实施阶段，都要提高对营运资金情况的重视程度。在基础会计工作的开展进程中，需要在结合实际情况的基础上针对企业的具体资金情况进行准确计算，并进一步计算出更加完整的数据信息，来为企业经营活动的顺利开展提供所需的参考。然而，这种基础会计方法所得出的数据信息并不具备指向性，在后续的工作中仍旧需要进行深入分析。这样不仅会影响到企业的稳定发展，还会逐步延长企业经营活动的具体实施时间。这就需要企业在内部建立专业化的成本会计岗位，积极主动地招募社会当中的专业人才，针对企业内部的财务情况展开合理的管理预算，并将后续得出的预算结果提供给所需的工作部门，大幅度减少企业制定运营活动所消耗的时间，为企业后续的可持续发展奠定坚实的基础。

### （四）优化企业内部的基本财务管理结构

在当前的社会环境中，应当在结合实际情况的基础上针对企业内部的财务管理结构进行必要的完善优化，有效促进后续财务管理转型工作的顺利开展。通过这种方式，可以针对各类财务风险进行合理规避，这一点也是保证后续财务管理质量能够稳步提高的重要因素。而在防控各类财务风险的过程中，企业要针对各种财务风险进行综合考虑，对于那些财务结构不够合理的部位要进行必要的调整优化，以此保证企业对于财务风险问题的防控能力可以逐步提高。在企业后续日常管理工作的开展进程中，财务人员要在结合具体计划内容的基础上针对工作内容加以协调，更好地掌握工作的具体开展进度及完成情况，防止内部产生被动工作的情况；还应当具备更强的责任心，准确找寻出工作中隐藏的各类问题，并采取针对性措施进行必要的处理，这样也有利于后续各类工作的顺利开展。另外，企业在针对自身债务情况进行管理时，应当加大对于行业特殊性的重视程度，从而稳步提高自身的盈利能力，以便进一步针对企业内部存在的各类操作风险展开详细分析，保证财务管理工作中存在的风险问题可以得到全面防范，促进企业经济效益与社会效益的同步提升。

为了有效促进企业的稳定发展，企业必须提高对于财务管理工作转型升级的重视程度，并以此为基础来针对以往所采用的财务管理模式进行必要的优化，从根本上提高内控管理工作的开展力度，并在后续财务管理工作的开展进程中积极改变以往的工作重心，有效提高财务核算效率及整体管理水平。同时，企业还要在结合企业实际情况的基础上制定出更加完整的风险防范措施，确保财务管理工作能够更加顺利地开展。

# 第四章　企业财务风险管理

## 第一节　企业财务风险管理相关概述

在日常经营过程中，企业面临复杂多变的国内外经营环境，企业自身在财务管理与经营方面会存在疏漏。财务风险对企业的影响是巨大的，不仅影响着企业经营持续稳定并保持增长的趋势，还可能在一定程度上决定着企业的生存与发展。因此，企业在经营发展过程中，有必要加强对财务风险的管理，并识别和度量财务风险，排除风险隐患，从而建立健全公司内部的财务风险管理体系，做到严谨、科学的财务风险管控。

### 一、企业财务风险的概念、特征及成因

#### （一）企业财务风险的概念

企业财务风险是指企业在经营活动中，因受行业外部环境及企业自身诸多不确定因素的影响，导致企业存在财务状况可能随时改变的可能性。目前，学术界对企业财务风险的定义分为狭义和广义两种。狭义的企业财务风险是指筹资风险。所谓筹资风险就是企业因自身原因难以如期偿本付息致使无法按时偿还债务，给企业带来偿债能力下降和盈利波动的局面。狭义的企业财务风险也可称为单一的融资风险。广义的企业财务风险是指企业在市场经营活动中，资金流在日常运转中因外部不可控、不可预料的因素，使企业财务状况与预期结果有所偏离，对企业未来的投资、融资等经济活动产生影响，造成经济利益外流的局面。广义的企业财务风险贯穿于企业经营活动的各个环节，企业受内外部环境变化的影响，可能导致实际盈利能力无法达到预期目标，从而存在造成经济损失的可能性。

#### （二）企业财务风险的特征

根据上述对企业财务风险的概念的解读，可以分析出企业财务风险主要有如下特征。

1. 客观性

客观性是企业财务风险最基本的特征。企业财务风险是客观存在的，是不以人的意志为转移的，即不管企业实际生产经营的规模如何，处于怎样的市场环境中，在其日常经营活动中，财务风险都是无处不在的，它覆盖企业经营活动的每个环节，想要完全消除财务风险是不可能的。因此，企业要勇敢面对企业财务风险，提高相关利益者及员工的财务风

险意识，通过完善企业财务风险管理制度降低财务风险发生的可能性，在识别和度量企业财务风险的同时采取相应的方法进行防范，尽量把风险降到最低。

2. 不确定性

受外部市场环境、政府政策、企业内部管理状况等影响，企业财务风险产生的原因错综复杂，因此企业财务风险是难以确定的。具体表现在以下方面：不确定企业财务风险是否发生和发生的时间；不确定企业财务风险发生的原因，不确定是由企业自身还是上下游合作方引起的；不确定企业财务风险具体发生结果的好坏，是会给企业带来损失还是收益。企业的不确定性系数越大，面临的企业财务风险指数就越高，相反，企业的不确定性系数越小，面临的企业财务风险指数就越低。

3. 全面性

企业财务风险伴随着企业生产经营活动的开展而产生，存在于企业生存发展的各个时期，从企业萌芽时期的筹资活动到资金运营活动，再到后期的利润分配结算，都不同程度地存在财务风险，它贯穿企业发展全过程，任何一个环节的忽视都有可能影响整体结果，带来不可小觑的损失。因此，要从企业全局出发对财务风险进行识别与防范，并且把握好各个环节相互之间的财务风险联系，将风险管理机构有效整合，推动全员参与执行，更好地完成公司战略。

4. 双重性

企业出现财务风险会带来损失，但也有会带来风险收益的可能。企业财务风险的表象是损失，威胁企业的健康发展，但企业如果能够认识到风险带来的坏处，提前树立风险防范意识，从风险中抓住机遇，在适度的风险范围内对其进行相对进取的防范举措，在一定程度上也可能谋取到风险报酬。

### （三）企业财务风险的成因

对于企业财务风险的成因，可采用二层次多维度分析模式进行分析：第一层次是企业的外部经营环境因素和内部管理因素；第二层次为财务风险表征因素，即企业会计要素及其结构。根据分析，企业财务风险产生的原因可分为外部因素和内部因素。

1. 外部因素

企业财务活动的外部环境因素包括自然环境、政治法律环境和经济环境等，它们虽然存在于企业之外，但对企业的财务活动产生重大影响。事实上，企业不能简单地适应环境，应针对外部环境因素，及时调整企业自身的管理与经营状态，发挥主观能动性。

2. 内部因素

企业内部存在许多影响财务风险的因素，主要是在企业经营活动中的各种规定、决策以及员工的日常工作执行情况，由此带来企业运营状态的不同。这些规定、决策因素包括企业自身的相关制度与机构的设置、委托代理关系的存在、企业发展的战略目标与规划等。

综合而言，企业外部环境的不确定性和内部管理因素的复杂多变性都有可能给企业带来财务风险。这就需要企业根据自身的实际情况，积极地识别财务风险，并根据风险成因，作出相应的调整，采取科学的管理手段，将财务风险控制到最低。

## 二、企业财务风险的类型

### （一）经营风险

经营风险又称营运风险，是指企业在采购、生产、供应、销售等各个经营环节，存在诸多不确定性因素，这可能会给企业带来采购成本上升、库存压力大、资金流动性减弱、销售渠道不畅通、应收账款未收、库存变现压力大等风险。一般来说，产品市场及企业经营环境发生变化引起的商品滞销、存货堆积或资金链断裂、商品供应不足等都会导致营运风险，而其中比较严重的经营风险是因应收账款未收所引起的。企业的应收账款增加会带来财务坏账的可能性，增加了不足额收回账款的经营风险。在这个过程中，涉及的资金额度越大，回收账期越长，发生坏账的可能性越大，导致资金流紧张的风险越大。不能如期变现的应收账款会更为直接地影响到企业的经营现状，进而威胁到企业的可持续发展。由于经营风险的发生可能会影响企业的活力降低，生产运营停滞不前，甚至发生资金链断裂的后果，因此企业在经营的各个环节中，需要实时跟进财务活动，保障资本流通，减少经营风险发生的可能性。

### （二）筹资风险

筹资风险是指企业在采购物资、扩建场地、周转资金等日常经营活动中，通过多种途径进行可承受范围之内的筹集资金时，由于资本市场和外部经济结构的因素，企业的筹资渠道、资金多少、偿还期限等都会不同程度为企业带来财务风险。筹资一般分为对内筹资和对外借入资金两种。对内筹资是企业投资者直接引入资金，也可称股权筹资。这是最常见的一种筹资方式，企业不需要对投资者支付任何利息，没有负债账期，没有还款压力，但需以年度时间为单位向投资者分配利润。它的风险在于一旦企业因经营不善导致利益损失或者资金未充分利用，年底无法向投资者分配预期红利时，投资者就会产生撤资行为，这对于本就困难的企业相当于雪上加霜，再筹资的难度会增大，使筹资成本增加。对外借入资金主要指企业向第三方借款和用债券的方式筹资，其风险大于对内筹资。它的风险主要表现在企业后期是否能够按时足额偿还本息，如果负债到期不能及时偿还本息，那么违约的后果会给企业发展带来重创，如银行超期罚息、企业资不抵债被迫拍卖抵押等，情节严重时甚至会倒逼企业破产。

### （三）投资风险

投资风险是指企业发展初期，在投入生产经营所需要的资金后，可能因受到各种变幻莫测的内外环境影响而导致实际收益与预期目标收益相背离的风险，其中的内外环境包括市场需求变化、政府政策变化、通货膨胀、违约以及利率变化等因素。企业的对外投资主要有证券投资和直接投资两种方式，不管是哪种投资方式，在市场经济变幻莫测的情况下，都会产生不可预料的投资风险。在企业投资行为中，进行对外投资的时候投入和收益会存在一定的时间差异，需要投入资源和成本，并提前对收益进行合理的预期，用最科学有效的方法降低风险；根据不同投资阶段的风险演变，及时发现其风险特征分散风险、降低风险，从而提前为不可预料的意外发生做好准备，减少投资损失，提高收益。因此，对投资行为进行科学合理的可行性判断和准确分析企业内外部环境，在识别和控制投资风险上极其重要。

## 三、企业财务风险管理的概念、目标、程序及原则

### （一）企业财务风险管理的概念

企业财务风险管理是风险管理结构中的一个分支，也是众多国内外知名学者在风险管理的实操经验的研究基础上依靠现代科学技术水平不断发展的新的管理类学科。它可以覆盖经营主体运营的全过程，每一个环节都可能出现风险管理。要想正确面对企业的财务风险管理，首先要熟悉企业的财务状况，然后通过对企业的资金支出和流入的明确数据进行分析，找出财务活动阶段可能会出现的风险，最后对其进行识别、度量、评估与分析，通过卓有成效的措施进行防范和控制，从而保证企业的经济利益不受损失，保障企业能够正常开展经营活动，并长期稳定地发展。

### （二）企业财务风险管理的目标

企业财务风险管理的目标按企业财务风险是否已经发生，分为财务风险发生前的目标与财务风险发生后的目标。财务风险发生前的目标是指对企业有可能出现的财务风险进行识别，并以识别的结果为前提，选择准确合理的风险管理策略对其风险因素加以控制，使企业的损失降到最低；财务风险发生后的目标则是指企业不得不承担的财务风险，即尽管企业采取了防御措施但财务风险还是会发生。风险与收益对于一个企业来说是并存的，企业为了减少损失，应及时、适度地采取一些措施使风险转移或分散。财务风险管理的终极目标是使企业正常稳定地发展，以实现企业价值最大化。

### （三）企业财务风险管理的程序

企业财务风险的管理过程一般分为财务风险因素识别、财务风险评价、财务风险防控三个阶段。企业财务风险管理的一般流程具体如图 4-1 所示。

1. 财务风险因素识别

对企业进行财务风险管理之前，首先要准确地识别财务风险，为之后的财务风险管理工作打下基础。首先需要通过合理途径收集有效的财务数据或指标对识别对象进行相应的评判标准识别，然后对核心指标进行分析，真实反映企业的财务现状。采用的主要识别方

法有指标分析法、财务报表分析法、专家意见分析法、问卷调查分析法等。财务风险识别的主要内容包含企业在经营过程中面临哪种财务风险类型、财务风险的形成原因及财务风险可能会对企业带来的影响等。企业相关人员可以从内外两个方面进行财务风险识别：一是企业的外部环境，如国家的政策变化、市场通货膨胀以及其他社会因素等；二是企业的内部环境，如企业的财务管理制度、员工的素质教育程度、企业的技术发展水平、企业的治理结构以及产品的诉求关联等。

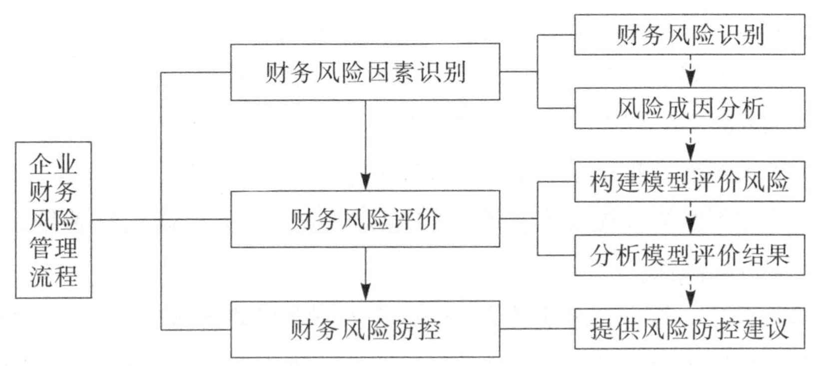


**图 4-1　企业财务风险管理流程**

2. 财务风险评价

对企业的财务风险准确识别和分析后，最重要、关键的一步就是对财务风险进行度量，有针对性地制定财务风险防范及处置的策略。其评价依据就是以财务指标所呈现出的各种核心财务数据及全方位综合信息。应根据相应的评判标准，进行财务风险的综合分析和评价。

财务风险评价方法主要有以下几种。

（1）德尔菲法。德尔菲法又称专家意见法，主要是指企业邀请财务专家、营销专家、所属行业专家等对企业日常经营的各个环节进行评估，精准地分析企业存在的问题及原因，然后提出应对建议，促进企业持续健康良好发展。用德尔菲法进行财务风险评价，既可以洞悉企业当前面临的最严重问题及成因，又可以使企业在参考相关专家建议的基础上有针对性地采取财务风险控制措施。但要注意的是，由于专家学者们关注的侧重点不同，德尔菲法难以形成统一建议，需要耗费时间进行整合和可行性分析，付出的代价较大，不具有普遍适用性。

（2）风险矩阵法。风险矩阵法是一种定性的分析方法，它把风险发生的概率和对企业的伤害程度联系起来，并绘制在风险矩阵中，可视化了风险的重要性等级，能有效地反映企业最关键的风险因素。风险矩阵法操作简单，但容易受到人为因素的影响，影响风险评估的准确度，应慎重选择。

（3）财务报表分析法。财务报表分析法根据企业提供的资产负债表、利润表和现金流量表对企业财务状况进行分析评价，主要包含趋势分析法和比率分析法。在企业财务报表数据准确无误的情况下，通过分析可以整体评价企业的财务状况是否健康以及财务管理存在何种问题和原因。由于财务报表反映企业在经营期间的资产负债结构、成本利润构成和现金流动速度等多种信息，可信度较高，因此利用财务报表分析法对企业财务风险进行评价具有可行性和可信度，被普遍采用。

（4）单变量分析法。单变量分析法采用的财务指标相对单一，根据相关指标的比较判断企业财务风险的严重程度，大致能够评价企业财务风险。但单变量分析法无法确定各个财务指标之间的关联度，评价结果的精准度受到质疑，具有一定的局限性。

（5）多变量分析法。多变量分析法在单变量分析法的基础上，根据企业的行业属性和财务状况，在选取的多个财务指标之间建立了效用值。多变量分析法弥补了单变量分析法的不足，提高了预测精确度和综合度，且所需指标数据容易获取，从而被广泛使用。但因多变量指标间的效用值被事先确定，不可避免地对企业财务风险的评价结果造成消极影响，也具有一定的局限性。

（6）综合评分法。综合评分法首先从影响企业财务风险的多个方面选取指标，然后采用科学方法对选择的指标进行赋权，最后根据功效系数法等对相关财务指标进行计算和分数汇总，进而判断企业所处的财务等级。由于采用的权重确定方法不同以及难以选取全部指标，即使针对同一家企业，综合评分法的结果也不一定相同，因此综合评分法在使用中还有改进之处。

（7）熵权法在权重确定方法中具有相对客观性，它根据选择的财务指标值确定各个指标的权重，尽可能地减少了人为因素的影响，用数据说话。若指标的熵值较大，代表其承载信息量较小，表明它对综合评价的影响较小，权重较小；若指标的熵值较小，代表其承载信息量较大，表明它对综合评价的影响较大，权重较大。熵权法的具体权重确定过程如下。

第一，相关指标的无量纲化处理，目的是解决各个指标间单位不一样的问题，使各个指标间能够比较。

正向指标：

$$X_{ij} = \frac{R_{ij} - \min(R_j)}{\max(R_j) - \min(R_j)} \tag{4-1}$$

负向指标：

$$X_{ij} = \frac{\max(R_j) - R_{ij}}{\max(R_j) - \min(R_j)} \tag{4-2}$$

适度指标：

$$X_{ij} = \frac{1}{1 + (R_{ij} - A)}\text{，}A\text{ 为最佳值} \tag{4-3}$$

其中，$X_{ij}$ 表示第 $i$ 年第 $j$ 项指标标准化值；$R_{ij}$（$i=1, 2, 3, \cdots, m$；$j=1, 2, 3, \cdots,$

$n$）表示第 $i$ 年第 $j$ 项指标数值，$m$、$n$ 分别为年份和指标；max（$R_j$）表示为第 $j$ 项指标的最大数值，min（$R_j$）表示为第 $j$ 项指标的最小数值。

第二，解决零值的影响。因为零值在后续处理中没有意义，所以对所有的指标平移 0.0001 个单位。

$$X'_{ij} = X_{ij} + 0.0001 \tag{4-4}$$

第三，指标的归一化处理。

$$P_{ij} = \frac{X'_{ij}}{\sum_{i=1}^{m} X'_{ij}} \tag{4-5}$$

第四，计算相关指标的熵。

$$e_{ij} = -\frac{1}{\ln m}\sum_{i=1}^{m} P_{ij}\ln(P_{ij}) \tag{4-6}$$

第五，计算相关指标的差异化系数。

$$g_j = 1 - e_{ij} \tag{4-7}$$

第六，确定相关指标的权重。

$$W_j = \frac{g_j}{\sum_{j=1}^{n} g_j} \tag{4-8}$$

3. 财务风险防控

财务风险管理的最终目的是财务风险防控。具体流程为根据前期对财务风险的识别和评价，针对不同的风险等级作出行之有效的防控风险、降低风险的应对策略，从而实现保证企业规避风险的目标。财务风险的防控策略一般分为技术防控和制度防控。技术防控是指为减少风险损失进行转移风险和分散风险，将企业可能承担的责任通过签订合同或者保险理赔的方式大部分转至其他主体，这在极大程度上降低了企业自身所需要承担的风险。制度防控是企业通过内部财务管理制度从事前阶段进行防控，如建立风险防范机制、成立风险预警小组和培养风险防范人才队伍，密切关注与企业效益相关联的领域，及时收集财务管理风险信息，提高沟通风险预警信号效率，争取尽早发现风险加以控制，力求最大限度规避财务风险给企业带来的损失。需要注意的是，企业的制度防控不是一成不变的，不能拘泥于固定的程序，要随着风险的多样性变化及时调整财务制度的内容和手段。

### （四）企业财务风险管理的原则

1. 独立性原则

独立性原则是指财务风险管理应由独立的机构或人员进行，客观地识别、衡量与控制企业发展过程中的各种风险。独立性是财务风险管理威信的基本保证。

企业的财务管理机构应当独立于企业的其他经营机构，确保拥有企业财务管理权力。就某种意义而言，财务管理机构是否独立，是企业财务目标能否实现的关键所在，这也是实现企业财务管理的功能、充分发挥财务管理职能作用之根本。

2. 稳健性原则

稳健性原则要求企业财务管理者对财务风险进行全面评估和控制，以保证企业经营活动能够持续、稳定地运行，更要求企业在运营过程中尽量规避资金使用的风险，降低潜在风险。随着市场经济的快速发展及企业规模的不断扩大，企业财务风险逐渐呈现多元化的特点，致使企业财务风险的不可控性增大。如何将财务风险管控和稳健性原则有机结合起来，成了企业最为关注的课题之一。

3. 均衡性原则

均衡性原则是管理者在对待风险和收益问题上的基本准则，是风险管理的一般规律，其指导着企业风险管理活动。均衡性原则包括三个方面的内容：其一，风险和收益是有比例关系的，当风险程度增加后，收益应相应增加，以达到预期效用等于原有效用；其二，风险和收益没有比例关系的情况，就要努力争取在风险和收益之间找到一个最好的平衡点；其三，如果风险和收益之间没有确定的数量界限，则可以采取“适度”或“无限制”的策略来规避损失。均衡性原则要求管理者在追求风险与收益的最佳均衡状态过程中，不应盲目追求高收益，而忽略财务风险。但从现实状况看，由于投资者要进行投资对象与风险程度的抉择，均衡性原则在实践中往往很难做到。

4. 适时性原则

适时性原则意味着企业财务风险管理要有前瞻性，财务风险管理政策应伴随着企业内部变动、外部环境变化，适时作出相应的修正与改进，这样才能保证企业的风险管理适应内外部环境变化，从而有效避免或减少这些风险因素所造成的影响。

## 四、信息化发展对企业财务风险管理的影响

### （一）信息化发展下企业财务风险管理的变革

1. 利用大数据优势的风险识别

在大数据时代，运用大数据优势对企业财务风险识别具有重要指导意义。财务风险存在于企业运营的全过程中，财务风险识别工作应该覆盖企业经营的全过程。在日常财务风险识别管理中，技术人员通过数据化的手段可以充分利用计算机每天自动地实时收集与整个企业、行业或其他宏观经济政策相关的财务数据，并通过结合各种财务数据分类要求进行详细分类。在企业风险类别判定分级阶段，数据化的风险识别管理机制可以通过设定的财务数据指标自动进行分析分级，企业可以把初步识别的财务数据再通过行业数据库中心的海量行业数据全面深入分析，对企业的财务风险管理进行下一步工作。

而在企业进行日常的管理活动时，企业的战略管理层、业务管理层和经营管理层由于工作的分工不同所需要关注的风险点也不相同。在企业各层面的分工中，比如产品的销售

部门主要关注怎样的产品销售策略可以提高企业业绩，业务开发部门主要决定如何开发新产品提高市场竞争力，战略管理部门主要决定如何开拓长远的战略业务等。由此，各层面的分工不同导致各部门财务风险识别的要求和对应标准有很大的差别。通过大数据分析技术，可以灵活运用相关大数据分析技术构建企业财务风险识别管理机制，有效帮助企业快速收集真实的财务资产风险识别相关信息。与此同时，在不同管理层面需要识别财务管理风险时，可以根据管理层面自身的业务特点及其需求及时抽取企业相应的统计数据资源进行深入的统计分析，从而可以实现同时满足不同管理层次财务管理风险识别服务需求的目标。此外，管理系统在数据收集时可以一次性同时收集大量数据，这些数据可以重复使用，在一定程度上可以缩短风险识别的工作时间，也可以减少企业的成本投入。

2. 人工智能环境下的风险评价

在以往的财务风险评价工作中，企业的管理者在进行财务管理的过程中往往需要收集并分析大量的财务数据。这种工作不仅十分复杂，而且在进行收集和分析的过程中因为人员的侧重方向不同，极易因为财务人员的主观因素导致最后的分析结果不同，这往往会给后续信息的使用者在进行管理和决策时带来影响。随着信息化和智能化的发展，在一定程度上优化了这一过程，通过计算机网络技术可以在拥有大量数据的互联网上获取更多对企业有用的信息，同时通过筛选进一步优化了数据信息的有效性，既降低了人工处理产生的不确定因素，又提高了企业数据信息的客观性和公正性，使后续的信息使用者能够为企业的发展作出正确决策提供更大的助力。

在风险评价定量方法中，基于大量的数据和模型，数据分析软件的开发应用帮助企业提供了便捷的计算分析手段。人工智能发展下的大数据、机器学习为企业建立数字化指标评价模型带来了便利。通过大数据、数据分析等手段建立的数字化指标评价模型，能简单明了地帮助企业完成风险评价过程。

3. 智能化的风险防控

在数据信息环境下，企业进行风险防控有了更为智能化的选择。传统风险防控管理模式基本上是基于经验判断，通过管理者对风险进行预测和有针对性地实施风险防控措施。而大数据所提供的海量信息具备多样性、针对性的特点，可以帮助企业仅仅依靠某一项指标就可以总结出完善、专业的风险防控体系，这也是在传统风险管理模式下无法实现的。同时，大数据又打破了传统信息关联性桎梏，通过把企业经营过程中的各个环节用信息化的体系连接起来，帮助管理者发现传统风险防控所无法发现的风险隐患。通过信息平台，企业可以找到很多可参考的实例，大数据的环境也可以根据企业风险水平对风险事项进行分级，做到不同风险等级的风险事项差别化防控，智能推荐不同防控方案。同时，智能化的发展可以基于行业、企业和竞争对手三个不同的维度，实现对未来更为精准的预测，从而提高资源配置能力，带来传统财务管理无法实现的应用价值。

### （二）信息化发展下企业财务风险管理的优势

1. 信息化发展下风险识别方面的优势

企业数据信息收集的准确性和全面性是新时代企业财务风险管理过程中进行风险识别的最大优势。企业在进行风险管理的过程中，第一步就是要进行风险识别。进行风险识别就需要对企业的各类数据和信息进行收集整理，而在以往，数据收集是企业面临的第一大难题，其中信息的不对等和真实性对企业进行信息收集产生了很大的干扰，严重影响风险识别的质量，进而影响了财务风险管理的整个过程。同时，在传统风险识别中，企业进行信息收集的过程需要耗费更多的人力财力，但最后的结果不一定能保证信息收集的完整、有效。而在大数据环境下，企业的信息收集变得简单高效，它可以通过互联网等信息平台对企业的各项信息进行全面的收集，同时通过条件检索可以使数据收集更加准确。

2. 信息化发展下风险评价方面的优势

基于大数据和数据分析软件的发展，数据分析的便捷性和效率性是新时代财务风险管理中进行风险评价的重要改变。财务风险管理在风险识别后的重要环节就是风险评价。风险评价主要通过各类数据指标对企业的财务信息和发展现状进行分析，发现企业财务风险管理存在的问题和漏洞。以往的风险评价主要是通过人工的计算和分析，风险评价的结果常因分析人员不同而存在很大差异。总的来说，传统方法在风险评价过程中存在很多影响结果客观公正的人为因素。而数据分析软件依据各项指标的权重，客观真实地计算分析每一项指标与优秀指标之间存在的差距，更加方便、高效地帮助企业管理者进行风险评价，从而使风险评价更加客观、真实，更能反映企业存在的财务风险。

3. 信息化发展下风险防控方面的优势

财务风险管理过程中，经过一系列的分析、评价以后，最重要的是针对所提出的问题制订合理可行的解决方案，这也是整个财务风险管理的闭环要求。在以往的风险防控过程中，企业管理者提出的风险管理方案更多地是基于以往的工作经历或工作经验，甚至是设想，这对能否有效解决财务风险具有未知性和不确定性。而新时代基于互联网的大数据环境，针对通过风险评价找出的具体指标和问题，能精准地找到案例方案和以往的经验，再通过了解优秀企业的发展和财务风险管理状况为本企业找到解决的思路和可参考的经验，使风险防控方案的可行性和确定性大大增加。

## 五、企业财务风险管理相关理论

### （一）内部控制理论

目前业界认可度较高的内部控制概念是美国审计准则委员会提出的，即内部控制是在一定的政策经济环境中，企业为了提高经营效益、充分地获取企业所需的资源和有效利用企业已有的资源，实现制定的经营目标，而在企业内部实行的各种约束和监督的制度、程

序、方法和部门。诸如董事会、经理人、管理者、员工都属于内部控制的主体，但内部控制反映的是主体意志，控制主体不同，需要实现的目标也不同。其中，董事会是控制主体时，其控制目标既包含对外实现股东利益最大化，又包含对内保证公司守法合规有效经营、资产安全和财务信息真实有效。经理人基于受托责任制，管理着企业的日常经营活动，其控制目标主要是有效地履行受托职责，与董事会对内控制目标基本一致。管理者作为企业不同业务的具体受托人，负责具体部门的业务工作，其控制目标主要是按时完成工作，履行自身职责。员工作为组织结构中的最后一级，其控制目标主要是积极有效地履行所在岗位的相应责任。

内部控制是建立在五要素和四假设之上的，五要素中，内部环境是地基，风险评估是方法，控制活动是行动，信息与沟通在企业各个部门间搭建了桥梁，内部监督是补充；四假设包括控制主体假设、客体可控假设、人性复杂假设和不舞弊假设。内部控制还涉及资产安全、质量及经营绩效三个方面的内容。此外，内部控制活动必须遵循六个基本原则，即必须符合法定要求、职责权限相互分离和牵制、岗位程式定位、贯穿生产经营全过程、成本最小化效果最大化和根据重要程度使用不同程序和方法。根据内部控制理论，内部控制能够及时识别分析出企业在财务风险管理中存在的风险，并制订和采取合理应对方案，把风险把控在企业能够承担的范围内，降低企业发生财务风险可能性。

### （二）风险管理理论

风险管理理论在现代企业的生存发展过程中发挥着十分重要的作用。风险管理是把内外部因素变化对企业可能造成的消极影响动态优化的过程。根据风险管理目标的侧重点不同，可分为经营型风险管理和保险型风险管理。经营型风险管理全面系统地分析了内外部因素变化对企业经营的影响；保险型风险管理的管理对象是可控风险，目标是通过企业可控风险降低来实现企业安全发展。企业进行风险管理时，应根据发展现状选择合适的管理目标，然后量化风险对企业可能造成的伤害程度，并根据优先处理原则和以最小成本保障最大安全原则，采取积极有效的手段将风险消除或转移，把风险控制在最低。财务风险管理流程将风险管理理论具体化，在进行财务风险管理过程中，首先要识别都有何种因素会对企业财务风险造成影响，然后运用财务风险评价方法衡量相关因素对财务风险的影响程度，量化企业的财务风险水平，以便企业在后续生产经营中采取针对性措施，促进企业长久发展。

### （三）行业生命周期理论

行业生命周期理论是指行业发展就像人类从出生到死亡一样有时间限制，不过行业在诞生阶段、成长阶段、成熟阶段和夕阳阶段持续的时间较久，因此行业的生命周期较长。但因各个行业特性不同和时代的发展进步，各个行业的生命周期基本不一致。例如，随着科技发展和居民环保意识的加强，传统的钢铁、燃油车等企业的生产发展面临困境；相反，新兴的电商直播、新能源汽车等企业凭借着数据所提供的便利性焕发勃勃生机。因此，利用该理论可以判断企业所在行业所处的发展阶段，谨慎把握企业发展战略，并结合企业自身财务状况判断企业所处的发展阶段，及时调整发展规划和经营模式，带动企业健康发展。通常，步入成熟期意味着企业已经达到了盈利的最高点，具有了一定的规模，占据了相当大一部分市场份额。为阻止或减缓企业在衰退期营业利润的下滑趋势，企业一般会进行业务转型，进入新的领域，寻找新的利润增长点，摆脱发展困境。

#### （四）投资组合理论

1952 年，美国经济学家马科维茨通过深入研究，在《资产组合选择》中首次提出投资组合理论。该理论提出通过不同投资方式的投资组合，实现风险最小化和收益最大化目标。后来在众多学术专家不断的探索下，该理论逐渐成熟，开始应用于企业开发投资项目中。投资组合理论的主要观点是当企业处于一定时期，不可能只存在单一投资，应该随着企业发展进行多元化投资，投资项目需要根据市场环境不断增减，并形成多元化投资战略；经过不断转移和分散系统性风险，降低了企业在单一生产经营中所面临的风险，从而达到使用投资组合收益弥补风险损失的可能。

## 第二节　建筑企业财务风险管理分析

随着经济的发展和市场的全球化，建筑企业的行业特性使得其财务风险管理更具挑战性。目前，我国建筑企业的财务风险管理还存在一些问题和不足，这些问题不仅影响了建筑企业的经营效果和发展潜力，而且威胁了建筑企业的生存和稳定。因此，探讨和分析建筑企业的财务风险及其管理，对于提高建筑企业的财务风险管理能力，实现企业的长期稳定发展，具有重要的理论意义和实践价值。

### 一、我国建筑企业存在的财务风险

#### （一）财务风险的外部因素

1. 宏观调控风险

建筑行业是推动经济发展的重要动力之一，常常受国家出台的宏观政策影响，且受影响程度相对其他因素较大。在某个时间段，国家通过投入资金进行大规模的建筑施工和基建工程来刺激经济进一步发展。正是由于国家的重视和政策的利好，建筑行业繁荣发展，同时也促进了与建筑行业相关的产业的繁荣发展。但在建筑行业飞速发展期间，过多的投资和关注导致建筑行业或多或少地存在一些泡沫，应收账款的账期不断加长，资金的投入和回收不能及时到位等，诸如此类的情况很可能会引发财务风险。另外，若国家发现经济过热，则会降低对建筑行业的投资，对建筑行业的发展实行限制，这会大大影响建筑企业的运营和收益，甚至使其面临亏损的风险。

2. 环境风险

引发建筑企业财务风险的环境因素可分为两种影响因素：一种是社会环境因素；另一种是自然环境因素。社会环境因素是指建筑行业因为需要除了资金之外的大量资源，如运输、水电、劳动力、环保等，这些都需要与地区相关部门的沟通和配合才能顺利推进建筑项目的进行。如果企业跟相关主管部门的沟通和配合出现了问题，则在很大程度上影响建筑工程的正常建造，从而延误了工程进度，增加了沟通成本，加大了企业发生财务风险的可能性。而且，建筑施工的建筑材料和施工设备都是存放在室外的环境当中，如果保管的措施不完善，很可能导致施工材料发生腐烂变质，设备不能正常运行，使企业蒙受不必要的损失和承担不必要的费用。自然环境因素具体是指建筑施工的环境大多是在高空环境或户外环境，因此建筑施工容易受到自然天气状况的影响，比如光照长短、气候情况、地形条件、温差大小、地形条件、地质结构等；建筑设备和建筑材料容易遭受地震、雷击、火灾、水灾、冰雪等自然灾害的影响。这些不可预见的自然环境因素或多或少地给企业带来经济损失，且建筑项目的推进势必受到阻碍，工期难以得到保证，增加了项目的支出，减少了企业应有的收益。

3. 市场风险

建筑企业对市场不同因素的敏感度很高，受影响程度较大，主要有三个市场风险因素影响建筑企业的发展，分别为建筑市场的不完善、关联市场的影响和经济形势的影响。首先，我国建筑行业随着经济的发展各种新的问题会随之冒出，并且由于建筑行业市场的规范尚未成熟，建筑企业势必面临一些市场风险，比如建筑企业之间的不良竞争、拖欠工程款等，这些市场因素会使企业产生一定的财务风险。其次，与建筑行业有关联的市场也会对建筑企业产生间接的负面影响。比如，建筑施工需要的设备或材料供不应求，导致价格大幅上涨，使项目的成本大幅增加。若客户不同意调整价格，建筑企业不得不承受因成本增加而收益减少的风险，甚至使企业处于亏损边缘。最后，国家经济形势的变化对建筑企业带来深远影响。当国家的经济形势出现增速缓慢甚至出现下降趋势时，建筑行业也将呈下行趋势，会严重影响建筑企业的长远发展。

### （二）财务风险的内部因素

1. 合同风险

我国建筑行业市场尚未成熟，且新的问题不断涌出。建筑行业企业与企业之间的竞争日趋激烈，很多企业为了获得项目能够持续经营下去，选择与客户签下不平等的合同，比如施工时间短、价格偏低或工程款允许长期分期支付等。这些不平等的合同会使企业在建筑施工的过程中遭遇诸多压力和问题，也会影响企业之后的持续发展。不平等的合同是建筑企业可能产生财务风险的原因之一。如果签下的合同写有不平等的条款，那这种合同就会把企业放在很被动的位置，事事受到各方的限制，这肯定会给企业带来一定的财务风险。

2. 成本管理风险

建筑企业最需要的是人力和材料，一般的大型设备或是租赁所得或是买入所得（可分期摊销折旧）。职工薪酬与材料成本是建筑企业发生的主要成本和支出。目前建筑企业通常为了节约成本削减人工支出，且施工资源与施工人数不配比，导致两者的冲突日趋激烈，并且在招投标的过程中依然存在着恶意竞争现象，某些建筑企业为了取得项目不择手段，主动缩短工期、降低投标价格甚至通过“围标”的方法来获得项目。在这种情况下，建筑企业的收入不能覆盖成本，经营亏损，业绩低下。当务之急是如何通过合理的方法使项目投放于适合的建筑企业，从而合理地配置人力和物力，提高建筑企业施工的效率和效益，推动建筑企业以及行业的发展。

在用人方面，建筑企业更偏向于使用有经验的员工，也说明了为什么职工薪酬在这些年日渐上涨，从而导致建筑工程项目的成本也会随之上升。

在建筑工程使用的建筑材料供给方面，建筑材料一般有两种来源：一是从发包单位提供的材料；二是建筑企业从第三方采购而来的材料。对于发包单位提供材料这种情况，这里将不进行分析。对于建筑企业从第三方采购材料，下面主要从材料数量、材料价格以及材料验收这三个方面进行分析。

（1）材料数量财务风险。如果建筑施工材料没有做好充分的计划并作出一定的规划，则有可能使施工队伍在建造过程中发现材料数量不足或者材料数量过多，导致施工队伍不能继续工作或增加项目的支出。在决定采购材料的数量时，如果采购的数量过多，则会产生更多的储存成本，如资金占用费、产品腐烂变质、仓库保管费用等；如果采购的数量过少，则会产生更多的订货成本，如办公费、邮资、差旅费及沟通成本等。

（2）材料价格财务风险。企业应当对材料价格的获得与审批建立内部控制。如果材料价格决定环节没有建立内部控制，则有可能使采购的价格高于市场平均水平，材料质量不符合要求，材料种类提供错误，部分采购人员收取回扣甚至贪污公款。

（3）材料验收财务风险。在实际中，建筑行业已经有了建造工程材料对应的验收标准，建筑企业应当按照该标准进行验收。如果建筑企业没有按照相应的规定进行材料验收，则有可能会发生材料变质腐烂、材料数量不足、验收人员偷取材料等情况。如果是因为材料质量问题导致建筑项目质量不达标，将会使项目不能通过最后的验收测试，建筑企业不得不再次修补重建。这种情况不仅影响了项目的进度，而且可能出现亏损的严重后果。

3. 安全风险

由于建筑行业较为特殊，建筑企业的工作环境一般在高空或户外，这种工作环境会产生极大的危险。如果在建造项目过程中，劳务分包企业和施工方对员工安全的意识不到位，如一些危险系数极高的工程项目（如隧道项目、模板项目、挖孔桩项目、吊装项目等

高危险性工程项目），很容易造成人身伤害和伤亡事件，从而增加企业的额外开支。

4. 资金流动风险

由于现在我国建筑行业的市场已经处于饱和状态，项目的中标难以获得，甲方一般不会预先支付款项，当在施工过程中需要资金时，建筑企业只能先用自己的资金为项目垫支。在这种情况下建筑企业的资金流面临极大的风险，限制和影响了建筑项目的建造进度，从而产生重大的财务风险。同时，建筑甲方为了能够在规定的时间内完成工程项目，提高了履约保证金，相比于之前的额度有很大幅度的提高，且现在的甲方更偏向货币资金型的履约保证金，而不是以前惯用的以银行保函作为履约保证金，这对于本就资金紧张的建筑企业来讲更是雪上加霜，使资金的流动性更加缓慢，对短期资金的需求越发迫切，过大的资金压力将会产生资金链断裂的风险。在短期资金缺乏的情况下，建筑企业只能通过向社会上的金融机构借贷款，或通过其他渠道进行融资。金融机构给予建筑企业的借款形式一般为短期贷款，但是建筑施工工程的周期相当长，借款期限到期时，项目的进度可能还没完成一半，因此资金周转仍旧困扰着建筑企业。建筑企业为了及时偿还贷款，只能通过借新款来偿还旧债，如此一来企业的资金压力一直没有得到解决。

5. 应付账款风险

建筑施工所需要的人力、材料和设备都需要建筑企业付出巨额的资金来获得，而根据以上所述，建筑企业短期资金压力非常大，资金回收十分缓慢，应支付给员工的工资以及供应商的货款迟迟不能交付，而这些未能及时支付的款项组成了应付账款的大部分额度。如果建筑企业拖欠款项的时间越来越长，对于员工的情绪和供应商的信任就会造成极大的影响，耽误工程进度的推进，使企业蒙受不必要的经济损失和信任危机。

6. 应收账款风险

建筑项目工程从开始到验收需要相当长的时间，其周期短则五年左右，长则十几年。为了做好前期的准备，建筑企业必须在工程项目的前期和中期投入大量的资金、材料与设备、人员。但是由于建筑项目周期长，这些前期和中期的投入直到项目完成且验收合格后才能回收，而且回收速度缓慢。在建筑项目完成后，部分甲方还特意不及时地进行竣工验收和办理结算手续，使应收账款的数目不能得到完全的确认与核算。如果建筑企业不能通过新的渠道筹集资金，且应收账款以及项目工程款仍旧被拖欠，建筑企业就有可能面临巨大的资金压力和经营风险，影响企业的正常运营。而一旦出现严重的资金压力问题，为施工项目垫支的款项就会产生财务风险，影响整个企业的发展。

7. 会计核算风险

随着时代的发展，我国的建筑企业的管理模式变得更为科学，业务和操作也变得更为精细。但在改变的过程中，建筑企业仍旧存在着各种各样的问题，如内部控制设计不合理、内部控制执行不严格、财务制度设计不合理等，这些问题将会导致企业在利用会计系统核算时出现各种各样的情况，如在项目完成后才知道支出大于收入。究其原因主要有以下几点。

（1）会计科目没有统一的标准。不同的工程项目和会计科目通常是有几个不同的财务人员分别管理，这种任务分配会导致对同一个账目，不同财务人员将难以辨认性质或具有相同性质的会计业务记录到不同或同一个会计科目当中，有些财务人员甚至额外操作，新编会计科目，尤其是代收、代垫、借款、保证金及预支等会计业务总会发生与账目对不上的情况，导致一些账龄较长的应收账款被一直掩盖，没被发现。

（2）会计核算项目重复设置。在建筑行业会计系统中记账时，通常是一个建筑项目与一个核算项目相对应。在日常的实务当中，部分财务人员会粗心大意，没有留意是否有其他财务人员已经对某个建筑项目设置了新的核算项目，凡是遇到新的工程项目，则立刻对该项目建立新的核算项目。这种情况会导致同一个工程项目的记账记录到了不同的项目当中，使不同的核算项目出现不平衡的状况，有时甚至发生超付款。若发生这种情况，即使在财务报表上看到数据显示是盈利的，但实际上可能是亏损的。

（3）费用未能恰当地记录到成本中。对于企业自营建筑工程的某些支出，按照会计准则的要求应当记录到建筑施工项目的成本当中。但是在实务中，某些财务人员会将其记录到企业日常的管理费用中去，导致账面上的建筑施工项目的成本小于实际上建筑项目的应有成本。例如，建筑工程项目的管理人员的五险一金、薪酬福利等，在经过总公司派发后，应当记录到相应的建筑施工项目成本中的人工成本中，但有些财务人员认为该建筑工程项目为自营项目，管理人员的工资应当记录到总公司管理费用的工资薪酬中；又如，自营建筑施工项目的前期筹备费用、空调电器、办公设备等支出，应当由相应的工程项目负责，但有些企业选择记录在管理费用当中，导致自营建筑项目的成本不能得到真正的反映。

（4）人工台账未能及时更新，不能与会计科目相对应。为了使各个建筑施工项目的数据能够清晰明了地反映在账目中，建筑企业应当另外建立新的台账，并以该台账作为基础来与会计科目进行对应与核算，即通过此方式来验证会计核算的完整性与准确性。但是在实际操作中，某些会计科目的设置十分不完善，在记录的过程中发生错误的操作，使台账不能真实地反映建筑项目的数据。

8. 税务风险

下面主要针对的是营业税改增值税给建筑企业带来的风险以及如何应对此类风险。根据税务专家的分析和研究，建筑企业在营业税改为增值税之后，前期需要负担的流转税将会降低，而在经营的后期企业的管理水平和管理方式将影响采取一般计税方法所承担的税务成本的高低。

在征收营业税的时期，很多建筑企业和项目主管人员主要通过提高成本等手段来把利

润转移出去，并且有些建筑施工项目是挂靠在房地产开发商一方，房地产开发商也默认采取提高实际应当支付的价款来降低企业所得税和土地增值税的税负，变相地在账面上减少利润所得。到了营业税改为增值税的时期，增值税需要有严格管控的发票来确定，建筑企业难以将利润再转移，增值税的进项税额也受到各种规定的限制，建筑企业的企业所得税以及其他流转税负都会大幅增多。

税务专家判断营业税改增值税的前期对于建筑企业的税负是有所降低的，对此主要有两个方面解释。一是一些在营业税改为增值税之前发生的老项目，如税制改革前已经开工或签订的施工合同、甲供工程项目以及清包工项目等，是按照3%的简易征收率收取增值税，实际上企业的增值税税负为2.91%，具体是通过1/1.03%算出来的，相比之前的营业税税率3%，减少了0.09%的税负。二是营业税改为增值税之后，签订的合同一般是按照一般计税方法来计算增值税，通过销项税额减去进项税额得出要缴的税额。但是由于建筑施工项目的前期垫支情况已经成为惯例，导致建筑企业在项目初期进项税额非常多，而销项税额非常少，从而在报税时出现增值税进项税额留抵的情况，再结合固定资产进项税额能够与总部机关的非建筑工程项目的进项税额进行综合抵扣，与之前征收营业税的税额比较则会大大降低。

在营业税改为增值税的前期过后，建筑企业将难以把企业的税费负担再往下减轻，其中的主要原因有以下三个。其一，对于建筑企业，目前只有甲供建筑工程项目和清包工项目能够使用简易方法计算增值税。尽管只要甲方单位提供小量的建筑材料就能使用简易增值税税率，但是甲方单位在合作中占主导地位，只有得到甲方单位的同意才能使用简易征税的方法。对于甲方单位而言，销售不动产的进项税额还有收入是固定的，建筑企业给甲方单位开增值税专用发票，其中的增值税进项税额是甲方单位进项税额的主要来源之一，如果施工单位给甲方单位开的增值税少了，那甲方单位需要缴纳的增值税就多了，这就是在增值税链条上流缴税少了，那么增税链条下流就缴税多了，所以在一般情况下，甲方单位很少会同意建筑施工单位使用简易计税的方法进行计算。其二，对于建筑企业而言，企业要承担的税负成本要看企业的进项税额，因为其增值税销项税额的税率是不变的。抵扣的进项税率以及项目主要决定了进项税额当中可以抵扣的税费比例。可以假设建筑工程的期间费用的比例为13%，不允许抵扣的利息费用的比例为10%，项目的可获得利润为7%，则成本占据的比例为70%，其中混凝土的支出以及员工工资只能抵扣3%的比例，其他成本能有多少的比例可以用于扣除、其取得的增值税专用发票能不能用于抵扣、各项抵扣成本组成的多少则取决于企业的税务筹划能力。其三，在之前征收营业税的时期，以次品代替正品、偷工减料等一系列将利润转移的手段难以被发现和遏制，在现今征收增值税的时期，如果对建筑企业不加以管制和监督，这些令人发指的行为将会继续发生，增值税进项税额无法得到正确的确认，承担的税费将维持在高位，会产生各种各样的财务风险，如项目税负提高、营业活动受到增值税管控不到位的影响、增值税进项税额无法抵扣、各个会计期间的税负极其不平衡、触犯法律条款、不能及时缴纳增值税和其他相关税费等。

## 二、建筑企业财务风险成因分析

我国建筑行业发展过程中，一些风险因素始终存在。资金投资在建筑行业往往能够取得较高的回报率，这导致有更多的资金涌入该行业，借贷资本在建筑行业资本中所占的比例越来越高，使得财务风险隐患在建筑企业运营中越发明显。可以说，有效地防控经营财务风险是建筑企业可持续发展的关键。

### （一）受外部宏观影响引起的财务风险

建筑行业涉及国计民生，建筑企业受宏观政策和经济形势发展的影响很大。目前我国“房住不炒”的总要求是调控建筑行业最直接的方式，打击恶意囤地、规范土地供应结构、合理配置土地市场、控制企业拿地资质等方式深深地影响着建筑行业发展。建筑行业外部宏观经济环境因素有法律、经济形势、技术发展、社会文化等，这些都可能影响建筑企业的生产经营。由于法律、经济、科技、社会等宏观环境是不断变化的，其变化会影响行业发展、客户行为、原材料供应等，进而影响建筑企业的生产经营和决策行为，这会给建筑企业带来巨大的财务风险。

### （二）建筑行业本身特性带来的财务风险

建筑项目所需投入巨大、环节复杂且项目周期长，由于依托于特定的地块还呈现很强的地域特征，经济发展不平衡则导致不同地区建筑项目的价值区别较大，这些建筑行业的特性决定了项目开始规划时，决策的财务风险就伴随产生。

建筑行业的主要产品和服务具备许多相似的属性。价格竞争是建筑企业之间竞争的主要表现形式。鉴于不同建筑企业在专业知识、管理水平、技术差异、生产组织方式、对建筑产品各方面的了解和熟悉程度以及竞争策略等方面存在较大差异，价格竞争更加激烈。随着时间的推移，战略管理理论和实践的发展，建筑行业环境研究逐渐成为一个重要的研究领域。建筑企业首先要正确面对整个建筑行业瞬息万变的市场环境，选择正确的经营方向，才可获得更好的经济效益。建筑企业的业务会涉及多个行业，无论哪个环节出现问题，都会直接或间接地造成某个建筑项目乃至整个企业陷入巨大的财务危机，给企业造成经济损失。

### （三）企业内部环境引起的财务风险

我国建筑企业通常存在资本结构不合理、平均资产负债率较高的现状，债台高筑增加财务杠杆的经营模式存在着巨大的财务风险，并且许多建筑企业财务风险管理意识淡薄、管理措施不健全情况较为严重，容易导致企业不能够及时控制风险、降低风险。总体而言，引起建筑企业财务风险的内部环境因素主要有企业文化建设欠缺、企业治理机制欠合

理以及企业运营信息不对称等。

首先是企业文化建设方面。企业文化是企业在一定的社会、经济、文化背景下，企业员工在长期的生产实践中逐步形成并被企业员工认同和遵循的价值观、管理理念、思维方式和行为规范的总和，也是企业全体员工共同的行为准则。企业文化是将企业之间的差异以物质形象的形式表现出来，并通过各种行为表现一致的企业意志和理念，将企业最活跃的人力资源要素通过精神力量凝聚起来，达到生产型企业的最终目标。健康、和谐、积极向上的企业文化得以凝聚和弘扬正能量，使生产型企业得以抵御一定的风险，尤其是系统性金融风险，创造有机的精神财富。从企业的人力资源管理和企业文化角度来看，不少建筑企业在决策、管理和运营方面都存在着问题。比如，决策层由上级任命，与企业的长远发展和风险关系不大；管理不稳定，大量有经验的管理者流失到其他企业；等等。目前，建筑企业的企业文化建设跟不上市场经济的发展，高级管理人员自身缺乏风险意识和风险管理专业知识，没有将财务风险管理融入全体员工的意识，没有深入到日常管理活动中。

其次是企业治理机制方面。建立现代企业制度是我国建筑企业努力的方向。鉴于缺乏发展战略规划意识、资源配置效率相对较低、法人治理结构不合理、管理不到位、企业人治文化突出，建筑企业面临着较大的经营挑战。因此，通过体制改革，逐步形成产权清晰、运作有效、相互制衡的法人治理机制，对规模较大的建筑企业的生存和发展尤为重要。只有这样，建筑企业才能从根本上摆脱发展困境。

最后是企业运营信息方面。企业运营信息不对称会影响正常的经营。许多企业都面临这样的问题：不同层次的企业人员对同一信息的理解不同，领导不能及时下达命令，也不能及时得到员工的反馈。运营信息的不对称会使人力资源管理受到阻碍，在大多数情况下，会给生产企业造成经济损失。运营信息不对称实际上反映了不同管理层目标的不一致性。由于组织结构复杂、定位不明、分工不合理等问题，一些企业的运营信息沟通受到阻碍。毫无疑问，运营信息不对称的问题制约着许多企业的发展，使任务和目标无法如期完成，一些项目的实施往往滞后。在建筑生产企业的信息化管理中，不仅要让企业内各级员工得以沟通交流，更要增强上下级员工相互间的沟通交流，从而解决运营信息不对称的问题。总体而言，只有管理者全面了解企业运营信息，才能更好地促进建筑企业的可持续发展。

## 三、建筑企业财务风险管理能力提升建议

### （一）建立和完善财务风险管理制度

财务风险管理制度是财务风险管理的基础和保障，它可以规范和指导企业的财务风险管理活动，提高财务风险管理的效率和效果。建立和完善财务风险管理制度，主要包括以下几个方面。

第一，明确财务风险管理的目标和原则。财务风险管理的目标是在保证企业经营目标的前提下，最大化企业的财务价值。财务风险管理的原则是在充分识别和评估财务风险的基础上，采取合理的财务风险应对策略，实现财务风险的控制和利用。对建筑企业来说，财务风险管理的目标和原则应该符合其行业特性和发展战略，如保证工程项目的质量和进度、提高工程项目的收益和效益、实现工程项目的创新和创优等。

第二，制定财务风险管理的组织架构和职责分配。财务风险管理的组织架构是指企业为了有效地管理财务风险，设立的专门的财务风险管理部门和人员。财务风险管理的职责分配是指企业为了有效地管理财务风险，赋予财务风险管理部门和人员的职责和权限。制定财务风险管理的组织架构和职责分配，可以提高财务风险管理的专业性和协调性。对建筑企业来说，财务风险管理的组织架构和职责分配应该符合其经营规模和模式，如根据不同的工程项目或区域设立相应的财务风险管理部门或人员，并明确其在财务风险管理中的角色和职责等。

第三，制定财务风险管理的操作流程和规范。财务风险管理的操作流程是指企业为了有效地管理财务风险，遵循的一系列操作步骤和方法。制定财务风险管理的操作流程和规范，可以提高财务风险管理的可操作性和可控性。对于建筑企业来说，财务风险管理的操作流程和规范应该符合其行业特性和实际情况，如根据不同的财务风险类型和阶段，制定相应的财务风险识别、评估、应对和监控的流程和方法，明确财务风险管理的标准和要求等。

### （二）提高财务风险识别和评估能力

财务风险识别和评估是财务风险管理的前提和基础，它可以帮助企业了解自身的财务状况和风险状况，为财务风险应对策略的制定提供依据和参考。提高财务风险识别和评估能力，主要从以下几个方面进行。

第一，建立财务风险识别和评估的指标体系。财务风险识别和评估的指标体系是指企业为了有效地识别和评估财务风险，设立的一系列财务风险指标。而建立指标体系，可以提高财务风险识别和评估的科学性和客观性。对建筑企业来说，建立财务风险识别和评估的指标体系应该符合其行业特性和经营特点，设立相应的财务风险指标，反映其财务状况和风险状况等。

第二，建立财务风险识别和评估的信息系统。财务风险识别和评估的信息系统是指企业为了有效地识别和评估财务风险，建立的一套财务风险信息的收集、处理、分析和传递的系统。建立信息系统，可以提高财务风险识别和评估的及时性和准确性。对建筑企业来说，建立财务风险识别和评估的信息系统应该符合其行业特性和实际情况，收集、处理、分析和传递相应的财务风险信息，实现对财务风险的全面、深入和准确的识别和评估等。

第三，建立财务风险识别和评估的人员队伍。财务风险识别和评估的人员队伍是指企

业为了有效地识别和评估财务风险，培养和选拔的一批专业的财务风险管理人员。建立财务风险识别和评估的人员队伍，可以提高财务风险识别和评估的专业性和主动性。对建筑企业来说，财务风险识别和评估的人员队伍应该符合其行业特性和管理需求，培养和选拔相应的财务风险管理人员，提高其对财务风险的敏感性和应变能力等。

### （三）采取合理的财务风险应对策略

财务风险应对策略是财务风险管理的核心和关键，它可以帮助企业实现财务风险的最优化处理，从而使企业的利益最大化。合理的财务风险应对策略主要包括以下几个方面。

第一，根据不同类型的财务风险，选择不同的应对方式。根据财务风险的性质和程度，企业可以选择不同的应对方式，如规避、转移、分散、承担或利用等。对建筑企业来说，选择不同的应对方式应该符合其行业特性和经营目标，选择适合其风险偏好和收益期望的应对方式，实现财务风险的控制和利用等。

第二，根据不同阶段的财务风险，选择不同的应对时机。根据财务风险的发展过程，企业可以选择不同的应对时机，如预防、应急或恢复等。对建筑企业来说，选择不同的应对时机应该符合其行业特性和实际情况，选择适合其风险程度和影响范围的应对时机，实现财务风险的预防、应急和恢复等。

第三，根据不同目标的财务风险，选择不同的应对标准。根据财务风险的影响目标，企业可以选择不同的应对标准，如最小化损失、最大化收益或最优化效果等。对建筑企业来说，选择不同的应对标准应该符合其行业特性和发展战略，选择适合其风险收益比和发展目标的应对标准，实现企业损失最小化、企业收益最大化、企业财务风险管理效果最优化。

综上所述，企业财务风险管理应提高企业财务管理人员的风险识别意识，确保企业能够提前捕捉到风险信号，及时采取有效的风险应对措施。建筑工程企业可以通过健全财务风险管理系统、积极开展市场调研、提高员工的专业能力、完善内部控制制度等方式，来做好风险控制工作，为建筑企业的健康发展打下坚实的基础。

## 第三节　电子商务企业财务风险管理分析

目前，我国电子商务企业处于高速发展的良好态势，但由于其起步较晚，尚处于初始发展阶段，仍存在许多潜在的财务风险。电子商务企业如果想在行业中获得竞争力，就需要及时识别出财务风险，优化企业财务风险管理模式。

### 一、电子商务企业的财务特征

电子商务是指企业利用互联网中的电子商务技术创造的一种特殊的经营模式，一般根据企业电商技术的模式不同可划分为垂直电子商务企业和平台电子商务企业。电子商务企业主要由两部分组成，一部分是第三方交易中心，即依托于互联网的交易平台，主要为买卖双方提供更好的资源配置、更完善的服务并通过线上交易的方式更为便捷地完成交易；另一部分则是经营方，经营方是指在电商平台上的商户，它们需具有经商许可证，在平台上完成注册登记后即可参与买卖。

电子商务企业的财务特征具体如下。首先，电子商务企业的固定资产少，权益资本比重高，筹资难度大，资金短缺现象明显。尽管电子商务企业普遍拥有雄厚的人才和技术资源，但是这些并不属于固定资产的范畴，因而电子商务企业很难提供能够满足银行贷款要求的抵押物，加之电子商务属于高风险行业，导致电子商务企业从银行获取资金支持的难度较高。其次，电子商务企业一般不自己生产产品，无须斥巨资购买生产设备，这在很大程度上减轻了企业的成本压力，然而电子商务企业作为服务型、技术型企业，对从业人员的专业素质要求较高，每年都要投入大量资金用于人才引进和技术研发，这又将使电子商务企业的运营费用居高不下。因此，电子商务企业存在一个共性，即低成本、高费用的财务特征。

## 二、电子商务企业财务风险类型

### （一）经营风险

经营风险又称营运风险，是指在企业的生产经营过程中，供、产、销各个环节的不确定性因素导致企业资金运动迟滞，产生企业价值变动的风险。另有一种说法是：企业由于战略选择、产品价格、销售手段等经营决策引起的未来收益不确定性，特别是企业利用经营杠杆而导致息税前利润变动形成的风险叫作经营风险。经营风险时刻影响着电子商务企业的经营活动和财务活动，因而企业必须防患于未然。对企业经营风险进行较为准确的计算和衡量，是电子商务企业财务管理的一项重要工作。

### （二）信用风险

电子商务企业的信用风险主要指由于参与电商主体诚信度难以保证，其提供的信息是否真实需要进一步核实。同时，由于电子商务信息存在易修改、易毁坏和易损失等特征，与一般传统商品交易模式相比，电子商务企业面临较高的信用风险。

### （三）资金风险

电子商务企业需要借助相关平台完成资金周转，且一般需要采用多家资金管理平台相互合作，这就需要平台有完善的安全认证和支付系统作为安全保障。然而，我国的互联网安全技术水平目前还亟须完善，认证机制还有待加强，加之企业管理意识淡薄和行业内竞争不规范导致了电子商务企业存在较高的资金风险。

### （四）债务风险

电子商务企业处于激烈的行业竞争中，为了取得竞争优势，不少企业开始进行新项目开发，电子商务的项目规模越来越大、复杂程度越来越深，企业所需要投入的资金就越来越多。因此，在项目立项和讨论方案时进行严谨充分的风险识别变得尤为重要，对项目风险科学准确地预估非常必要。电子商务企业在开发新项目时需要大举融资，如果项目选取不当可能给其带来巨大的债务风险。

### （五）筹资风险

电子商务企业在扩大规模时会采用不同的筹资方式，而不同的筹资方式会产生不同的资金成本和相应的风险。在筹集资金时，电商企业必须在风险与成本之间权衡，以选用最佳的筹资方式。另外，由于筹资决策环境的不断变化以及金融衍生工具越来越广泛的应用，都会给企业带来筹资风险。

### （六）投资风险

企业可投资的流动资产包括现金、可交易性金融资产、应收账款和存货等，企业必须在流动性和获利性之间权衡作出最佳选择，否则就可能发生较大的投资风险。对流动资产投资过多，虽然可以提高资金的流动性，从而增加企业的变现能力和偿债能力，但是会降低企业的获利能力，影响资金的周转。然而，较大的资本投资项目一般需要数年甚至几十年的时间进行计划和实施，由于资金数额大、时间跨度长，投资项目未来的报酬是不确定的，存在较大风险和不确定性。

### （七）关联方占用风险

许多电子商务企业均存在关联企业。关联企业特别是大股东占用电子商务企业资产的情况，会严重干扰企业的正常生产运营和资金使用计划，增加企业财务负担，最终会影响其盈利能力，从而给企业带来财务风险。

### （八）技术风险

电子商务企业的技术风险涵盖在计算机软件操作系统和硬件设备中。诸如数据流失、网络安全等互联网技术发展存在的隐患以及由于企业自身有限的技术水平可能给企业带来的经济损失都属于电子商务企业财务风险中技术风险的范畴。技术风险是电子商务企业区别于传统企业的一种新型风险。

## 三、电子商务企业财务风险原因分析

### （一）企业决策缺乏全面的数据支撑

目前，电子商务企业之间的竞争十分激烈，大多数电子商务企业都把业务拓展、投融资、用户和流量争夺、“互联网+”等作为企业的重要发展战略，而企业的信息化建设和数据治理等相对滞后。电子商务企业的经营决策、投资规划、筹资规划、财务发展规划、资本结构规划及市场分析与预测等，主要还是基于传统的决策方法与决策手段，其中由于决策过程缺乏有效的数据支撑，致使很多决策无法做到科学合理，从而也就大大增加了企业财务风险。

可以说，加强数据治理，建设企业全域的数据管理平台，基于大数据进行企业全面决策，是电子商务企业规避财务风险的重要举措。

### （二）法律制度不健全

任何行业的发展都离不开健全完善的法律制度。由于受到电子商务起步较晚并迅猛发展、时间较短及各种外部因素的共同作用，关于电子商务行业的法律法规还未完全建立。可以说，电子商务企业较多，发展较快，缺乏有效的法律监管制度，是引发电子商务企业财务风险的原因之一。

### （三）财务信息不安全

企业财务风险控制是否可以有效执行在很大程度上取决于财务信息的安全性。传统的企业财务管理和财务信息管理都有一系列保密制度，且制度的要求是较为严格的，具有很高的安全性。由于电子商务企业的生存需要以信息技术作为助力支持，多数财务信息要通过互联网作为基础进行工作，在提高处理效率的同时也引发了一系列的财务信息安全问题。电子商务企业的财务信息风险大致包括两类。一是内部因素，主要是指人为因素。内部财务人员操作不规范或有意盗取财务信息可能会导致电子商务企业关键财务信息泄露或流失，给企业带来无法挽回的恶果。二是网络环境。目前，我国互联网技术的安全性还有待加强，许多技术风险都会造成企业内部财务信息丢失，给企业造成重大危害。

### （四）财务管理基础不扎实

传统企业的财务管理模式用文件档案管理企业发生的经济业务，主要是人工操作。在电子商务环境下，计算机已成为承载企业财务数据的新媒介。但电子商务企业业务量较大、发生较为频繁，导致企业财务管理难以对人员素质进行评价；基本产品的采购和销售等环节的操作程序存在一定的漏洞，企业内部缺乏有力的约束力；不少电子商务企业的财务人员只经过初步学习，在考取从业资格证后就立即上岗，缺少深度的专业知识，且没有足够的工作经验，加之缺少创新思维能力，不能满足企业日益丰富的发展需求，不能提供行之有效的方法帮助企业健全企业的内部会计制度，给电子商务企业财务管理造成大量漏洞。以上情况的发生说明电子商务企业财务风险的产生一定程度上受财务管理基础的影响。

## 四、电子商务企业财务风险的特殊性

### （一）比传统企业财务风险的种类更多

与传统企业相比，电子商务企业利用互联网进行商务交易可以与供应商、消费者、合作伙伴等相关贸易参与者进行间接接触，通过网络互动实现商品服务，更具便捷性和灵活性。但由于电子商务企业在商业模式、资金需求、思维方式、财务活动方面与传统企业有显著的不同，再加之受制于互联网技术发展水平，电子商务企业还面临技术风险、系统维护风险和互联网信息泄露等其他各类风险。

### （二）比传统企业财务风险的成因更复杂

在经济飞速发展的今天，电子商务企业的财务风险不仅与企业自身有关，还和变化多端的外部环境密切联系。比如，企业内部自身管理人员的风险意识是否完备、投融资决策的方式方法是否科学、内控监督制度是否完善、资本杠杆结构是否合理等内部因素都与企业的财务风险息息相关；政治法律环境的变化，经济政策、监督管理和经济涨缩的影响和制约，替代品涌入市场以及竞争者的经营活动等外部因素也会引起财务风险的发生。

### （三）思维方式和识别分析参考指标与传统企业不同

企业要想维持正常的生产经营，资金的投入是必不可少的。与传统企业相比，电子商务企业对资本的需求更为迫切并且是多方面的，而资本量的多少也影响着企业筹资、融资、营运风险的大小。再加之如今在电子商务企业的竞争中，技术的更新换代更加频繁，电子商务企业多数以轻资产的方式运营，以提供服务为主，通过网络平台服务进行销售或为商家进行产品宣传推广等，其固定资产集中在办公场地及设备仓储方面，与传统企业建造大型厂房及购置大量生产设备不同，也不需要很多的存货，固定资产占总资产的比重较低。因此，电子商务企业识别财务风险时重点关注商誉、技术等无形资产的数据，创新研发费用的投入指标，受存货影响较小的流动比率等。

## 五、大数据在电子商务企业财务风险管理中的应用

大数据的发展推动了互联网技术的发展，由于数据具有集中化和细分化的特性，给企业财务管理分析提供了充足的数据，大数据的技术应用能够在一定程度上降低企业的财务风险。总之，电子商务未来的发展趋势将与大数据相结合，充分利用大数据降低企业的财务风险，使电子商务企业在激烈的市场竞争中脱颖而出。

### （一）大数据的概念及特点

互联网及其带来的大数据，正成为巨大的经济资产，它将给人类带来全新的经济模式。大数据时代下的许多科学门类的本质都将随之改变，带来新的发展机遇，在影响人类

的价值观的同时改变他们的生活方式。

大数据的定义十分抽象，截至今天，大数据还没有标准统一的定义。目前，对于大数据的定义普遍认同的是：大数据一般涉及 2 种以上（包含 2 种）的数据形式。它要收集高速、实时的数据流，并且要有大于 100TB 的数据，或从小数据开始，但数据每年以 3/5 的速度迅猛增长。目前各机构对大数据还未给出统一的定义，但较为统一的使大数据区别于传统数据概念的是其具有的以下几个特点。

第一，数据规模大。大数据的基本特征是数据规模大。首先，伴随着互联网的广泛应用，网络用户迅猛增长（包括个人、企业及机构等）。用户通过网络便捷地获取、分享数据，实现了短期内获取大量数据；同时在分享、点击、浏览网页时又可以提供大量的数据。其次，伴随各种传感数据获取能力的大幅度提高，数据维度的增多使得用户在获取数据时更能够接近事物本质，阐释同一事件的数据量变多；由于数据描述能力的不断增强，数据数量也暴涨。

第二，数据种类多。大数据的重要特征是数据种类多。随着互联网络技术和传感器的迅猛发展，大量涌现出非结构化数据。比如，用户上传下载照片、视频、发微博等都是非结构化数据，同时普及到生活工作中的传感器也纷纷产生了各种半结构化和非结构化数据，使得非结构化数据已逐步成为大众化的数据。目前，数据总量的 4/5 以上都是非结构化数据量，并且其以比结构化数据快 10~50 倍的速度增长。数据数量迅猛增加，同时新兴的数据类型不断增多，已经无法用一个或多个指定的模型来描述日趋复杂化、多样化的数据形式，大数据就是基于这样的背景产生的。

第三，数据处理速度快。大数据区别于传统数据处理的一个关键点是其处理数据的速度很快。伴随各种传播技术的迅猛发展，产生和发布数据变得愈加容易，数据的产生途径增多，企业用户乃至个人都已经成为生成数据的主体之一。数据爆炸式迅猛增长，新数据源源不断出现，数据量的增多要求数据处理速度也要相应提高。同时，由于数据在互联网中不断流动并且随着时间的推移，数据价值会迅速降低。如果数据在短期内尚未得到有效处理，就会失去价值，大量数据将会变得没有意义。有心理学研究表明，用户对于大数据应用的响应时间十分敏感，往往瞬间或者一秒钟之内形成的结果才是有效的，否则就会被认为是过时无效的处理结果，用户可以容忍的最大极限是 3 秒钟。基于这种心理学研究，要求大数据必须是快速、连续的实时处理。

第四，数据价值密度低。非结构化数据的重要属性是数据价值密度低。为了更全面详细地了解事物，大数据通常不对数据采样，而是直接使用所有数据，这样在更全面分析信息的同时也引入了大量毫无意义甚至错误的信息。因此，非结构数据价值密度偏低体现在大数据应用于特定领域时①。比如，生活中应用的视频监控在录制过程中储存了大量视频，

① 杨柳．大数据时代下关于电子商务发展的探讨［J］．电子商务，2018（7）：7-8.

如果要将其应用于获取视频中某个人物的体貌特征，这个人可能只出现在视频中几秒钟，大量不相关视频增加了获取有效视频的难度，可以获取的有效视频较少。通常需要保存所有数据确保得到足够多的有效信息，这样在数据绝对数量急剧增加的同时，数据中有效信息量比例也不断下降，数据价值密度偏低。

### （二）大数据应用于电子商务企业财务风险管理中的优势

1. 依靠大数据提升财务的风险管控能力

相比典型的财务风险管理模式，大数据财务风险管理在有形无形中都有一定的价值意义。电子商务企业在很多领域正在探索使用大数据进行财务风险管理，在财务领域怎样使用大数据进行风险管理是非常值得思考的问题。在制定规则后，利用人工智能的强项可以精准地帮助企业拦截财务风险，而利用大数据发现的是一些隐性价值的财务风险，并且可以对风险划分类别。

在风险发现层面，利用大数据对海量碎片数据进行相关性分析，可能会发现个别风险事件的典型特征，并利用这些典型特征进行风险预警。在这一层面，大数据的意义是提醒我们谁可能存在问题。这种提醒并没有必然的因果关系，它只是大数据对海量数据相关性分析的结果。这些事件可以是一次信用等级评价，也可以是一张报销证明，并且只要这些事件可能有风险级别的差异，就可以思考利用大数据手段对风险级别进行划分类别。不同类别的风险事件采取不同的措施，保障高风险事件严格管控，低风险事件低成本解决①。

2. 依靠大数据提升预算中的预测和资源配置能力

电子商务企业的预算管理需要结合历史和现实状况，从自身角度结合行业特点和竞争对手的现状对企业未来进行财务资金预算，把资源有效投放。大数据技术在财务预算和资源配置这两个方面有很大价值，这是传统预算管理难以实现的。

传统财务预算主要利用结构化数据，通过构建财务预算模型预测未来的财务结果。大数据技术的应用，可以把财务预算数据范围扩大到非结构化数据，所有网页上的新闻、评论等都可以成为财务预算的数据基础。传统财务预算假设在引入大数据后可能产生新的变化。

传统的财务预算在进行资源配置时，财务人员通常听取业务人员的建议，多数时候资源投向要受到业务人员的影响。而大数据的出现，能够使电子商务企业财务人员对资源需求产生一定的判断力。基于大数据，企业可以找到产品市场热点、发现竞争对手的动态等，财务人员通过大数据了解到业务需求后可以为资源流向提供借鉴，优化资源配置流程②。依靠大数据提升预算和资源配置能力可以降低成本，提高资金的使用效率，减少企业财务风险。

---

① 刘林艳. 大数据时代下电子商务面临的机遇与挑战［J］. 现代商业，2018（19）：39-40.

② 何鑫. 大数据时代背景下电子商务的发展趋势［J］. 现代商贸工业，2018，39（21）：41-42.

3. 依靠大数据提升经营分析的决策支持能力

设定管理目标是企业经营分析决策的核心，在设定目标后需要不断进行考核，并对结果深度分析，这样更有助于优化业务部门的经营行为，产生良好的绩效。另外，数据贯穿于整个过程，并起着举足轻重的作用。传统的经营分析模式有数据量不足、仅依赖结构化数据、数据来源较为单一等缺陷。而大数据技术的出现可以弥补这些缺陷，对企业决策支持提供有力帮助。

传统的管理目标设定主要是以自身战略为指导，并把自身历史数据、行业数据和竞争对手数据相结合，目标设定的合理性取决于数据是否真实可用。而大数据技术的出现可以帮助电子商务企业更好地认清自身状况，客观地看清对手情况和行业发展态势。相较于传统模式，大数据可以将电子商务企业所处的宏观环境都转化为分析的基础，企业通过大数据的应用可以设定更符合自身发展需要的管理目标。

传统财务管理模式是基于因果关系，而大数据是基于相关性分析的结论，可以找到一些靠传统思维不能解决的财务结果目标问题。通过对问题的管控，有利于协助电子商务企业实施更加行之有效的战略，提升企业经营分析能力，有助于帮助电子商务企业在激烈的市场竞争中获取优势，减少由于决策不当而造成的项目风险。

## 六、建立电子商务企业财务风险评估标准

根据当下电子商务企业财务风险问题，需要建立电子商务企业财务风险评估标准，其主要包括现金比率、资产负债率、债务保障率以及长期资产适合率等方面。

### （一）现金比率

现金比率体现了企业的偿债能力，这取决于现金以及现金等价物与流动负债的比值，如果比值较高，说明电子商务企业通过负债筹集的资金比较充裕，而企业难以利用既有资金获得更高回报，所以电子商务企业需要拥有更多的现金流，以此抵御经营管理中存在的风险。

### （二）资产负债率

资产负债率表示负债占企业权重的比重，这取决于负债总额与资产总额的比值。企业可以借助负债获得收益，但是也会造成经营风险。所以资产负债率对于电子商务企业的发展能够产生不同的作用，既有利也有弊。

### （三）债务保障率

债务保障率反映企业既有资金偿还负债的能力和比重，而这取决于经营现金净流量与平均总负债的比值，数值高体现了电子商务企业偿债能力强。对企业偿债能力的评估一般通过现金净流量在企业经营管理中的比重进行衡量。

### （四）长期资产适合率

长期资产适合率体现股东权益以及负债之和与无形资产净值以及长期投资净值之和的比率。如果数值低于1，体现企业获得了长期资金，偿债风险较小；如果数值大于1，说明企业需要通过短期借款筹措资金，这增加了企业的债务风险。总之，长期资产适合率对电子商务企业的经营发展同样具有关键的作用。

## 七、电子商务企业财务风险管理发展对策

### （一）提升全局业务营运能力

营运能力是电子商务企业适应环境变化、加强财务风险管理的重要基础。信息技术、数字技术特别是互联网金融的快速发展，使电子商务行业的竞争更显科技特色，也给每一家电子商务企业的运营带来了技术、管理的新挑战。对此，电子商务企业应充分学习、运用大数据、智能化、云计算、区块链和互联网金融等现代技术，改造企业运营管理，切实增强营运能力。例如，梳理研判顾客的历史购买记录数据，实时同步关注顾客的浏览搜索数据，高效把握顾客的实时消费需求信息，快速、精准推送相关产品和服务；有效运用互联网金融结算，不仅能够快速吸引顾客眼球，而且更能切实地满足顾客的实际需求；不断扩大企业的品牌效应，增强企业对于顾客的吸引力，提升企业营运能力，从根本上抵御企业财务风险。

### （二）提升各类风险预警和控制能力

风险预警和控制是电子商务企业加强财务风险管理的关键环节。针对互联网金融模式下可能出现的融资、投资和营运方面的财务风险，电子商务企业需要在科学评估各类财务风险的基础上，着力完善企业的资金管理体制和运作模式，不断优化调整各类资金组成结构，有效掌握、控制各类资金的流入和流出状况，在保证企业经营服务活动高效率、高质量运行的基础上，使企业在互联网金融模式下保持各类资金的流动性。同时，定期组织分析研判互联网金融模式下企业财务风险的各类诱因及其影响程度，实时进行企业财务风险的动态监控，科学评判企业抵抗财务风险的水平和能力，及时进行预警并找准薄弱环节，确保调控方法和措施切实、有效。

### （三）提升财务人员专业素质和能力

财务人员的专业素质和能力是电子商务企业加强财务风险管理的决定因素。在大数据、云计算、区块链和互联网金融等现代信息技术飞速发展的今天，各类财务风险的挑战与发展机遇并存，给电子商务企业的财务人员提出了更新知识、提高能力的新要求。电子商务企业必须高度重视财务队伍的建设和激励。一是要定期组织对于当前在岗财务人员的新技术、新方法、新知识、新理念的系统培训。帮助他们掌握新环境下企业财务风险的可

能征兆、表现特征以及有效识别的方法、手段，防止财务人员漠视风险隐患，错失预警和控制的机遇。二是要大力引进复合型财务风险管理人才。引进既能够熟练掌握财务管理知识和风险防控方法，又会运用大数据、云计算、区块链和互联网金融等现代信息技术的财务管理人才。三是要明确对财务人员风险防控的责任要求，并实行严格高效的考核、奖惩和晋升机制。只有财务队伍的知识、素质、能力、责任感和积极性提升了，才能超前辨识企业财务风险，并为企业高层的防控决策提供科学的方案和可靠的依据。

### （四）提升内部安全建设标准

财务数据安全是电子商务企业加强财务风险管理的重要前提。为了保证电子商务企业在互联网金融模式下的财务数据安全，并有效控制财务风险，必须确保电子商务企业的网络安全性。具体措施如下。一是要不断进行财务管理软硬件的升级。大力提升企业网络安全软硬件条件建设的标准，全面加强网络系统防火墙的可靠性及安全度，以抵御网络恶性病毒的攻击。二是要梳理业务工作流程和安全漏洞。掌握电子商务交易的特征及规律，厘清潜在的操作安全漏洞，及时安排各类漏洞复原，保证企业运营环境的安全稳定，防止延及财务风险。三是要采取账号登录的多重安全加密方式。比如，利用语音识别技术、指纹识别技术等集合开展严格审查，进一步提升企业内部数据和网络数据加密技术含量及其防盗防泄露的安全性，有效防控企业的运营风险和财务风险。

### （五）提升法治环境建设水平

法治环境建设是电子商务企业加强财务风险管理的根本保障。电子商务行业是一种基于互联网金融模式的全新行业，需要一个完善的法治环境才能健康发展，并有效防控企业的财务风险。具体措施如下。一是需要政府部门建立健全电子商务相关领域的法律法规。加快社会征信和反欺诈体系建设进程，形成以社会主义核心价值观为导向的电子商务运营秩序。二是需要政府部门利用大数据技术对于电子商务企业的交易全过程实施全方位的监管。进一步规范电子商务企业的运营和金融交易等行为，以形成优良的市场竞争秩序和发展空间，促进新质生产力的形成。三是需要中央政府部门引导、加强不同省区间的协同发展，特别是要建立健全互联网金融模式下跨境电子商务企业的运营法规体系，及时消除电子商务纠纷，以有效遏制电子商务企业的各类财务风险，推动互联网模式下电子商务企业核心竞争力的形成。

# 第五章　企业财务共享与管理

## 第一节　企业财务共享管理相关概述

信息化、数字化技术的快速发展让企业经营模式多元化，促使企业不断扩大经营规模，拓宽业务范围。随着企业的快速发展，会出现组织结构日趋复杂、各地区业务分散、岗位重复设置等问题，导致企业运营成本增高、管控能力降低。因此，企业为达到利润最大化、实现财务扁平化管理、提高财务运作效率以及提升自身竞争力，追寻更高效且适合企业发展的财务管理模式，财务共享中心应运而生。通过财务共享中心的标准化、规范化、专业化及智能化，企业在运营过程中能实现规模效益，有效降本增效，加强风险管控能力，从而提升企业价值。

### 一、财务共享服务概述

#### （一）共享服务的概念

共享服务主要指将包括财务、人力资源管理、IT技术在内的各种业务单位经营活动，或其他需要充分发挥自己专业技能的各种经营活动，与原有业务单位进行分离，由独立的实体提供统一的服务。

#### （二）财务共享服务的概念

财务共享服务的重点为"共享"与"财务集成"。"共享"即企业内部的各个业务单位"共享"服务中心的服务，实行同质业务向共享中心的转移，实现会计处理的规模化"生产"，使集团公司能够随时获取各分子公司的财务经营结果。"财务集成"与"财务集中"相比较，尽管有一定程度上集中的概念，但更加强调将分散的状态集中在一起，产生联系，构成一个有机整体的过程。财务共享服务可以将不同企业的相似的核算流程统一放到财务共享中心进行集中处理。

总而言之，财务共享服务就是通过对所有参与财务共享的成员单位采用相同的标准作业流程，废除冗余的步骤和流程，经办人提交单据后由相关领导进行审核，在提交给财务共享中心审核岗人工审核后，由计算机系统对"来料"进行加工，自动生成凭证，输出高质量的财务数据，同时共享运营系统将自动推送付款指令至资金岗进入资金付款核算流程。由此形成的各成员单位的业财融合运作中心，业务范围既包括会计核算工作，也包括数据分析工作，可为管理决策提供支撑性数据，真正实现财务管理职能的管理价值。

财务共享服务的出现，改变了传统财务模式中由分子公司单独核算，然后通过集团总部总结的情况，使企业的财务管理能力得到了极大的提升。在企业中应用财务共享服务，有助于企业降低成本，提高服务质量和效率，实现信息的高度集中与融会贯通，进一步加强集团的财务管控能力。

## 二、财务共享中心概述

### （一）共享中心的概念

共享中心是一个对整个企业各种经营管理业务进行整合，并对其他业务进行二次配置的独立的组织实体。它根据正式合同或者非正式契约收取费用，为企业的各个业务机构和部门提供服务。

### （二）财务共享中心的概念

财务共享中心是一个对企业或者集团大量重复性的基础财务工作进行流程再造，规范化、集中性处理，实现对分散的业务部门或分子企业的标准化、流程性管理的独立组织，其配备了相应的技术和专业人才开展相关的工作，以提升业务办理的效率，进而大大降低成本、增强管控、提高了客户（主要包括集团企业及其分子企业）的满意度，最终发展为提升企业总体财务管理能力水平的一种当代企业经营管理模型。

财务共享中心服务的目的是将企业财务的各个基础性管理业务持续地推向专业化、标准化、流程化、自动化。在采用财务共享中心模式之前，分子企业的报销、核算等流程主要分散于各个分子企业内部，每个分子企业各自的操作流程不尽相同，每个分子企业对业务的操作标准、生产运营的成效及其对于风险管理的规范也都有所差异。而搭建了财务共享中心平台以后，要按照统一的要求来规范各个分子企业现有的财务、业务流程，将企业原有事务性核算工作全部集中到独立的平台，根据具体情况缩减分子企业财务人员编制，归集所有财务权限，最终构建一个完整的财务管理体系，这一体系适用于大部分乃至所有的分子企业。

根据SPORTS模型理论，财务共享中心涉及六个相关核心因素，即场所、流程、组织和人员、法律法规、技术、服务，这六个因素涵盖了其所涉及的规划、设计、实施和推广等全过程。第一是选定合适的办公场所，除只保留负责本地化服务的人员外，其他人员将迁移至共享中心，选定场所时需考虑就近为企业服务、成本优先、劳动力素质、办公环境等因素。第二是流程，流程的标准化、科学化和信息化将使共享中心的服务能够得到不断地分析、鉴别、改进和优化，最终实现全流程最优。第三是组织和人员，这是保证共享服务中心业务得以顺畅运营的根本基础，应通过培养原单位人员或者外部招聘新人员，划分

不同业务功能小组，完成组织体系建设。第四是法律法规。对相关业务所涉及的财政、税收等法律法规应提前预备应对措施，充分考虑如何与当地的法律、税务机构进行对接，确保不因为法律法规等问题减弱共享的优势。第五是技术。随着互联网技术和应用的迅猛发展，新的财务技术手段层出不穷，在构建财务共享中心的过程中，应不断利用新的技术手段实现共享服务的自动化优化。第六是服务。服务是财务共享中心最终交付的“产品”，需要与企业签订相关的合作服务协议，持续提高服务质量与客户满意度。

企业通过财务共享中心不仅能够实现财务管理的统一性，使企业财务核算在实施过程中更加规范，而且能够全程控制自身的资本运营，确保财务工作的透明，使企业明确各项资金的使用与调动的去向。与此同时，企业也可以利用财务共享中心的管理模式，对各个部门和分子公司的财务情况进行全面了解，从而对企业的资金实力进行统一的分析和预算，并根据自身的经济实力进行相应的资金规划。这样企业就能避免在财务管理过程中由于层层递进而引起的人为失误，从而使企业财务管理更加精确。

### （三）财务共享中心的类型

一般情况来看，企业财务共享中心的类型包括以下三种。

1. 集中性财务共享中心

集中性财务共享中心是将企业内已经存在的财务人员集中到一个地方，并对他们进行培训，通过对已经存在的业务流程进行优化和改造，而建立起来的财务共享中心。这种财务共享中心建立在企业已有的结构之上，仍然是原企业的一部分，其建立的成本和难度都相对较小，是国内外各种企业中常见的一种财务共享中心。

2. 独立性财务共享中心

不同于集中性财务共享中心，独立性财务共享中心是指企业区别于现有体系的业务流程，组建一个独立的新的财务共享中心。尽管该类型的财务共享中心具有很强的独立性和自主性，但是与集中性财务共享中心相比，它的建设费用更高，建设的时间也要更长，因而它在企业中的应用比较少。

3. 虚拟性财务共享中心

虚拟性财务共享中心与以上两种财务共享中心的区别是没有实体形态。虚拟性财务共享中心可通过建立一个网络平台，让不同地理位置的财务人员利用这个网络平台进行工作，它的构建成本及难度相对以上两种财务共享中心更低。但因为当前的信息化技术还不够完善，所以利用互联网进行财务数据的共享有很大的风险，再加上财务人员难以在这个平台上进行实时交流等因素，应用财务共享服务的企业还鲜有搭建虚拟性财务共享服务中心的。

### （四）我国财务共享中心的发展特征

与西方相比，我国企业与财务共享服务的接触相对较晚，但许多大型集团企业已经开始拉开财务共享中心的建设序幕。

从行业分布特征来看，在 2017 年至 2020 年中，制造业、金融行业、能源与资源行业、工程建筑及房地产行业、批发零售业对财务共享中心最为心仪。

从成立时间来看，大部分大型企业财务共享中心都是近些年才建立的，我国企业的财务共享中心发展进程仍然处于一个探索发展的阶段。

从管理目标来看，38.89%的企业是基于地域分布才决定设置财务共享中心，服务于企业不同地区的分支机构是建立财务共享中心的首要决定因素。

从地理选址情况来看，国内财务共享中心兴起之初，63.7%的企业将其选址集中在发达的一线城市或周边地区①；随后几年，逐步向投资成本相对较低的二、三线城市进行转移，比如成都、武汉、杭州、厦门等。除上述热门城市外，很多企业选择将财务共享中心建立在企业总部所在地，以加强企业管控，提供充足的后勤保障。

### （五）财务共享中心相关政策

1. 财务共享中心建设相关政策

2013 年，财政部印发《企业会计信息化工作规范》（国家财会〔2013〕20 号）明确要求：对于分子企业众多、地区分布广的大型企业和企业集团，要积极探索运用信息技术推动会计工作集控，逐步形成财务共享中心。实行集中核算的企业及其分支机构，应当为外部会计监督机构及时查询调取异地存储的会计数据提供必要条件。2014 年，《关于全面推进管理会计体系建设的指导意见》（财会〔2014〕27 号）中则鼓励大型企业、企业集团充分利用专业化的分工和信息技术的优势，建立财务共享中心。这些文件为企业把搭建财务共享中心纳入企业发展规划中提供依据和基础，推进了面向经营和管理的会计信息化系统建设。

2. 财务共享中心支持相关政策

（1）信息技术支持相关政策。2005 年，国家标准文件《信息技术　会计核算软件数据接口》中统一了信息数据连接端口，扫清了行业、系统障碍，使财务信息的跨组织、跨系统分享、传播成为可能。

（2）会计档案工作相关政策。2013 年出台的《企业会计信息化工作规范》大大推进了企业会计档案管理工作的发展。例如，第四十条明确规定，企业内部的业务凭证、账簿等会计信息，如满足以下条件，可以不再进行纸质存档：①记录的是企业重复性的日常活动；②由企业的信息系统产生；③可进行查询和输入；④具有安全性；⑤有备份；⑥企业有能力防范灾害或意外；⑦电子资料与纸质资料建立完整的索引。

（3）电子发票推广使用相关政策。2015—2020 年国家税务总局陆续发布多项政策性

---

① ACCA. 2018 年中国共享服务领域调研报告［EB/OL］. ACCA 官网，2018-11-01.

文件（如国家税务总局公告2015年第84号文件、2018年第31号文件、2020年第11号文件），对电子发票的使用进行了不断的推广升级。《国家税务总局关于在新办纳税人中实行增值税专用发票电子化有关事项的公告》（国家税务总局公告2020年第22号）也提到：从2020年年底起，11个地区的新注册纳税人将全面推广电子发票，受票方范围为全国。电子发票的推广使用对于财务共享中心远程报账等集中式管理来说十分便利。

（4）网上办税相关政策。电子税务局推广已经进行多年，目前企业绝大部分税务工作都可以实现线上办理。其中，《关于开展2020年"便民办税春风行动"的意见》（税总发〔2020〕11号）更是明确要求全面推进网上纳税，实现纳税人九成以上的涉税事项的网上直接申请和在线办理，推进中小企业税务文书电子化，并加强与自然资源、住房城建、民政等服务部门的合作，推动其逐步实现与网络商业合同、备案资质证书等相关信息的实时共享，方便纳税。2020年，国家税务部门进一步落实非接触式办税有关要求，帮助企业"足不出户"完成纳税缴税工作，助推电子税务局功能更加优化，使得网上办理基本涵盖所有税务相关事项。

以上信息技术支持、会计档案电子化、电子发票推广实施、线上办税的相关政策均对财务共享中心的构建与发展起到了积极的推动作用。

## 三、财务信息系统与财务共享服务系统概述

### （一）财务信息系统概述

一般企业的财务管理活动划分为三个层次，即业务产生、财务核算、管理决策，相对应的信息系统也可分为业务系统、核算系统、管理系统和决策层，共同组成了财务信息系统，全面支持财务循环及财务职能的实现。财务信息系统整体框架示意图如图5-1所示。

1. 业务系统

业务系统是组织实现价值的基础，也是财务核算的基础。业务系统主要为业务人员使用，业务人员分为员工、客户、供应商。在设计业务系统时，应充分考虑财务核算对于商旅、采购、销售数据信息的需求，对数据和信息的采集统一提出要求，将采集节点放在业务前端，业务人员在系统中进行业务操作后，产生的数据和信息经过提交将流转至核算系统。

一般地，企业涉及的业务系统在员工层面主要包括商旅系统、办公采购系统，在供应商层面主要有采购合同系统、供应商协调系统，在客户层面主要有销售合同系统、客户协同系统等。商旅系统和办公采购系统与费用报销系统的连接，为员工提供了方便、快捷的报销通道；采购合同系统和供应商协调系统与进项专票系统的对接，实现了从采购到付款流程，从供应商管理、对账到发票处理、付款全过程的无缝连接；销售合同系统、客户协同系统与销项开票系统的衔接，实现了从合同管理、发票开具、应收确认及收款对账全过程的处理。

总体来说，业务系统的核心就是实现财务与员工、供应商和客户的信息交互，初步的信息交换后，由网上报账系统传递信息至会计核算系统、资金管理系统和税务管理系统，最终实现会计核算、财务管理等需求。

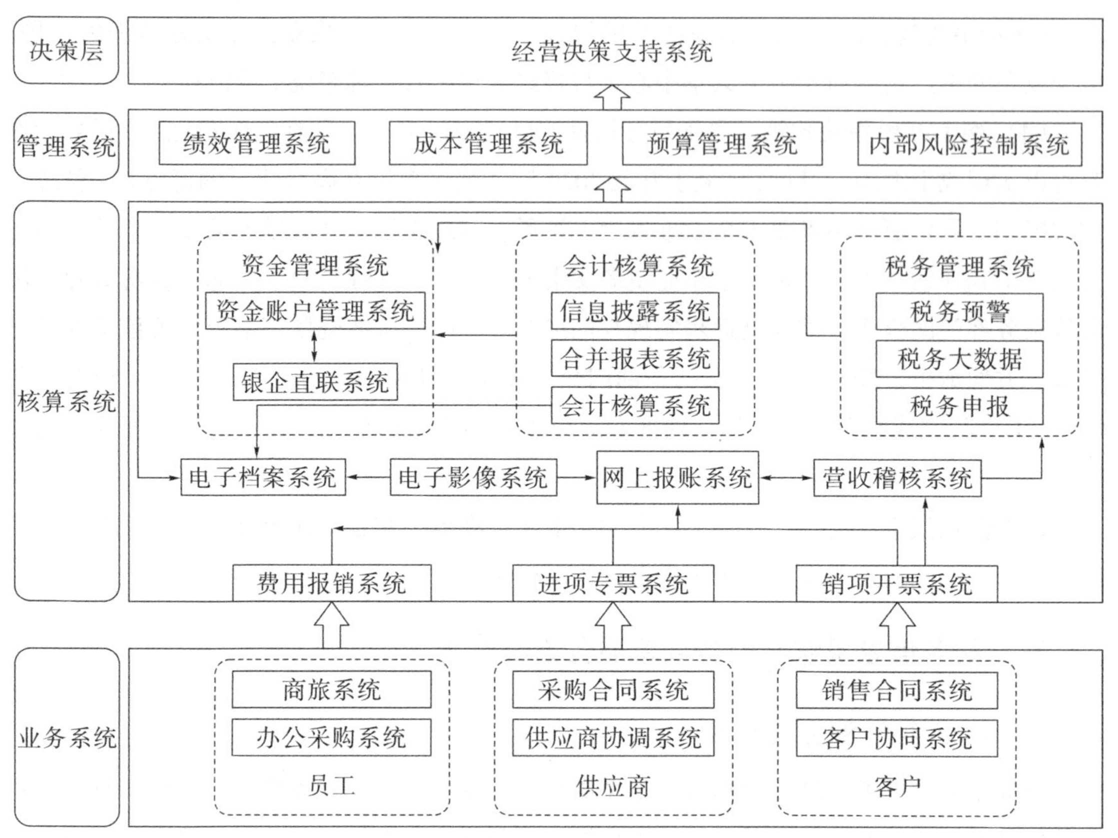


**图 5-1　财务信息系统整体框架示意图**

2. 核算系统

核算系统主要是将财务会计的交易处理结果进行数据转化，具有处理财务交易数据、出具财务报告、进行资金管理和税务管理的职能。核算系统的数据来源是企业业务系统产生的交易数据，核算系统通过网上报账系统将业务数据转换成财务报表数据，实现业务与财务的融合统一，其产生的财务报告数据可以为企业内、外部的财务信息使用者提供使用。

会计核算系统处于核算系统的中心的位置，通过网上报账系统的衔接，实现了业务系统和资金管理系统、税务管理系统之间的数据交互。这里以员工费用报销流程中所涉及的内容为例，员工通过统一办公平台进入费用报销系统，在网上报账系统发起报账申请，填写相关表单和上传附件后，将实物单据提交到影像扫描岗处，单据经电子影像系统扫描上传后开始流转审批流程。审批流程首先需要部门的业务领导进行审批，然后进行财务审核、财务部门领导审批、相关业务领导审批；审核完毕后，相关的信息将通过总账系统在

财务系统中转化成记账凭证，同时向银企直联系统发送付款指令，支付完毕之后系统将回复电子回单等；最后，电子档案系统将通过电子影像系统的原始单据及资金管理系统的电子回单进行采集，通过单据号匹配后统一管理。

3. 管理系统

管理系统与企业的经营过程及管理要求密切相关，是深挖信息数据，实现其利用价值的过程。管理系统一般由预算、成本、绩效等功能性管理系统及内部风险等监督性控制系统等组成，通常通过预算系统制定公司期初战略目标，通过绩效系统核算期末经营情况反馈，内部风险控制系统是风险预警、内控审计管理的主要系统。

4. 决策层

如图 5-1 所示，决策层处于整个财务信息系统的顶层，通过分析模型、数据库交互来实现为管理者提供决策支持。

### （二）财务共享服务系统概述

财务共享服务是财务数据高要求和信息系统技术创新的成果。信息系统的设计和衔接集成关系着财务共享的运营效率和运作效果。财务共享服务信息系统主要是进行会计核算、资金、税务等基础交易业务的处理，处理完成后还需对数据统一进行存储和管理，主要分为财务运营系统、会计核算系统、资金管理系统、税务管理系统。具体如图 5-2 所示。

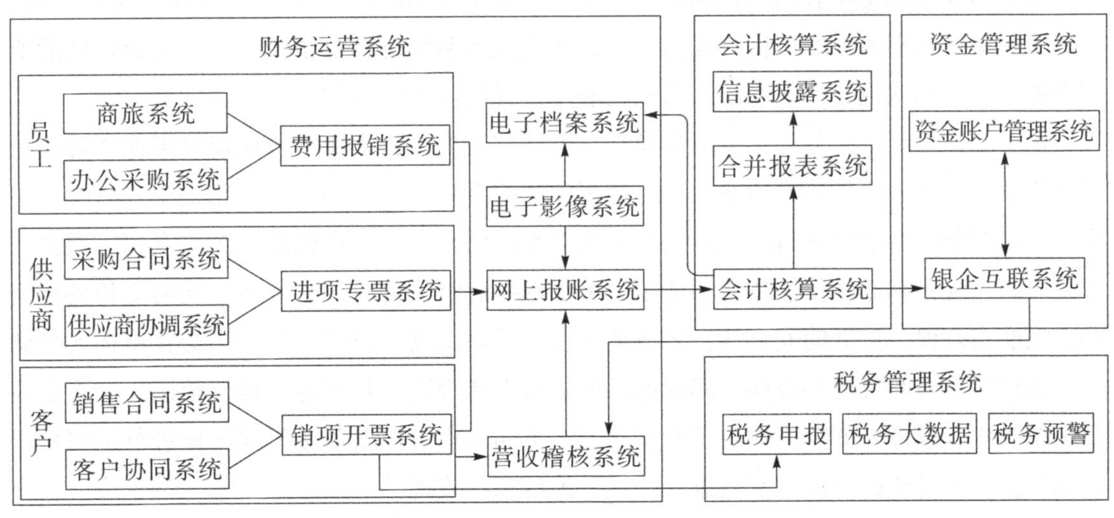


图 5-2　财务共享服务信息系统

通常来说，与企业相关的三大利益相关者分别为员工、供应商、客户。财务共享服务中心与员工的联结主要在员工的费用报销流程，费用报销系统主要为员工快速进行费用报销，审批通过后经资金管理系统使报销款项快速到账；与供应商相关的业务主要是实现快速地从采购到付款和进项发票的处理；与客户之间的业务关联主要是将订单、收款和销项发票进行匹配稽核。其中进项专票系统和销项开票系统连接着税务管理系统完成税务申报；通过会计核算系统将所有数据收集后自动出具报表进行信息披露。

由于企业所处的行业特点、发展阶段、经营模式不同，如图5-2中所示的信息系统并不会全部进行上线，但应具备主要的网上报账系统、会计核算系统、银企互联系统、电子影像系统和电子档案系统。以员工费用报销为例，具体流程如图5-3所示。

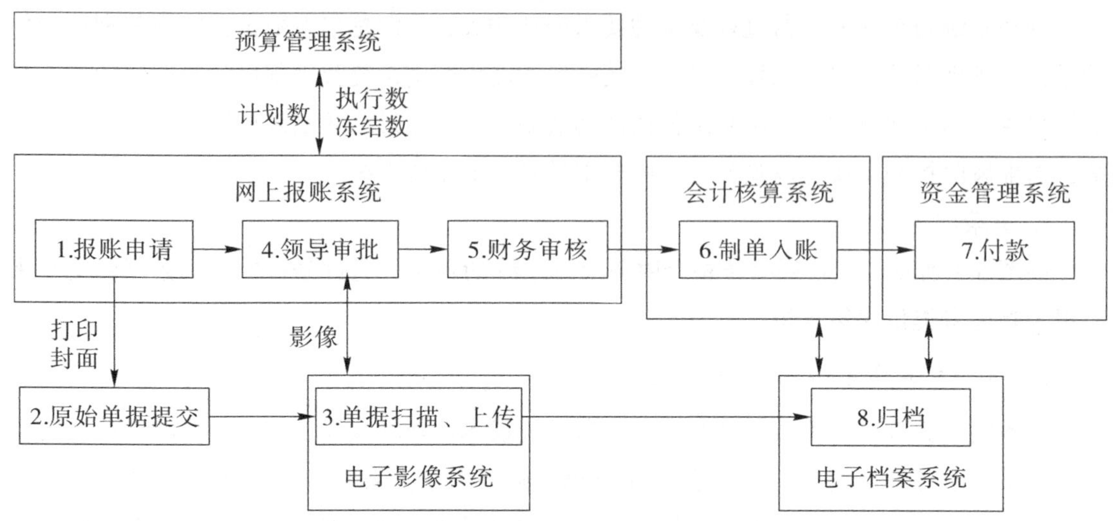


**图5-3　财务共享服务中心员工费用报销流程**

1. 电子影像系统

电子影像系统是所有数据的前端入口，也是进行数据采集、管理、传递的重要工具，一般由影像扫描岗将原始单据扫描后上传到网上报账系统进行电子流运转，完成运转后所有数据将统一归入电子档案系统进行实物和电子凭证的匹配存储。

电子影像系统主要分为影像采集模块、影像传输模块、影像审核模块和影像查询模块四个模块。其中，影像采集模块主要是将影像扫描后对文件“贴上”条形码，进行唯一性标识，同时利用智能技术自动识别提取发票关键性信息，便于在税务系统中利用，减少人工录入的风险；在影像传输模块功能中，可以选择定时上传或及时上传，同时上传的加密格式也能有效保证数据的安全性；影像审核模块可提供调阅影像服务，当会计审核人员调阅影像进行审核时发现影像存在问题的，可进行影像驳回，并限定可编辑范围，大大提高了审核效率；影像查询模块提供了检索功能，不同用户可根据条形码或单据进行不同权限的调阅，并且对单据上传的数量进行统计，为员工考核提供了依据。

2. 网上报账系统

如果说电子影像系统是财务共享的入口，那么网上报账系统就是财务共享的核心。网上报账系统可以实现网上报账和预算控制两大功能，其系统框架如图5-3所示。

首先，通过预算系统将预算最终审核数锁定后，网上报账系统将根据预算数，严格对各部门报销的费用进行控制，自动生成对应预算项目的保留金额；其次，进行“业务申请”“员工报销”“业务审核”“财务审核”“任务分配”“财务生成”的全过程管理，可

实现将完成审批后的单据分配到不同角色管理人员手中审核、对财务数据的预处理、校验后将数据自动传输到会计核算模块。

3. 会计核算系统

会计核算系统高度集成与融合了各个业务板块的数据，为管理决策提供了灵活多样的信息，并极大地减少了会计人员的重复性劳动。会计核算系统与财务运营系统的对接实现了自动化核算处理；与资金管理系统的对接实现了资金收支的自动化处理；实现了自动出具合并报表、管理报表的功能。其总账模块则是整个会计核算系统的核心，涵盖了发票管理、收付款管理、固定资产管理等多种功能。会计人员将收款认领到不同科目后将自动生成会计凭证，通过审核后自动根据报账人员提交的不同单据生成科目完成记账工作。简言之，总账模块将会计人员重复性高、计算简单的工作进行自动化智能处理，极大地减少了会计人员的工作量，也缩减了企业的用工成本。

4. 资金管理系统

资金管理可以比作整个企业的血液，而健康的资金循环不仅能保证企业的正常运转，还能提高企业的发展能力和应对危机的能力。资金管理系统是风险把控口。它的后端和银企互联系统连接，完成会计核算后实现自动收款和审核后的自动出款，实现了银行与企业间资金数据的交互。在这个过程中，因收付款操作规范，减少了人工干预，使企业的资金安全性得到了保障，显著提高了资金的收付率。

5. 电子档案系统

电子档案系统是将企业会计档案纳入数据化智能管理，实现会计凭证和电子影像的自动匹配，使会计档案的借阅、归档等在系统内都有章可循，并且可以设置会计档案借阅时长，实现了企业的无纸化和一体化办公。

## 四、财务共享对企业内部控制的影响

财务共享将母公司与子公司之间的财务管理工作整合成一个整体，实现了统一化、标准化管理，也实现了高度信息化。信息化的财务管理服务是新时代财务服务的新特点，企业的业务财务流程和组织架构也随着发生了改变，其内部控制体系也受到了以下几个方面的影响。

### （一）运营战略规划管理风险

财务共享模式的应用不仅代表着财务的变革，更直接促进了组织架构及管理模式的变革。财务共享中心作为一个新的部门，如果相关的制度不完善、机构职责未划分清晰、人员流动性大等，会造成共享和业务财务的权责划分不清，互相推诿部分工作。另外，财务管理工作不仅是数据的生成，还需要对数据进行分析，并据此来帮助企业进行经营管理决策。但是在财务共享服务中心建设发展的过程中，财务数据直接通过线上生成，未配备财务人员对数据进行分析以支持经营决策的发展。

### （二）财务信息的准确性和合理性

在实施财务共享前，企业的会计核算多采用手工录入、多人审核的模式，对财务信息的准确性及合理性进行了反复的审核查验，并与原始数据提供者直接沟通、询问，基本能保证财务信息的合理性和真实性。在实施财务共享后，由于业财的分离使得财务共享中心是根据一定的会计核算规范和财务管理办法直接出具凭证，缺少直接沟通询问与纸质材料多次审核环节，使得核算可能与业务活动实质产生偏差，从而影响财务信息的准确性和合理性。

### （三）信息技术产生的风险

财务共享的发展与实现是建立在信息技术发展的基础上的，然而，目前信息技术手段不够成熟，会造成系统卡顿、更新速度慢、系统不稳定等问题。在实际操作过程中，财务人员会遇到银企互联系统对外进行资金支付无法顺畅进行，对方无法按时收款，使企业的商业信誉受损等情况。另外，数据的安全性难以把控，这不仅涉及商业机密泄露问题，更有可能存在数据被篡改等问题。财务数据的真实、准确、完整是企业作出决策的依据，若企业的数据遭到泄露及篡改，会威胁到企业的生存发展。

综上可知，财务共享不仅改变了传统的内部控制，还改变了企业内部控制的重点，但在实际过程中，许多企业未根据实际情况及时对内部控制制度及管理方向进行修改，容易造成会计主体与责任无法明确定位、会计监督工作存在盲点等问题。对此，应采取及时有效的举措，有针对性地对企业内部控制进行优化改进。

## 第二节　企业财务共享中心管理可行性分析

### 一、我国财务共享中心发展现状

在构建财务共享中心时，了解我国财务共享中心的发展现状是必要的前提。随着经济和科技的飞速发展，我国受经济全球化的影响，企业亟须寻求新型财务管理方式。财务共享中心作为一种全新的管理模式，以其节约成本、提高效率等优势受到广泛关注，成为各大企业提高竞争力的重要手段之一。

根据厦门国家会计学院联合特许公认会计师公会（ACCA）发布的《2022 中国共享服务领域调研报告》，我国各行各业的大中型企业很大部分已完成财务共享中心的建设，其中占比排行前三的行业分别为制造业、工程建筑与房地产行业和能源与资源行业。调研通过线上线下活动调研、一对一走访和定向邀约调研的方式，总共收到 200 多家企业的反馈，其中民营企业和中央管理企业占比最大，分别为 33.48%和 33.04%。

财务共享中心历经萌芽、试点、发展和创新探索等阶段，当前已成为各大型企业集团普遍采用的财务管理模式，其在降本增效、防范风险以及推进财务转型等方面的效益得到无数企业实践的检验。随着共享模式在中国逐步走向成熟，财务管理者也在探索共享服务在新时代的新价值。财务共享中心在我国的发展历程具体如图 5-4 所示。

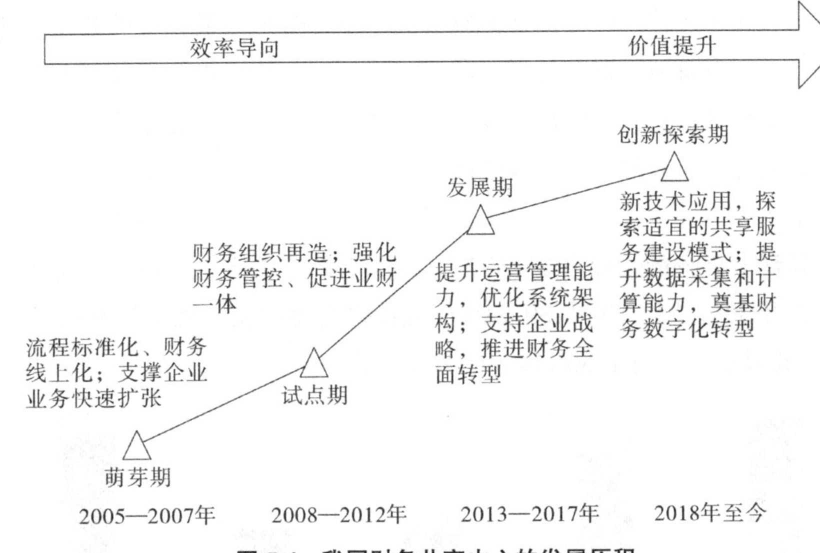


**图 5-4　我国财务共享中心的发展历程**

我国财务共享中心发展现状分析如图 5-5 所示。

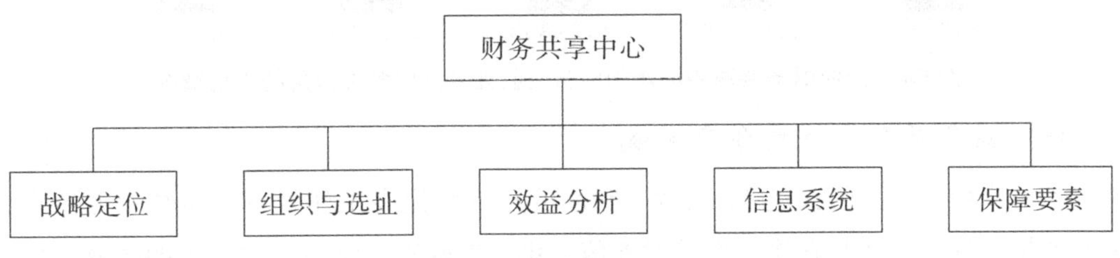


**图 5-5　我国财务共享中心发展现状分析导图**

### （一）财务共享中心的战略定位

被调研企业普遍指定以公司发展战略为指导的长期规划，不再局限于交易处理中心，数据管理中心、智能应用中心和人才培养中心的战略定位越来越多被提及，只有少数的企业财务共享中心尚缺乏明确的战略定位。

### （二）财务共享中心的组织与选址

世界一流财务共享中心应推动组织向集约化、自主化和柔性化的方向发展。在组织架构层面，财务共享中心需要具备适应业务层面需求的能力，快速应对业务变化。被调研企业 77.09%的财务共享中心均在集团的统一规划下建立，这种模式有利于企业在集团层面上的整体规划和分布建设，便于集团企业的变革推进，并且能实现财务流程、数据标准和信息系统在集团内部的统一，能够最大限度释放共享模式的规模经济优势和集约效益。另外，从受调研企业来看，四大一线城市是各大企业财务共享中心最聚集的城市，同时新一线城市同样颇受青睐。企业在作选址决策时最重要的两个因素是靠近公司总部和设立在公司办公场所所在地、依托公司的后勤保障等综合资源。

### （三）财务共享中心带来的效益

流程标准化、效率改善与成本降低是财务共享中心带来的最直接的效益。建立财务共享中心后大部分企业自身减少财务处理交易工作量，70%的工作量都移交至企业的财务共享中心，从而减少财务人员，降低财务成本，财务共享中心承担财务处理类业务的工作量的占比越大，表明这类业务的集中程度越高。如图 5-6 所示，51.55%的受调研企业的财务共享中心承担全企业 70%以上的财务交易处理业务，其中财务共享中心处理的业务量占全企业财务交易处理量 90%的企业占 24.67%。73.57%的受调研企业在建立财务共享中心后业务流程效率提升 30%以上，其中 39.21%的受调研企业的业务流程效率提升 30%~50%，而 34.36%的受调研企业实现了 50%以上的效率优化。

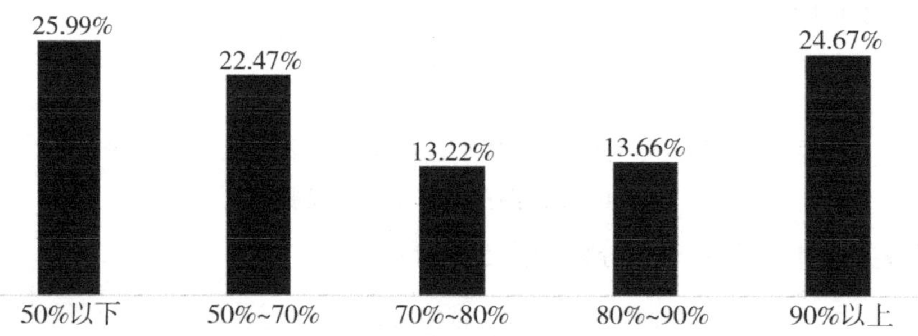


**图 5-6　企业财务共享中心承担财务交易处理类业务工作量的占比情况**

### （四）财务共享中心的信息系统

财务共享中心需要强大的 IT 能力，利用信息系统提高工作效率、承载业务流程。根据调查数据，许多企业都在快速发展财务信息化，被调研企业中超过一半的企业已建立应收账款、应付账款结算以及报账系统，报账系统的使用率在其中居于首位。调研结果显示，普遍上线的信息系统主要有财务核算系统（100%）、费用报销系统（100%）、电子影像系统（76.65%）、银企直联系统（74.89%）、资金管理系统（72.25%）和电子档案系统（53.74%）等 10 多种系统。

### （五）财务共享中心的保障

敏捷的应变能力和高业务连续性是财务共享中心必须具备的。财务共享中心的管理机制和工作模式应拥有强适应性，能在外部压力下迅速作出反应，保证业务正常、连续、稳健运转，尽可能减少因突发情况造成的效益损失。据调研统计，如图 5-7 所示，在外部压力下为保障业务连续性，88.55%的受调研企业财务共享中心会选择远程办公、移动式办公等无接触工作方式，60.79%的财务共享中心对无纸化办公的普及度和接受度逐步提高。企业财务共享中心对财务工作的开展起到重大作用，使很多财务业务无需再与供应商面对

面线下操作，而是通过影像系统传至线上就能进行。

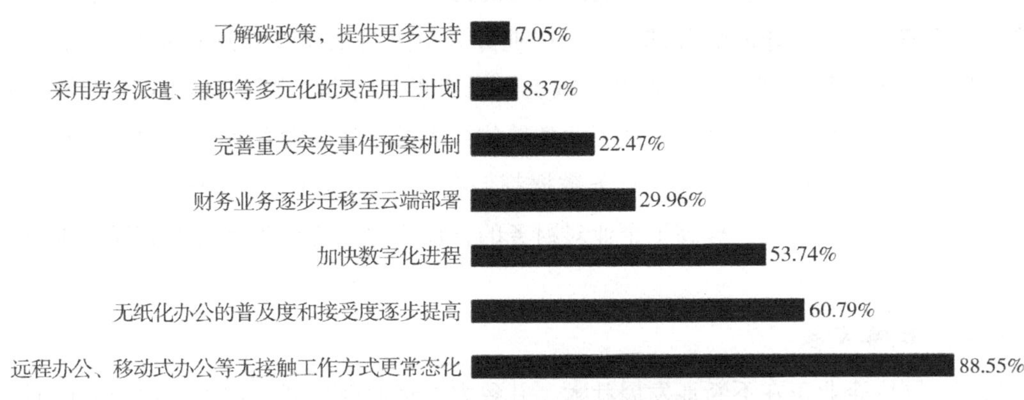


**图 5-7　财务共享中心的业务连续性保障措施**

迄今为止，越来越多国内企业着手了解和探索财务共享中心，并试图将其作为企业的财务管理模式。从财务共享中心的构建、定位、选址、关键要素到具体的信息流程系统，企业已逐步寻找到适合自己的财务共享中心，并结合战略发展目标，以求效益最大化。

## 二、企业财务共享中心驱动因素

大部分企业构建财务共享中心的动因大致一致，下面将其驱动因素归纳总结如下。

### （一）降本增效

企业构建财务共享中心的最主要目的在于降低成本和提高效率。各个子公司的财务管理方式有所不同，它们的会计核算政策和会计科目也有所差别，导致财务管理的整体成本增加，效率降低。许多基本财务工作重复性很强，不仅消耗大量的人力，也阻碍财务管理的持续改善。

通过构建财务共享中心，企业可以将分散在各地的财务和业务流程整合在一起，从而大幅减少地区间的沟通时间和成本，极大提高信息反馈的效率。通过财务共享中心的统一规定，企业可以更好地管理财务业务，消除不同分支机构之间的差异，提高核算效率；通过改造和简化大量基础工作，减少财务人员的人力成本，提升财务管理水平，实现信息共享，方便集中资金管理。

### （二）优化配置

随着企业构建财务共享中心，其大部分的财务业务均经过整合和重组，从而节省大量的人力，同时优秀的员工也能够被有效安排、合理配置，有助于财务状况的有效监控，为管理者提供更加可信的决策依据，并通过集中化管理大幅提高各项流程的标准化水平。总之，企业通过建立财务共享中心在技术、财务和人才三者之间实现相对平衡，从而优化人力资源配置。

### （三）规避风险

在财务共享中心中，各个分公司员工面对的已经不再是固定的财务人员，而是一个在总部直接管控下独立运作的财务部门，其中业务人员处理的单据是通过系统随机分配的。这样不仅避免了企业内部的业务重复，减少了员工的工作量，而且提高了工作效率和质量，在很大程度上强化了管理、降低了业务单位或人员之间串通舞弊的概率；并且在此基础上清楚显示出每笔操作的程序，财务数据都保存在电子档案内，历史资料能方便查询，保证了财务信息的公正性，提高了企业对财务的管控能力，能够为规避舞弊风险提供有力保障。

### （四）战略发展

目前，国内企业正在不断地发展壮大，并致力于将业务拓展至国外，但与此同时也给企业带来管理的挑战。具体如下：分支机构越来越多，资金安全难以得到保障；员工数量大幅度增长，组织结构日益复杂；信息传递效率低、沟通不畅等问题使企业面临着巨大的压力；管理缺少系统化的手段，难以与企业战略相匹配。在这种情况下，传统的财务管理模式已经无法满足企业发展需求，需要更高效的财务管理模式协助企业实现战略，财务共享中心应运而生。通过财务共享中心，能够对企业的经营活动和财务状况进行实时监控和分析，并根据实际情况及时有效地作出反应，为公司提供更为优质的服务。除此之外，还可以简化原本占比较大份额的烦琐业务，释放一批优秀的员工转向决策岗，大幅度增加决策支持的比重。借助财务共享系统，加强企业总部控制，企业战略可以直接传递到业务单位的核心决策层，有利于战略的推进。并且财务共享中心规范的业务流程和较强的执行力使得基础财务业务的需求得到实现，可推动企业战略的实施。

由此可知，财务共享中心的建立与推行是企业发展的必由之路，在当今日益激烈的市场竞争中，财务管理转型是很有必要的。

## 三、基于PEST的财务共享可行性分析

运用PEST分析法能充分了解政治、经济、社会及技术环境对财务共享中心建立与实施的影响，分析当前财务共享中心面临的状况，从而判断我国企业建设财务共享中心的可行性。

### （一）政治环境

新时代，越来越多的国内企业顺应时代需求走出国门，会面临国内外约束环境不同、会计核算存在差异性、现金的结算收付难以及全球经济政治风险等问题。在未来发展中，我国企业财务要想获得更大的优势，需要加快推进国际化进程，可以借助财务共享中心构建一个全球化的财务管理模式，将全球核算管理、税务管理、资金管理与风险管理进行合并，为我国企业走向世界起到支撑作用。

### （二）经济环境

现阶段，我国经济已转向高质量发展阶段，经济的发展需要放眼世界，坚持高水平对外开放，稳步扩大规则、规制、管理、标准等制度型开放。财务共享中心能够利用统一的流程与标准和信息的汇聚，实现财务管理效率的提升，强化企业竞争力；推动财务管理理念变革、组织变革、机制变革、手段变革，更加注重质量和效率，更加突出“支撑战略、支持决策、服务业务、创造价值、防控风险”功能作用，以“规范、精益、集约、稳健、高效、智慧”为标准，以数字技术与财务管理深度融合为抓手，固根基、强职能、优保障，加快构建世界一流财务管理体系，有力支撑建设世界一流企业。

### （三）社会环境

随着大数据时代来临，共享理念深入人心，并且党的二十大报告提出，健全共建共治共享的社会治理制度。财务共享服务中心秉承着共享理念，整合企业资源，提供统一化的业务流程与核算标准以及专业化的服务。企业财务共享中心内部各司其职，不仅能够提高员工的工作效率，而且能推动企业发展，并为社会带来更多的收益。

### （四）技术环境

在“互联网+”的基础上，大数据、区块链等新型信息技术正在快速发展，逐步与社会各个领域接轨，信息化正朝着数字化方向转变，财务业态从经验应用转向技术支持。在大数据和人工智能蓬勃发展的今天，财务进入 IT 时代，进一步通过使用算法分析数据①，使财务工作的价值得到更大程度的发挥。

综上，基于 PEST 具体分析，无论是从政治、社会、经济层面上，还是从技术环境层面上，财务共享中心都能满足 21 世纪的企业发展需求，故而国内企业实施财务共享中心是大势所趋，具有一定的可行性。

## 第三节 企业财务共享中心管理 RPA 应用

机器人流程自动化（RPA）是从 20 世纪 90 年代开始发展起来的，近年来，RPA 的应用一直呈指数式增长。德勤公司于 2017 年 6 月将 RPA 技术应用于会计行业，并将其称为“财务机器人”。此后，普华永道、安永、毕马威等公司相继推出了不同领域的财务机器人。在国内，像金蝶、用友、元年科技等公司，都已经开发并发布了财务机器人。RPA 技术应用潮正席卷整个财务行业，与此同时，RPA 财务机器人也正被广泛应用于我国。

① 朱丽娜. 中兴通讯基于共享服务的全球财务管理［J］. 企业管理，2017，430（6）：60-63.

## 一、RPA 的概念和特征

### （一）RPA 的概念

RPA 也被称为机器人流程自动化，它的核心是通过预先设定好的电脑程序或软件，模拟人类的操作，取代人类的工作，实现高度重复和高逻辑的业务过程。在此基础上，RPA 程序用于记录员工的人机交互行为，由此模拟出工作人员每天如何运行计算机程序，并自动完成鉴定、模拟和实施等业务处理过程。只需要用户在 RPA 程序界面进行简单操作，就能一键完成原本烦琐、复杂操作的内容，这大大减少了人力成本，并提高了工作效率。

RPA 前身早在 2000 年前后便以“按键精灵”的形式出现，更多地用于玩家游戏、知识化办公等桌面级阶段。2011 年前后，国内开始出现最早推出 RPA 的厂商，同时 RPA 的前身“码栈”在淘宝诞生，主要帮助阿里巴巴集团客服做运营、服务、售后等自动化，2015 年后 RPA 工具逐渐被国内金融机构接受，随后大批 RPA 厂商开始成立，金融科技厂商、AI 厂商也是在这一时期开始转型进军 RPA。2018 年后更多企业开始认知并接受 RPA 带来的价值，并在 2019 年掀起一股资本浪潮。在未来，技术成熟度的提升和不同行业应用场景的挖掘仍会在较长一段时间伴随着 RPA 市场的发展。

### （二）RPA 的特征

传统的业务流程处理往往基于手工操作来实现，但是 RPA 的出现打破了这个瓶颈，通过新兴信息技术来实现对业务流程的优化，其主要特征如下。

第一，处理重复性的工作。利用 RPA 软件开发的机器人能够完成许多重复性较高的工作。

第二，非侵入性。RPA 是在使用者界面上进行的，它不会对原来的信息技术体系结构造成不良的影响，并且有很强的独立性。

第三，对使用者的动作和互动进行仿真。RPA 可以还原人类的日常基本操作，比如鼠标点击、信息输入以及复制粘贴等，并自动执行基本的业务流程处理任务。

第四，可采用实体布置或虚拟布置。RPA 可以在实体计算机上运行，也可以在虚拟计算机桌面上进行安装。

除了以上所说的特性之外，RPA 还有以下几个特性：全天候无中断地运行、无限扩展性、零出错率、定时执行、易于定制、可在不同的应用和业务系统之间共享数据、支持远距离运行等。

## 二、RPA 财务机器人的应用和应用效果

### （一）RPA 财务机器人的应用

财务共享服务中心将企业集团内各个分子公司及所属单位财务业务集中处理，被用作

数据的存储与处理中心，并为企业财务核算与内部管理提供平台，使经营更加专业化、标准化。财务共享中心有重复性高、规律性强的操作所产生的规模优势，给 RPA 财务机器人带来良好的使用环境。现将 RPA 财务机器人的一些具体使用场景陈述如下。

1. 费用报销

利用光学字符识别（OCR）技术，RPA 财务机器人可以实现对有关文件和附件的自动辨识，提取出原始的票据信息，并对其进行归类、汇总和分配；按照预设的审查规则，检查文件，比对预算控制规则，提醒异常情况；实现了对款项的自动支付，并按照会计准则自动产生用于财务核算的支付凭证，实现了对已支付款项的实时分析。

2. 资金结算

应用 RPA 的会计信息系统可以自动获取企业的银行流水和企业的财务资料，做好企业和银行的对账工作，并制作企业的银行结算单。自动登录企业网上银行，按照规定的金额，对企业现金转账资料数据进行输入、整理、汇总、监控。经过对该企业订单及供应商分析，判断双方资料相符后，便可实现自动收付。另外，开票时按银行指示办理，银行回执也可以由 RPA 财务机器人自动获取。

3. 采购到付款

采购部根据订单信息，编制请款单，经财务部验证后，便可使用 RPA 财务机器人扫描请款单中的资料，再以事先设置好的逻辑规则为基础，对发票、合同、收货单等内容进行自动的比对和校验，在对这些内容进行核实之后将请款信息输入到财务系统中。在评审结束后，将资料递交至支付系统，支付给供货商。支付完成后，再根据供应商的反馈，实现对账的自动化和订单的自动查询，把厂商的资料传送给系统，方便了解厂商的具体情况。

4. 销售到收款

RPA 财务机器人实现了对客户身份的确认和信息的输入，并在此基础上通过客户的身份信息获取客户的开票数据，开出发票并将其自动发送到客户的邮箱中。通过网上银行系统，实现对银行业务的自动查询，并输入需要入账的资料。对应收账款和有关资料进行核对，如有出入将分别列出并提示，核对正确的账款将自动核销，将有关客户资料传输给信用模块，实现自动管理客户信用等级。

5. 总账到报表

RPA 财务机器人自动完成现金盘点、销售收入确认等关账工作，还可开展银行对账、应收款项的对账等工作。对账无误后，账务处理将自动完成以及结转周期性账务，同时，还可实现凭证打印、汇总上报的所有数据，完成合并抵消、外币折算、关联交易和其他有关会计日常工作，并以设定好的形式公布财务报告。

6. 预算管理

RPA 按照事先设定好的预算模式，制定年度、季度、月度预算，编制预算方案，及时监控预算执行情况，并对资金使用情况进行定期或不定期的审核。与此同时，将过去的财务报表与市场资料相结合，以存款或盈余为回馈，制作预算报表。

7. 税务管理

登录税务系统的 RPA 财务机器人，自动获取税务所需数据，以这种方式得到用于编制纳税申报表所需要的税务数据，检查涉税信息数据，机器人根据预置检验公式进行检验，开展财税科目的数字检验，最后实现数据的统一存储与命名。同时，还可以将底稿数据自动导入，生成申报表并自动填报有关资料，进行分录和账务处理及入账工作，并负责增值税发票的开具，对财务机器人运行情况进行审查等。

另外，在财务共享中心中，也可以利用 RPA 财务机器人进行固定资产核算、成本核算、档案管理。总之，在这些应用场景，RPA 可以充分发挥流程自动化在财会领域中的潜能，推动财务向智能化转变。

### （二）RPA 财务机器人的应用效果

1. 提升效率和敏捷性

在流程自动化方面，RPA 财务机器人的最大优点是可以根据事先设定的规则，自动执行相关任务。在此情况下，企业可以在不依赖人的情况下，将财务流程中的大量重复性工作自动化，提高运营效率。此外，RPA 财务机器人也避免了人为出错，最大限度地减少了财务流程上的失误，进而提高了整个运营效率。

具体来看，RPA 财务机器人可以处理大量数据、完成重复性工作、消除财务人员手动处理流程中可能产生的错误和盲点。例如，RPA 财务机器人可以自动完成录入会计凭证、扫描并打印凭证等工作，这为会计人员腾出了时间和精力来处理其他工作。此外，RPA 财务机器人可以在多个系统之间自动核对、同步数据信息，减少了重复劳动，还可以直接对银行系统中的相关数据进行录入和处理，避免了人工输入产生的误差。

在财务流程自动化方面，企业可以将传统的手动流程转变为软件驱动的过程，通过 RPA 财务机器人来代替人工完成复杂操作。例如，在日常业务中企业可能需要填写大量表单数据或进行多个系统数据同步工作，而在流程自动化过程中这类任务可以由 RPA 财务机器人来完成。具体而言，RPA 财务机器人会根据事先设定好的规则来进行操作，如选择录入凭证或选择多个系统进行数据同步等，并且企业可以对 RPA 财务机器人操作中产生的结果进行分析评估以获取进一步优化流程所需的信息。

2. 提升使用者满意度

在 RPA 系统中，每一个用户都可以在自己的工作区域内创建和管理自己的业务流程。在一个由 RPA 财务机器人管理和自动化处理业务的世界中，员工可以从他们每天所做的查看财务报表、处理税务申报和记账以及汇总报告等重复性工作中解脱出来，员工可以专注于更有意义或更重要的工作，例如与业务部门进行有效沟通和解决问题，并参与更高级

别的决策过程。这样既节省了耗费的时间，也省去了人力成本，同时也提升了使用者的满意度。

3. 保障数据的安全性

RPA 可替代员工手动输入数据，减少手工操作错误的可能性，提高数据处理的效率以及工作的准确性。例如，在发票的处理方面，通过使用 OCR 技术，对原始发票进行 OCR 扫描，将发票信息录入系统中，生成电子发票。这样一来，在财务共享服务中心处理过的发票，可以通过 OCR 技术自动识别发票信息，并保存到系统中。同时，电子发票的开具、传输和储存等环节，可以实现自动信息记录，实现全流程线上化。由于电子发票具有唯一性、可追溯性，因而它的真实性、可靠性能得到保障，减少了企业税务风险。此外，电子发票还能够为企业带来其他收益，如减轻财务人员的工作量、提高财务人员的工作效率等。

4. 提升风险管控能力

RPA 的应用可降低企业财务风险，帮助企业实现风险管控。RPA 应用于财务共享服务中心后，由员工在系统中进行操作，由系统自动审核、核对、批准业务内容，识别出在执行过程中可能存在的各种风险点，通过风险预案设计进行管控。另外，RPA 财务机器人在处理业务过程中可能发生错误的可能性比较小，通过流程设计可以减少出错的概率。

5. 协助作出长远决策

将 RPA 嵌入到传统的业务流程中，财务人员可以获得更多来自业务一线的信息，通过财务数据分析获得更多信息，为企业决策提供依据。例如，在客户需求预测过程中，企业需要对客户需求进行预测并分析哪些是重点和热点问题。为了实现这一目标，企业需要定期分析历史数据，了解客户行为和偏好变化，并研究不同细分市场的需求情况。这种预测可以由财务人员和业务人员合作完成。而 RPA 财务机器人使用其强大的数据分析功能进行预测分析，可以使用客户数据、收入、成本等历史数据或更多其他与客户相关的数据进行预测分析。

## 三、企业应用 RPA 的财务共享中心流程设计

### （一）费用报销流程优化设计

财务共享中心引进 RPA 以后，企业费用报销业务就变得简单而有效。费用报销的业务流程主要是发票的管理、审核与核算，下面主要对这两部分进行优化设计。其中，发票作为企业经营过程的原始凭证，是企业会计核算的基础。在财务共享中心的传统模式下，发票处理的工作存在烦琐和费时费力的问题，而使用 RPA 财务机器人刚好能处理这些缺点。在应用 RPA 之后，简化了原来的程序，把这些职位上的员工解放出来，让其有精力去研究管理决策方向，加速员工职能的转变。

1. 发票管理业务流程的优化

在发票管理业务当中，工作量极大。RPA 在财务共享平台上划分不同种类的费用报销，财务人员在进行报销的时候，需要先选择合适的板块来进行操作，再按照提示录入所需报销信息及数额，进行在线报销、在线审核。报销人创建费用账户，并对报销项目进行选择和分类，而智能费用控制系统根据项目的分类对所需的附件信息进行提示。报销人将照片数据上传到图像平台，系统借助 OCR 技术可以自动判定报销单附件的合规性和完整性，验证发票的真实性，判断是否重复报销。RPA 通过 OCR 技术，可以识别发票核销过程中的图像信息，扫描提取财务共享中心的发票，并自动登录税务网站，实现内、外部系统信息互动，对识别出的虚假发票信息进行记录，并将其退回进行处置。可以说，财务共享中心在 RPA 财务机器人的应用下，能够一次性完成发票识别、信息提取以及检验发票的匹配情况，着重对数量、金额等进行校验。与此同时，RPA 财务机器人还可对费用报销流程进行监控，若出现反复上传账单或者发票等情况时，将进行报警并提醒当事人进行审核。另外，RPA 还具有自动判别发票种类的突出优势。比如，对于差异不显著的增值税发票与普通发票，RPA 的识别功能可将其显著差异位置区分开来，同时可将增值税发票中的数据抽取出来与实际账单作比较分类上传。

2. 审核与核算流程的优化

审核与核算流程的优化既有助于应付款管理与发票管理进程的提速，对应付款全流程进行监控与跟踪处理，又有利于提升业务处理的时效性与私密性。通过在 RPA 内预设费用报销审计规则，将其嵌入费用报销系统，使 RPA 能够按既定逻辑执行审计操作，如制定审核报销标准、记录审核结果并反馈给相关人员等，这样能极大地提高报销审计工作效率。RPA 可以代替财务共享中心初审岗位，自动识别信息，完成核算并对会计信息进行处理，智能费用控制系统将按照预置规则进行管理，向财务共享中心复审岗提交资料，复审岗收到资料后进行人工核对，检查之前审核工作的规范性。根据大数据技术的应用，RPA 财务机器人能够通过历史数据对申请人进行信用评级，不同评级会享有不同审核方式，RPA 财务机器人会对评级较高者自动进行审核，而评级较低者则交由财务人员手动办理。费用报销智能自动审核可使财务人员大幅缩短审核申请人资料的耗时，显著提高费用报销审核工作效率与质量，缩短报销单传递所耗时间。因此，将 RPA 应用于费用报销等诸多环节当中，能够有效提高工作效率并加速企业财务共享中心智能化改革进程。优化后的费用报销流程如图 5-8 所示。

### （二）资金管理流程优化设计

1. 付款申请流程优化设计

支付申请单的自动生成是为了优化各系统之间的连接，同时也是为了解决支付过程中出现的一系列烦琐的问题。目前的资金管理部门不能实现对各个账户的同时登录，各系统

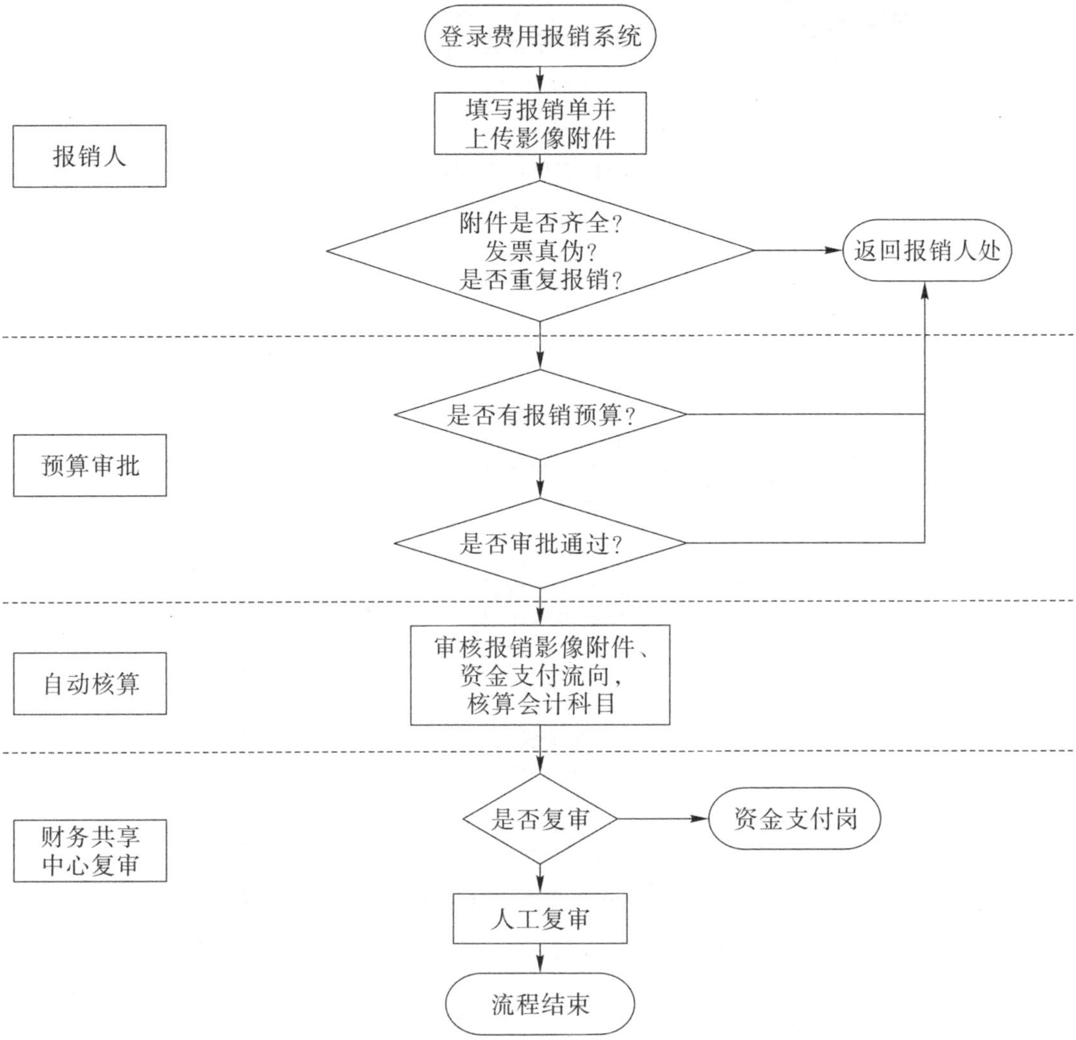

报销人

登录费用报销系统

填写报销单并上传影像附件

附件是否齐全？发票真伪？是否重复报销？

返回报销人处

预算审批

是否有报销预算？

是否审批通过？

自动核算

审核报销影像附件、资金支付流向，核算会计科目

财务共享中心复审

是否复审

资金支付岗

人工复审

流程结束

**图 5-8 优化后的费用报销流程**

之间的数据不能及时进行同步，因此在生成付款请求时容易产生数据错误，而不能被及时发现，从而导致公司的经济损失。在应用 RPA 之后，财务机器人自动识别单据类型，调用相应的单据表格，识别出单据中的内容，并将其与财务信息系统中的的账目信息进行对比。审批通过后，可以直接生成自动付款申请单。反之，如果没有通过，那么就把它上报到财务负责人处，财务负责人会对单据进行人工核对。完成之后，则会自动识别付款单位、金额及时间，生成付款申请单。如果财务负责人审批不通过，就会进行再次人工校验及修改。总的来说，采用的系统可实现自动支付，全流程自动化程度高。优化后的付款申请流程如图 5-9 所示。

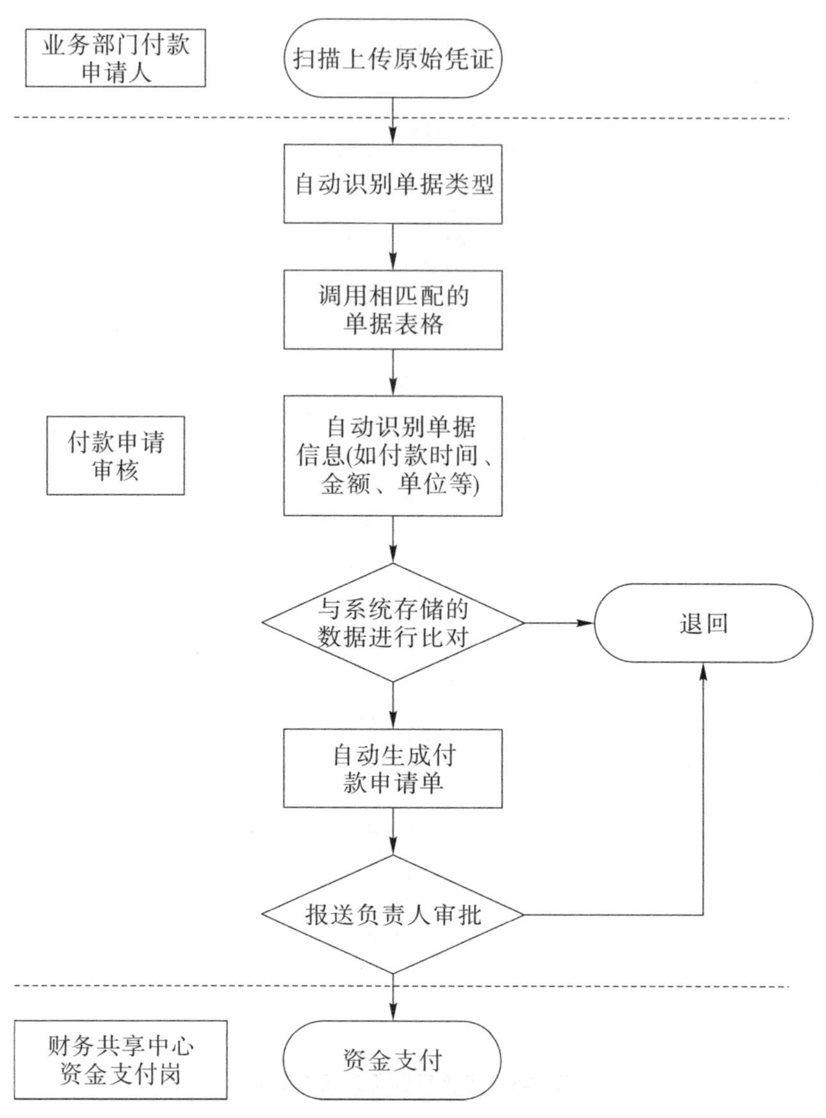


**图 5-9　优化后的付款申请流程**

与公司原本的流程相比较，优化设计后的流程的主要优势体现在：可以自动调用并生成相应的单据，将其与财务信息系统中的账目信息进行校验。在流程进行时，添加了两次人工易出错的流程节点上的审核，并针对可能发生的支付失误，进行了重新设计。这样的做法解决了由于各个业务系统之间的衔接不畅而造成的数据采集过程中的错误或是有人故意非法地将对公业务和对私业务进行混同，从而降低了因为审核流程缺失而造成的支付损失等问题。优化后的付款申请流程可以让公司减少付账错误的发生，同时也减少了人力资源的浪费，提高了公司资金管理审核的品质，也提升了公司资金管理的安全性。

2. 银企对账流程优化设计

在企业期末进行常规的银企对账时，要通过人工对所有的银行账户进行单独的对账，而且每个银行账户的对账过程都是一样的，这会对财务的总体工作效率造成很大的影响，

还很容易出现漏查的情况。如果在财务共享中心使用了 RPA 财务机器人，那么在期末时，RPA 财务机器人能够自动登录网上银行，并提取出银行对账单的内容，与自动登录财务软件中取得的会计数据内容进行对比。之后，就可以执行对账程序，并自动完成银行余额调整表的填写与记录，再自动进行下一家银行的对账，直到所有的银行账户都对账完毕为止。此外，RPA 还将银行对账单按一定的格式输出，并将其汇总，最终自动上传。优化后的银企对账流程如图 5-10 所示。

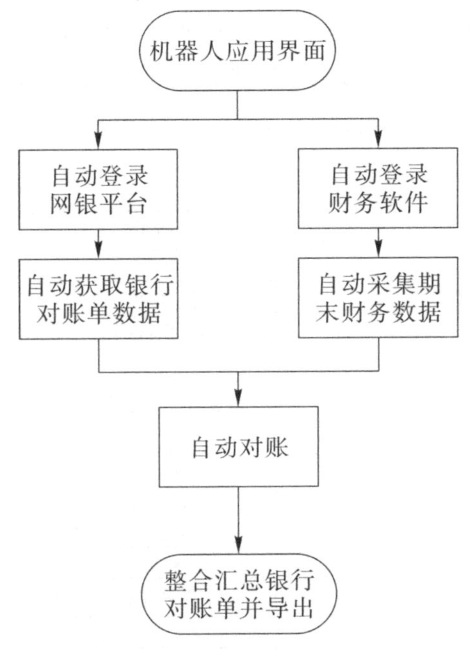


**图 5-10　优化后的银企对账流程**

### （三）税务处理流程优化设计

RPA 可应用的流程是易于界定且有规律可循的。财务共享中心最主要的任务之一是为企业所有分支机构进行税务管理并开具发票，现有的流程环节众多，并且需要各层级之间的层层交流，应用 RPA 则可以实现一步式智能化审核、标准化申报及自动记账的全过程，既能解放人力、减少出错率，又能对过程中存在的风险进行监控，加快纳税申报速度。下面将重点对纳税申报与计提税款业务流程进行优化。

1. 纳税申报业务流程的优化

从纳税申报流程上看，它和 RPA 的适配程度更高，RPA 财务机器人可以对每一个环节进行自动化处理。在应用 RPA 财务机器人之后，首先可通过预先设置好的程序，完成自动登录账务系统的操作，自动完成科目余额表的获取、对固定资产明细分类科目的读取及初步试算等，然后登录税务申报系统，自动根据纳税主体导出财务数据、增值税数据，这些均为纳税申报所需要的信息。在完成上述工作后，RPA 财务机器人将所有相关业务导入财务软件中，然后利用财务软件提供的各种功能逐一检查各子公司账务处理是否符合税法规定，并生成相应的凭证。其次，自动获取财务人员事先填写好的基本信息，根据信息逐步生成纳税申报表底稿。对于会计和税法上的差异、进项税的不同之处、一些科目进项税抵扣差异以及预缴税金等科目，RPA 财务机器人将按自动设定规则调整，将审核后得到的结果与人工检查的结果对比来确定是否存在异常情况以及该如何解决等一系列工作。通过提前准备好的审核公式，由 RPA 财务机器人对结果进行校验，来保证数据的完整与准确。最后，RPA 财务机器人把处理好的结果放在统一的位置，税务人员可以对其进行重点检验。通过 RPA 财务机器人将不同的子公司汇总，进入纳税申报系统，填写纳税申报的底稿，将有关数据自动上传，并进行纳税申报，实现有关数据的自动下载。该过程可以在企业内部网络环境下运行，具有较强的灵活性，能够满足不同业务需求。优化后的税务处理流程具体如图 5-11 所示。

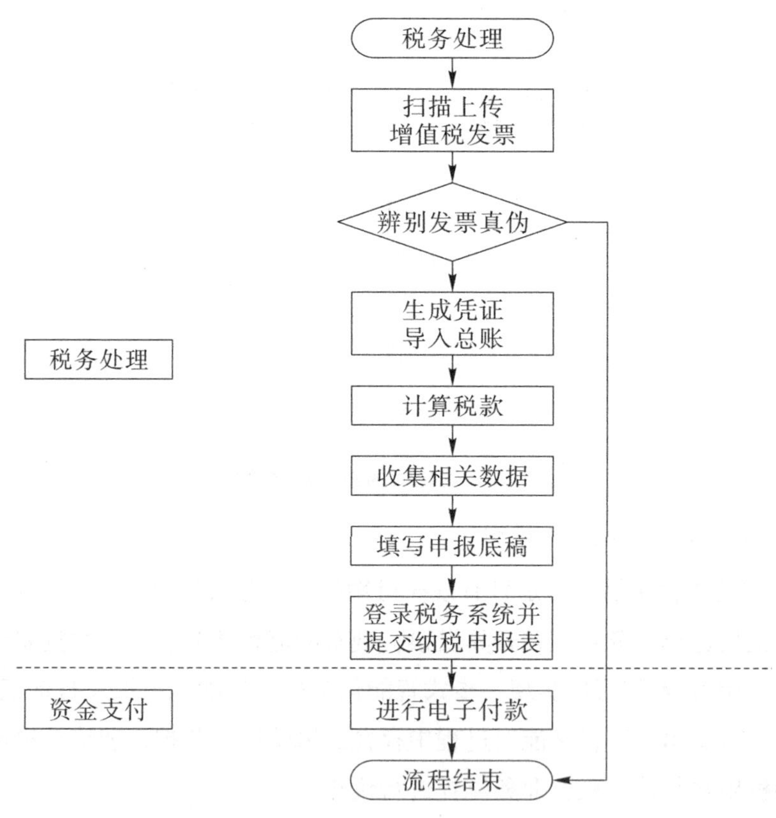


**图 5-11 优化后的税务处理流程**

除此之外，RPA 也能通过采用电子支付流程实现报税过程的自动化。该流程能有效减少手工作业的工作量，减少错误率，使申报工作规范化。与此同时，企业财务共享中心还可借助 RPA 的税务处理流程，通过其与财务系统的交互，自动对税务发票进行编码。该方案将税务发票从手工填制转变为智能识别填写，提高了税收征管效率。基于智能图像识别技术，设计开发一套适用于智能终端的纳税申报表审核方法，对企业进行纳税申报业务处理提供辅助支持，可以确保纳税申报表的可靠性，促进纳税申报质量的提高。

2. 计提税款业务流程的优化

财务共享中心计提税款环节所涉工作相当繁重，下文以所得税的处理过程为例进行分析。首先，RPA 能够自动导出财务系统中的原始财务信息，并将企业所有账户进行清查核对。其次，RPA 可以实现对数据进行综合管理，对账户的异动情况进行实时监控，还可获得税务系统历年申报完成的调整事项以及税款差异、未弥补亏损的信息。根据行业信息和以往年度申报习惯，RPA 会自动提示本期需进行调整的位置，标出存在异常的数据。最后，由工作人员利用 RPA 财务机器人分析预先录入的基数，完善非常规的调整事项。这样才能确保精准计算所得税，同时在日常工作中不断学习新技术，提高业务技能。

通过 RPA 可促进税收计算效率、准确度的提高，并可在企业内部设置统一申报口径，因而有效地减少了手工操作所需时间；同时也有利于企业内部控制制度的建立，进一步提升数据采集与协调能力。RPA 既能够精确地计算所得税，又能够高效地完成附加税和印花税的纳税申报以及计提地税、房产税等，能够保质保量地完成税务处理这一任务。

税务处理流程还可以在增值税发票认证及自动生成分录等流程引入 RPA 财务机器人，实现对企业财务报表的联结与收集。RPA 财务机器人以 OCR 技术为基础，通过对票据的精准核对，为发票信息的准确性及发票的真伪提供保证，实现了发票的批量化验证，大幅提高了检验的准确性，有效地提高了发票认证的效率。在记账环节中，RPA 财务机器人则可以协助完成分录的编制与自动录入，根据发票信息在财务系统内部迅速查找应当入账的科目，准确记录发票金额和进项税额。

综上，提出了三个与 RPA 适配度较高的流程优化设计思路，有效地使产出质量提升的同时，降低了人为的失误，避免产生纠错成本，使企业能够把节约的资金用到更有需要的地方去，从而有效地降本增效，为企业的发展提供动力。

## 四、RPA 应用流程优化的保障措施

### （一）维护升级软硬件设备

RPA 财务机器人需要通过维持软件和硬件设备的正常运行来保证其工作质量。由于 RPA 财务机器人的应用基础是电脑等硬件设备，所以损耗最多的也是硬件设备，主要原因是其需要保持长时间、大业务量的连续性工作。为了防止长时间待机操作导致硬件损坏而中断运行任务，因此有必要定期更换计算机部件，以确保运行质量。而 RPA 财务机器人运行的关键在于软件能否正常运行，这也要求企业应同时重视系统软件的维护。在大多数情况下，RPA 财务机器人处理的都是工作量繁重的业务，通常当计算机长时间处于待机状态或者连续工作超过 24 小时，就存在一定概率会对计算机造成严重损坏。计算机硬件过热，很容易关闭计算机或在运行过程中出现闪退现象，这将影响 RPA 财务机器人的正常

运行。通过对软硬件设备的维护，可以从多个角度提高财务机器人的适用性①。为了最大限度地提高财务机器人的适用性，除了日常的软硬件维护外，也要从多角度实现不同层次的优化，使其向智能化、标准化方向推进，还需要通过调研和总结等方法多方联动协调制定财务机器人的升级改进措施。

### （二）加强管控保证运营

财务共享中心成立后，财务共享中心需要对输入的数据进行审查处理，容易引起信息不对称现象，增加了业务处理风险。在引入 RPA 财务机器人后，由于信息系统的不稳定性，业务流通和业务处理中存在的风险增大，特别需要构建风险共担机制，这不仅可以避免相关人员逃避责任，还可以促使参加业务流转的所有人都为实现业务的完成而竭尽全力。为了解决财务共享中心“期间冗余”现象，企业应确保平日可完成的清算业务按时完成，减少期末财务共享中心人员工作量的急剧增加，规定每天按时间或限时报销结算。对于因利益冲突和对财务共享中心不满而故意增加工作量、恶意拖延清算的现象，企业应制定相关奖惩制度，严厉打击这一系列恶性现象。

### （三）推动财务人员转型

企业最核心的是工作人员，对于财务部门来说最核心的则是财务人员。RPA 的应用解放了更多的财务人员，提高了财务人员的工作效率，因此推动财务人员转型对于财务部门来说是最根本的。会计人员应深入了解企业经营成果，在提升专业素质的同时，提升自己的管理技能，从会计人员转变为管理型会计。然而，这一转变需要企业管理者的支持，这就需要管理者将会计人员从繁杂的工作中解放出来，使他们有时间、有精力学习管理技能，并且将企业的业务深入到财务人员中，使企业财务人员不仅有专业的知识而且有业财融合的能力。这样企业可以有效提高业务流程的效率，加快企业财务管理的转型。

### （四）强化财务信息系统

推动企业财务共享中心业务流程优化的关键不仅和人为因素有关，还需要强大的信息系统支持。随着企业业务量的不断扩大，企业财务数据越来越多，仅靠人工操作解决不了实际问题。对此，只有依靠先进的信息技术才能提高财务的工作效率和服务质量，强化财务信息系统才可以完美地解决企业财务人员工作效率低下的问题，更有利于企业降低成本，最终实现价值最大化。企业应结合信息化时代发展，使用高新技术优化现有的业务流程运行模式，为持续推进业务流程深化改革打好基础。

### （五）引入外部咨询机构

随着企业的工作量越来越大，咨询机构也越来越完善，其拥有先进的技术，独立于各个企业，对运营管理有一定的敏感度，也有一定的经验，因而可以发现企业现有业务流程

---

① 田高良，陈虎，赵旖旎，等．财务机器人的选择和实施方法探究［J］．财会月刊，2019（19）：6.

的不足。它们可通过深入了解企业财务管理现状，针对企业自身的发展情况，从关键环节、风险环节、保障环节等多方面进行优化，为企业业务流程优化提供专业的帮助。这就是为什么财务共享中心在引入外部咨询机构后，可以提高员工的工作效率，并且加快财务共享中心的转型。

### （六）及时反馈自主创新

为了实现智能化，企业需要不断升级和进化 RPA 财务机器人①，进行多方面的调查研究，做好报告，及时总结，有效满足业务人员的实际需求，使 RPA 财务机器人达到真正为人所用的状态。同时，企业应随着业务范围、战略目标、政策法规等客观因素的变化，及时调整自身，不断完善自身水平，最大限度地为企业服务。值得注意的是，企业的智能化改革是一个不断更新完善的过程。对此，企业要坚持创新才能实现智能财务，提高财务管理水平。企业自主创新机制分为两种：一是提升 RPA 财务机器人的智能化，通过整个系统的主体运行经验为 RPA 财务机器人提供数据信息，从企业的战略目标和国家政策的变化等因素中提取创新的方向；二是提高 RPA 财务机器人的实用性，将存在的问题进行记录，并且定期汇报总结。

# 第四节　企业财务共享模式下财务管理效能提升路径

## 一、完善财务共享机制，优化财务工作流程

财务共享模式实现了财务工作的集中化和统一化处理，它对于整合财务信息资源、提升财务管理效能有重要意义。对此，企业要加快构建科学完善的财务共享管理机制，推动财务工作流程的优化和重构。

首先，企业要全面梳理当前的企业运作情况和财务工作情况，在现有财务管理机制的基础上，评估当前模式与财务共享模式之间的异同，全面调整当前的财务管理职能、组织架构和管理内容，建立与财务共享模式相契合的管理机制。同时，企业也要完善与财务共享中心相匹配的监管体系和风控体系，加强对财务信息的全方位管理，构建风险监测和预警机制，为企业财务部门的运行提供安全稳定的环境②。

其次，企业要加快财务工作流程的简化和优化，为发挥财务共享中心价值、提升管理效能奠定良好基础。一是企业要深入分析现有的财务流程，识别并剔除非必要性流程。现有的财务工作流程中存在一定的冗余现象，阻碍了管理效能的提升，要在保证流程合规性和约束力的情况下，尽可能剔除和缩减流程环节，加快业务运转速率。二是企业要制定统

① 胡晓芝．房地产企业财务共享服务中心建设初探［J］．中国管理信息化，2015，18（13）：2.

② 舒霞．试论国有企业财务管理效能提升的路径［J］．中国市场，2021（30）：146-147.

一的工作方法和流程，削弱部分部门工作模式上的特殊性。财务常规工作的流程应当确保一致性，如预算申报、发票报销、合同管理等，从而强化财务管理的规范性。三是由于财务流程的优化是一项动态性工作，因此企业要构建针对财务流程的监测和反馈机制，全面评估现有流程的效能，收集内部反馈信息，从而解决现有问题，实现进一步的优化和完善。

## 二、构建数据统一标准，保障数据安全精准

在信息化环境下，数据是最核心的处理对象，也是各项业务开展的基石，因此要确保财务管理效能的发挥，就必须不断提高数据的质量，确保财务系统获得全面、统一、安全的数据。

首先，企业要构建全面连通的数据通道，实现财务数据的多端采集和集中存储。将财务共享平台与企业其他业务系统、管理系统的数据层进行连通，能够实时采集财务管理所需的各项数据，避免分散、独立的数据形成“信息孤岛”现象。从财务管理风险防控的角度来看，整合企业业务数据有助于全面开展风险评估和分析，即从财务的视角判断业务活动的可靠性，这对于提升企业管理效能有突出价值。

其次，企业应当制定统一的数据标准格式体系，在企业的日常运营中严格执行，从源头上确保各系统中数据的一致性和规范性，为后续的数据处理减轻负担，降低出错概率。同时，企业应当采用先进的多源异构数据清洗技术，定期开展财务数据审核工作，在技术处理的基础上进行人工审核，最大限度地提升数据的准确性。

最后，企业要结合法律法规的相关要求，制定数据管理标准，保证企业财务共享中心的数据处理工作合乎法律条款和会计准则。企业还要增强各部门人员的数据管理意识，培养财会人员的数据敏感性和信息化数据处理能力，充分了解财务数据资源的价值，进而合理开展数据分析工作①。

## 三、提升企业内控效能，促进部门协同合作

在财务共享模式下，财务管理工作已然不单单是财务部门的责任，只有促进跨部门合作，强化企业财务内控水平，构建部门之间交流和协作的渠道，才能整合企业权力，有效提升财务管理效能。

首先，企业应当构建通畅有效的跨部门沟通机制，创建一个各部门能够协同工作的平台，引入协同工具和信息技术，让部门之间的交流更加通畅和透明，能够秉持共同思想和共同目标，为企业的发展贡献力量。另外，除网络平台这一沟通模式以外，企业还可以采用跨部门会议、联合工作小组等方式促进不同部门之间的合作，也可以通过跨部门团建、

① 苏博．集团企业智能化财务共享中心建设研究［J］．财会学习，2022（27）：4-7.

企业文化活动等方式加强部门之间的相互了解。

其次，企业应当制定规范统一的工作流程和工作方法，逐步将各个部门的组织文化和业务特征统一化，这样便于后期的集中式管理，提升管理效能。在这个过程中，企业应当明确各部门原有的流程和方法，循序渐进地推进改革。企业可以编制财务流程手册和业务操作指南，为跨部门协作的开展提供指导。

最后，企业要根据自身的经营特征和战略规划，构建并强化内部控制机制，实现各部门之间、业务环节之间的相互约束和监督。对此，要加强内部审计效能，发现并纠正企业运营过程中存在的不合规和不合法行为；完善风险管理机制，开展内部教育培训，形成协同化的风险评估和响应机制，做好事前预防和及时处理，最大限度地降低风险因素的负面影响。

## 四、加快信息技术赋能，完善财务共享平台

由于企业的财务管理效能与财务共享中心的水平有密切关联，企业要充分借助信息技术和互联网的优势，加快提升财务共享中心质量。对此，企业可以从完善财务共享平台功能、加快引入前沿技术、保障技术安全可靠性等角度入手。

首先，企业要根据财务共享模式下的财务工作内容和功能需求，进一步完善财务共享平台的功能模块，加速推进一体化建设，形成业务系统互联、财务管理闭环的信息化管理平台①。一般来说，财务共享平台主要包含三个部分。第一，常规模块，即财务核算、资金管理、预算管理模块等。在常规财务功能的基础上，增加子模块，以完善功能。例如，在财务核算模块中，应当包括总账模块、固定资产模块、往来账款模块等。第二，业务模块。其包含企业的各类业务和服务模块，如采购业务、生产销售、人力资源管理以及绩效管理模块等。第三，协同平台模块。以财务共享理念为引领，实现多个模块的整合和一体化办公。

其次，企业要结合自身需要，逐步引入大数据、区块链、人工智能等技术，实现对财务数据的深度应用，充分挖掘各类数据资源的内部价值。例如，借助人工智能技术，开展风险源评估和风险监测工作。人工智能具有深度学习和神经网络算法等突出优势，能够不断完善训练模型，使其更加适应企业和外部环境特点，增强判断和决策的精准性。

最后，企业要做好财务共享平台的技术保障工作，定期对软硬件设施进行维护；提升财会人员信息素养，增强系统操作人员的安全意识和规范意识，严格遵照用户权限进行操作；做好数据备份和恢复工作，防范网络攻击和网络病毒。

---

① 孟金伟. 构建财务共享中心提升财务管理水平的途径探索［J］. 当代会计，2021（14）：94-95.

# 第六章 企业财务管理优化策略

## 第一节 企业财务管理大数据创新对策

### 一、突出人员在财务管理中的重要地位

进入大数据时代，人力资本逐渐成为资本中的一个重要分项，在决定企业发展、促进企业创新方面起着越来越重要的作用。在这一时期，每一个企业的发展壮大都十分依赖于人力资本对数据资源的有效开发和利用。因此，企业应当突出强调人力资本在财务管理中的重要地位和作用，将人力资本要素特别是知识性人力资本要素视为基本的企业财务管理内容。这是促进数据开发，加强数据知识产权保护，打造知识密集型产业的关键。在大数据时代，企业的价值不仅体现为有形的资产，更体现为无形的知识资产和智力资产，这些资产是助推企业转型发展、实现创新创造的核心推动力。因此，在大数据时代实施企业财务管理的过程中，应当将人力知识资本作为重要的资本要素进行财务管理，以确保这一类知识性要素能够在企业财务管理中形成新的数据支撑，构造以人为本的共创共享型企业财务管理体系，这是在数据支持时代下进行财务管理转型创新发展的重要方向。

### 二、重构财务管理功能定位

在大数据时代，应当逐步构建新的财务管理功能定位，将原有的财务功能定位进行重置。目前我国大部分的财务管理角色一般是依赖于财务报告、交易处理、账务处理等内容作为基本财务管理内容。在大数据时代，面对着大数据对财务管理的多方向应用和多模式开发，企业的竞争和发展越来越需要数字化融合下的财务数据支撑来进行企业自身战略方向的调整、管理内容的平衡和激励要素的构建。在这一大数据模式支撑下的财务管理系统中，应当全面实现财务管理功能的重新定位，特别突出强调财务管理不仅是基本的财务账目处理、财务报告制作等，还应当将企业发展的决策、企业日常经营交易处理、企业项目的设立推进、企业自我战略调整和改革创新等都纳入企业在数据化时代实施财务管理的内容。

在大数据时代，企业财务管理的职能变化应当更加突出，其非局限于业务输出和财务

报告输出，而是在会计核算、交易处理、资金结算、报表编制等方面实现共享财务；在财务分析、财务预测、财务规划、激励评价等方面实现业务财务均衡化；在会计体系构建、资本管理搭建、资源有效配置、决策支撑以及价值升值等方面实现财务管理的战略支撑。只有这样，才能够使财务管理在大数据时代实现多样化的功能发挥，从而为大数据时代的市场多元化和企业功能多元化提供有效的价值顾问。

### 三、构建财务风险管理新模式

在大数据时代对企业财务管理实施转型，应当以风险型财务管理转型为主线，不断地推进企业财务转型中数字化应用对企业风险、财务风险的控制力度。企业在实施财务管理过程中，将数字要素和信息化内容相结合，进而融合于财务管理过程中加强财务管控能力，是数字经济时代企业财务管理转型发展的重要方向，也是财务管理借助数字化系统来推进自我净化、完善风险管理预警体系构建的重要举措。

为此，企业应当做好以下几个方面的工作。一是构建系统化、全面型风险管理数据模型。通过风险管理数据模型，将财务管理制度、管理内容、管理要素有机融合进风险管理内容中，通过大数据将风险管理的财务数据与移动互联网和风险机制相互融合，搭建起强化企业财务管理、风险控制的体系，进而为风险管理的全面系统化构筑打下坚实的基础。二是实施企业财务管理转型时，注重对信息化要素的多方面、多元化、多载体化应用，通过将这些数据要素与原有的企业财务管理系统有机对接，完成新的包含数字要素的企业财务管理平台系统的搭建，从而实现财务风险管理标准统一化、内容一致化、要素多元化，将企业财务管理与风险管理全面融合，提高企业财务的抗风险能力。三是以系统化的思维体系来考察整个企业管理架构，将数据要素和数字要素、数字经济思维融入企业财务管理内容中，并将企业财务管理及风险控制作为整个企业管理框架下的一个子内容，以此利用企业发展的五要素为核心，确保企业构建起包含提前预警、内部控制、公司治理等要素的数字化财务管理共享平台，使所有的财务风险能及时得到预警、评估及反馈，避免损失的发生，做到风险预警前置化，从而也可以解放出更多的财务管理人员。

## 第二节　企业财务管理内部控制优化对策

企业财务管理是企业能够正常运转的关键环节，贯穿整个企业的发展历程，关乎企业是否能够稳定且持续发展。如果企业财务管理在内部控制方面逐渐出现问题，将会直接影响企业的正常运转。下面基于企业常出现的一些财务内部控制问题提出优化方案，以期为企业财务内部控制改进作出贡献。

## 一、建立良好的财务内部控制环境

财务内部控制环境是企业健康发展的前提，包括企业组织架构、工作人员的素质、企业的文化、团队的凝聚力以及科学的制度都是财务内部控制环境的一部分，财务内部控制环境的好坏直接决定着员工的工作态度、工作效率以及工作成果。这说明营造一个良好的财务内部控制环境是内部控制的基础工作，奠定了企业财务内部控制水平的基调。良好的财务内部控制环境可以为企业财务内部控制提供基本保障，因而下文从完善企业财务组织结构以及提升员工素质与胜任能力两个方面分析，对企业当前的财务内部控制提供优化方案。

### （一）完善企业财务组织结构

1. 建设财务系统垂直一体化管理模式

财务组织架构是决定企业未来发展是否稳定的基础。企业为了实现经营目标进行分工和协调是财务组织结构的功能之一，企业可以通过集权和分权的方式来制约员工之间的权力，从而达到互相牵制和资源整合的作用，也可以通过调整垂直管理模式达到控制和监督企业活动的作用。

目前大部分企业财务组织结构过于单一，为了促进财务部门间信息的有效沟通、即时分享，首先应当对财务部门进行扁平化处理，采用统一财务系统的管理模式。根据当前大部分企业的财务组织结构现状来说，企业仅仅根据会计和出纳来划分财务工作和职责是不合理的，为了更好地实现企业资源的分工和整合，对企业资源进行合理分配，可以将会计与出纳并入财务核算部门。其次，在财务部门下设置风险控制部门、预算控制部门、税务部门以及金融管理部门，会计核算部门仍然主要负责公司的会计核算、收入与成本会计结算以及总账报表编制以及分析，其垂直管理模式有助于企业更好地进行财务内部控制。应当尽量将企业财务体系管理模式改成垂直一体化管理模式，调整后的财务组织结构具体如图 6-1 所示。

由于财务工作涉及范围广、内容丰富，仅由财务核算部门很难满足全面财务内部控制的要求，企业成立预算控制部、风险控制部等部门是必要的。其中，预算控制部主要负责制定全面预算管理流程、编制预算、进行预算考核以及分析，进一步确保财务内部控制环境完整；风险控制部主要负责财务内部控制的风险评估与防控，分别进行事前、事中和事后风险管理，准确识别风险，并制定有效措施及方法，做好防范和应对工作；税务部主要负责管理公司税务专项工作，如税务审计、清算汇算等；金融管理部主要负责财务制度的建设和管理工作，对当前行业形势进行分析，及时把握金融动向，为公司投融资工作作出贡献，独立于其他财务部门。

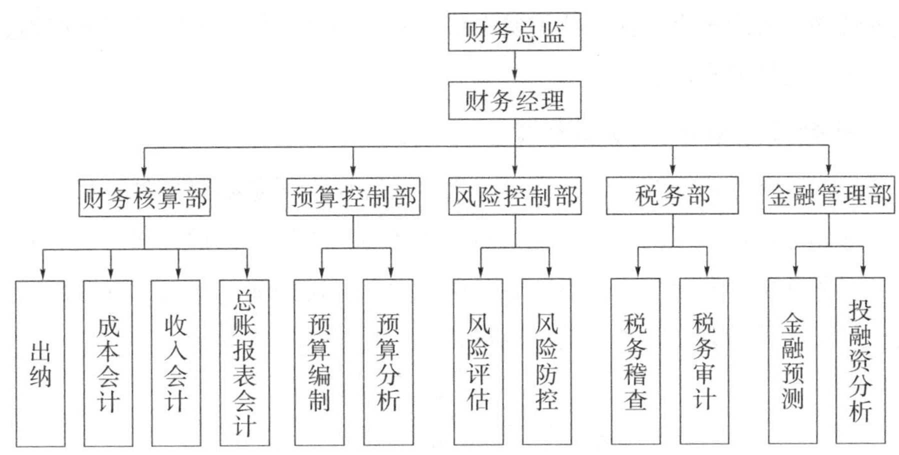


**图 6-1 企业财务体系垂直一体化管理模式**

根据财务部门工作职能的区别，建立垂直一体化模式细化工作流程不仅能够使企业坚持岗位不相容、相互分离的原则，使得财务岗位人员各司其职，而且可以帮助企业强化分工，确立审批权限和授权制度，减少越级审批，避免财务舞弊现象的发生。具体地，要加强财务系统处置一体化建设，对财务内部控制设置权限，达到相互制约、相互牵制、相互监督的作用，部门间相互配合、相互协作，以提高各岗位的工作效率，推进财务工作的有序进行。

2. 实行财务部门轮岗机制

面对复杂的财务系统，建立财务部门轮岗机制是十分重要的。同一个岗位长时间安排同一人负责很容易发现财务组织的漏洞，从而增加了财务舞弊的风险。首先，不同员工实行轮岗机制不仅可以帮助员工尽快熟悉各部门间的业务，交接公司运营流程，还有助于提高财务工作人员的整体水平，并熟悉更多的专业知识。比如，税务部和风险控制部可以定期进行部门间的轮岗，两个岗位之间存在工作方面的交叉，轮岗制度可以让部门间的员工对对方的工作更进一步的了解，员工也可以实现全方位的发展。其次，轮岗制度可以让员工熟悉另一部门的岗位职责、业务范围、工作内容等。这样，如果有本部门的员工请假或无法到场时，其他部门的员工也可以很好地上手岗位，接手其日常工作，保证财务工作有序进行。最后，财务部门的工作既烦琐又重要，实行轮岗机制可以让财务部门的员工更全面地认识财务工作，从而在进行财务内部控制工作时能够以全面严谨的眼光看待问题，进而起到有效防范风险以及实时监督的作用。

3. 根据经营业绩引入奖惩机制

为保障企业可持续发展，企业可以根据经营业绩情况引入奖惩机制，为财务部门员工制定激励与惩罚措施。员工对企业的认同感影响着企业的长足发展，适当的激励机制能够调动员工的积极性，降低员工离职率，而合适的惩罚机制能够督促员工扎实上进，不断进取，给企业提供稳定动能。应制定科学的绩效指标考核表评定每位员工的成绩，尽量做到客观公正，为达到奖励标准的员工发放奖金，而对不思进取或作出有损企业形象的员工要进行适当的惩罚。还应重点关注一些重要岗位，制订培训计划，帮助员工更好地适应岗位工作，能够更好地提升自己。

### （二）提升员工素质与胜任能力

企业要想加强财务内部控制，提高员工素质与胜任水平是必要条件。目前，企业财务部门员工的整体专业水平不高，面对复杂的市场环境，要想发挥财务部门应有的作用，必须着重培养财务队伍的专业能力。下面主要从管理层、财务部以及人力资源部三个角度分析如何提升员工素质与胜任能力，具体流程如图 6-2 所示。

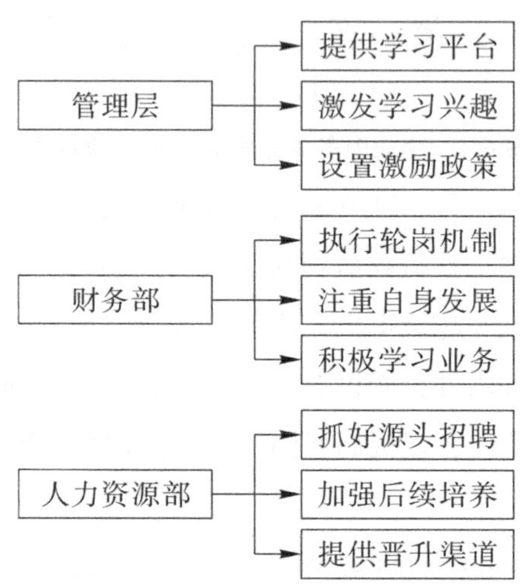


**图 6-2　员工水平提升具体流程**

对管理层人员来说，相对于员工他们更需要不断学习管理理念，提高自身工作水平。管理者在日常工作中要深入一线，主动发现基层存在的问题，并在以后的管理中积极寻找解决办法，让管理贴近业务，鼓励员工积极参与内部控制建设。首先，要为员工提供学习平台。财务人员能力的提升离不开专业技能的学习与培训、知识框架的不断完善，因而企业可以不定期开展相关专业知识和技能的培训会，具体培训内容可以包括了解财务岗位具体职责、企业业务范畴、财务相关知识等，培养员工全局意识。其次，需要调动员工的学习热情，让员工凭学习兴趣更高效地进行学习。例如，参加培训会可以获得奖励等。最后，对员工提升技能采取适当的激励政策。例如，鼓励财务人员参加专业技能考试、参与评定职称，并且在考试期间给员工设置带薪考试假，在拿到证书后适当提高员工薪酬等。

对财务部来说，首先，积极实行企业轮岗机制，使财务人员了解更多企业文化，与其他部门相互学习沟通，更快地学习财务内部控制的相关知识，增强财务内部控制意识。其次，要在良好的培养机制下注重财务人员素质的培养，全面了解企业财务业务，着重发展企业专业能力。最后，财务人员应积极参与企业组织的培训课程，通过在课堂上分析国内外财务内部控制失败案例，有意识地规避在工作中遇到的失误，以避免对企业财务内部控制造成损失。

对人力资源部来说，要想提高企业员工素质，增强其胜任能力，首先就要从源头进行选拔，在招聘环节中应以引进高学历人才为重，坚持以德才兼备、以德为先为人才招聘原则。其次，人力资源部还要注重对专业人才意识形态的塑造，加强后续培养。比如，组织新员工进行教育培训，不能只考虑教育成本，还要注重新员工素质提升、知识体系建设带来的长远利益。最后，要为员工提供专门的晋升渠道，使员工在工作中有奔头、有目标。

## 二、完善财务内部控制活动

企业财务内部控制活动不只是单一部门的事，其涉及各个部门和流程。下面从健全成本费用控制管理、加强货币资金控制管理以及构建全面预算管理体系三个方面展开对策研究。

### （一）健全成本费用控制管理

有效的成本费用管理是降低企业成本的重要途径。要想成本费用得到控制，有效消除企业舞弊现象，保障公司财产安全，就要不断完善企业财务内部控制中的成本费用控制。首先，有效控制成本费用需要规范财务成本费用审批流程，加强审批流程控制；其次，需要编制成本费用控制预算并有效执行，之后对执行情况进行分析；最后，结合财务管理相关知识完善成本费用优化考核体系。

1. 加强审批流程控制

目前大部分企业的付款报销审批属于事后审批，这一审批流程存在一定的问题。企业的资金审批不仅要经过各级领导的审批，而且业务上也不分重要程度，在一定程度上影响了企业的流程时间和付款时间，同时也大量占据了领导层的时间，使其无法有更多的时间和精力放在企业的战略布局上。最终将会致企业审批灵活度不高，审批效果不佳，审批过程流于形式。因此，建议引入分级审批流程，改变企业业务分级规则，根据资金规模的大小将各项审批流程划分等级，结合企业业务金额大小、业务的重要程度以及紧急程度使制定的分类细则更详细，分别授予财务部、部门经理、董事会以及股东大会不同的审批权限。从审批效率来看，财务成本的审批流程优化使分工明确、责任清晰，平均审批流程缩短，大大提高了审核效率。

2. 完善成本费用控制体系

要想使成本费用得到有效控制，不仅需要在审批流程和成本费用预算上下功夫，还需要完善成本费用控制体系的建设。根据年度预算进行成本费用预算的制定，经过审批确定成本费用预算，然后在日常经营活动中定期收集成本费用数据，经过核算对比其与预算的差异，若出现偏差则分析原因并纠正，最终达到减小偏差的结果，即完成了成本费用的控制。成本费用控制体系可以放到企业日常经营活动中，分阶段对成本费用进行考核，避免年末出现工作量过大、效率低下、发生错误等问题。优化后的企业成本费用内部控制流程具体如图 6-3 所示。

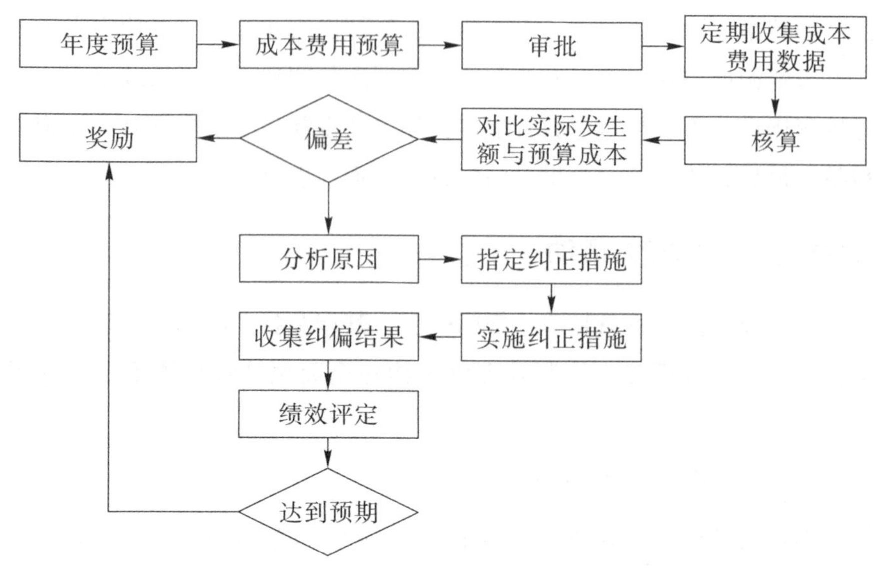


**图 6-3 优化后的企业成本费用内部控制流程**

## （二）加强货币资金控制管理

货币资金在企业中属于流动性最强的资产，高效的货币资金管理能够提高公司财务内部控制的有效性，为企业生产经营提供保障。下面主要从库存现金和银行卡管理、备用金制度两个方面入手提出相应优化方案。

1. 加强库存现金和银行卡管理

首先，应当明确与资金业务相关岗位的岗位职责，建立现金业务不相容的管理机制，相互制约、相互监督。具体而言，出纳应当在每日记账后对现金余额进行盘点，与账目进行核对，确保现金金额没有出错，同时对银行卡的管理要确保资金收付严格按照规定，付款要明确是否具有审核权限和是否符合审批流程，收款要落实资金结算办法；针对不同业务建议开通不同银行的银行账号，分别管理以此来降低资金风险。其次，在出纳管理现金及银行存款的同时，财务部门要对库存现金和银行存款进行定期检查或不定期抽查，核对账目是否正常，金额是否相符，避免出现财务舞弊现象。最后，财务经理要对资金做到精准把控，落实现金清查制度，做好审核工作，保证资金管理安全。

2. 完善备用金制度

当前大部分企业使用的是定额备用金管理制度，为办理日常零星开支使用，比如预支差旅费、零星采购等。各部门填制确定金额备用金借款单，若情况特殊需要经过部门经理的核实确认，在取得正式发票后交由财务部出纳手中，严格按照备用金预借、使用和报销手续进行。对此，出纳应当妥善保管与备用金相关的票据，定期编制备用金支出一览表，及时向财务经理反映备用金使用情况。

### （三）构建全面预算管理体系

全面预算管理是财务内部控制的有效方法，可以将整个企业关键的问题集中到一个统一管理和控制的系统中来。全面预算管理方法可将企业的经营活动和财务核算工作更好地结合起来进行筹划和规划，并对全面预算的执行进行全面监督和控制，同时全体员工也应明确自身预算，具体落实。

首先，管理部门要制定出具有企业自身发展战略目标和员工需求目标的全面预算方案，还要根据实际需要编制工作计划，与企业目前的规模相结合，制定出符合企业实际的具有科学性的预算指标，从而保证公司的可持续性发展。

其次，明确落实预算责任体制。制定合理的预算指标来解决现有的预算问题，可以从不同的层次对指标进行分解，并且向相关人员宣传全面预算的积极影响，最终形成可以落地实施的预算责任体制。在工作中，应定期与相关部门沟通预算实际实施情况，召开预算指标会议，发现不足并制订合理的改善方案。

最后，构建预算落实考核体制。应实施分期预算管控，不仅要按照季度进行考核，而且要进行内审预算，从而可以更好地解决预算与实际考核不符的情况，及时对其进行调整。预算考核体制的重要性不言而喻，其既可以激发员工的积极性，也可以全面了解预算的实际落实情况。

## 三、加强财务内部控制信息沟通

良好的内部控制信息系统可以有效传递企业运营情况和外部环境情况，及时向企业利益相关者传递企业内部控制信息。而内部控制信息系统就像是一个平台，连接着企业各个部门，其完整性很大程度上决定着企业内部控制执行的好坏，由此可见企业构建完善的企业信息化管理系统是十分必要的。

健全企业信息化管理系统可以将业务部门联系在一起，整合信息资源，实现各部门间业务流程的互通与数据流动，确保数据信息的完整性与业务流程的透明度。健全的企业信息化管理系统可以使各个部门及时关注到其他部门的业务，并及时更新财务数据，使企业外部信息共享渠道更加通畅。建议企业引入行之有效的 ERP 系统。ERP 系统即企业资源计划，指的是企业用于管理日常活动的软件，包括会计、采购、项目管理以及绩效管理等系统，可以帮助企业加强财务内部信息沟通，并针对财务结果制订计划和编制预算。企业可以通过 ERP 系统进行销售情况查询、财务数据备份、上传数据库终端等实时操作，切实实现财务信息共享。其安全完整的信息库可以让企业能够及时获得准确完整的信息，摆脱对容易出错的电子表格的强依赖性。总之，企业信息化管理系统通过科学管理各部门，降低了个人因素对财务活动的负面影响，可确保会计信息和数据的真实性，有效提高工作效率。

## 四、增强风险防范管理意识

不同类型的企业面临的风险点是不同的，因而要想做好风险评估工作，增强风险防范管理意识势在必行。

### （一）建立风险识别与控制机制

企业面临风险不能只在事后进行控制再进行补救，这样难免错失许多控制风险的机会。因此，为了及时识别风险、评估风险并能够精准预防风险、应对风险，企业应当建立风险识别与控制机制，细化风险评估步骤，并对已经经历过的风险进行存档记录，全面展开对风险的评估与控制。对此，企业可以建立详细的风险评估流程，从风险识别、风险责任归属以及风险应对三个方面建立风险控制机制。企业财务风险评估流程具体如图 6-4 所示。

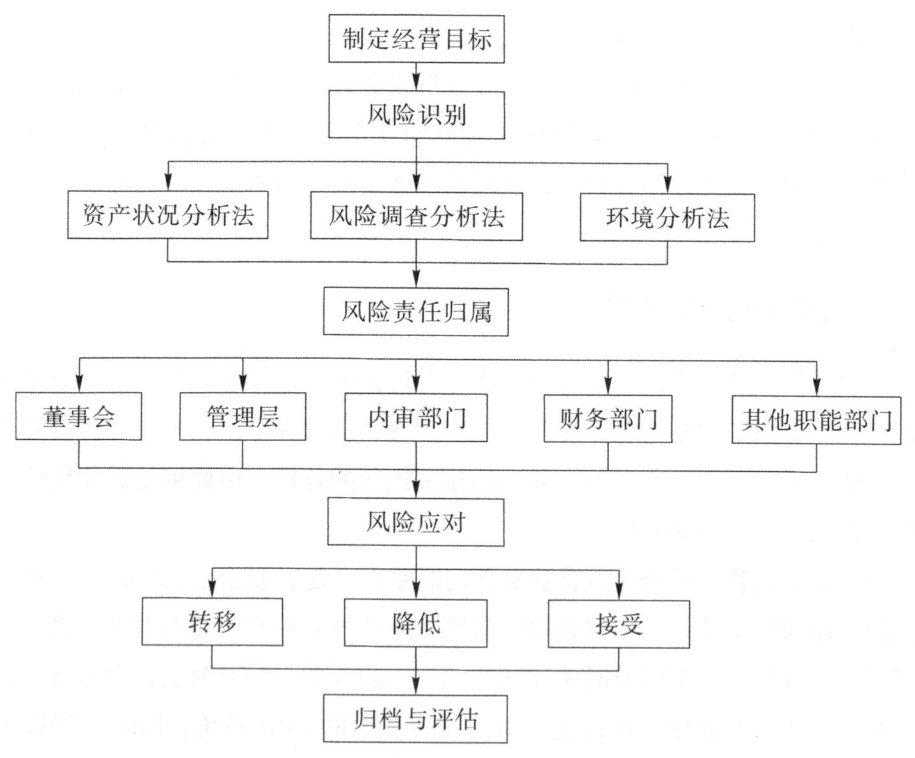


**图 6-4　企业财务风险评估流程**

### （二）增强员工风险意识，设立风险控制部门

增强风险管理意识不只是管理层的事，因为企业的经营风险存在于企业管理的各个环节，所以需要每位员工具备风险管理意识。企业面临的风险包括外部风险和内部风险，企业外部风险包括政治因素、经济因素、社会因素等宏观环境带来的风险，企业内部风险包

括财务风险、人力资源风险、技术创新风险等①。首先，企业管理层可以定期组织员工进行系统的学习，不仅要学习必要的财务知识，还要识别风险，增强员工风险意识；其次，邀请专家就财务风险导致企业运营失败的案例进行分析，向员工讲解如何识别、面对以及降低风险；最后，将本企业的财务风险案例库对所有员工公开，定期安排员工学习了解企业曾面临的风险，结合企业以前的风险案例从风险识别、评估、预防以及应对几个角度系统地学习，以便企业在以后再次遇到同类型风险时能积极作出应对。

设立专门的风险控制部门也是降低企业财务风险的有效措施之一。企业设置风控部门不仅可以从源头上解决内部控制风险评估和财务部门的权责分工不明问题，降低了事后追责的难度，还可以将评估风险的工作更加细化，从整体上提高企业财务内部控制风险管理的质量和专业度。设立风险控制部门需要选择具有专业风险管理经验和背景的工作人员，因为财务内部控制中的风险控制需要专业的分析才能切实发现问题，不能流于表面只做面子工程。换言之，不同岗位要配备资质和能力相适应的财务人员，这样才能更好地发挥岗位的职能，切实提高风险管控环节的工作效率。

## 五、构建有效的内部监督机制

企业每项经营活动背后都存在着审计风险，企业的内部监督工作对企业的良性发展尤为重要。因此，为了降低企业审计风险，建立有效合理的内部控制监督机制是必要的。

### （一）增设内审部门

加强财务内部控制的监督作用，需要增设内审部门。内审职能与机制要从五个方面实行。第一，内部监督。内部审计的工作人员，应做好自己的本职工作，监督并反馈受托人的表现。第二，内部控制。高标准的企业对内审人员的要求自然也高，其内部审计的监督功能和积极评价作用，将有助于企业财务内部控制系统的完善和发展。第三，预测风险。内部审计部门应树立新时代的新理念与新风险意识，积极评估企业风险，防患于未然。第四，服务咨询。内部审计长期性与系统性的属性，要求内审人员除了需要知晓企业发展现状与发展趋势，还要因时制宜地针对财务制度提出恰当的建议。第五，经济评价。审计部门要在知晓经营管理部门实际情况的基础上，作出与之对应的经济评价。即在了解绩效考核情况的基础上，进行考核制度审计，并针对企业全员进行经济责任审计。

### （二）保证内部监督的独立性

有效的内部监督机制是整个内部控制体系能够正常运行的重要保障。对此，内部监督要想实际发挥作用，内部监督人员与管理人员互相独立是关键因素，如果内部控制的监督作用要时常受到管理层的限制，内部监督就无法有效对管理层的行为发挥应有的制约作

---

① 张静宜. E公司财务内部控制优化研究［D］. 长春：吉林大学，2021.

用。可以说，加强内部监督的独立性势在必行，这就需要企业治理层对内部监督部门充分授权，为内控监督人员正常履行责任提供必要的条件。

## 第三节　企业财务管理高质量发展对策

基于高质量发展的要求，需重点提升企业财务管理能力，以管理会计工具为抓手，以价值引领、业财融合、风险管控为核心，实现财务管理由“核算型”“利润管理者”向“决策支持”“价值创造型”的转变，聚焦提升净资产收益率、科研投入比、资产周转率等关键指标，全面加强财务信息化共享平台建设，加强财务职能建设，促进业财融合，形成协同效应。

### 一、围绕深化经营机制改革，高质量指标考核常态化

一是严控非主业投资，做强、做优、做大主业，持续深化压缩管理层级，开展亏损子企业分级分类治理。二是提升项目精益管理能力，加大“两金”（应收账款和存货）管控力度，持续跟踪大额应收督办，实现“两个不高于”（“两金”同比增幅不高于同期营业总收入增幅、年末“两金”占流动资产比重不高于年初）目标，不断提升资产周转效率。三是持续培育产业对接资本市场，优化资本结构，以完善自身融资能力及风险可控为前提，提高投资带动力，优化业务结构，助力主业发展。四是强化“一利五率”（利润总额、资产负债率、营业现金比率、净资产收益率、研发经费投入强度、全员劳动生产率）考核指标体系，将财务资源向经济效益好、投资回报率高的项目倾斜，防范化解重大风险，进而保障资金安全，引导企业改善经营效率和发展质量。

### 二、推动财务管理体系重构，推进财务管理精益化

一是作为企业经营成果的展示窗口，财务管理需从“价值记录”型财务转型为“价值创造”型财务，财务业务则从“经验依赖”变成“流程驱动”，以加强财务管控，提高数据洞察能力，辅助决策支持，促进战略目标的达成，引导财务工作在管理模式、组织架构、业务流程的全面变革。

二是通过建立财务共享中心、搭建资金集中结算平台，将企业内部分散的会计核算、资金结算等业务集中处理，提高业务处理效率；通过影像系统和业务穿透查询等方式，实现业务场景应用的直观呈现，追溯业务源头，管控业务过程，评估业务结果，促进经营管理全过程全链条融合，契合数字化建设需要，进而改变财务管理模式，最终促进财务管理向管理会计转型。

三是通过业务驱动财务，全流程业务系统集成推送至财务系统，与财务核算、税务开

票、认证、申报、款项支付联动，深度参与企业管理，实现全企业数据资源统一、业务闭环管控、全面业财融合，进而助力企业高质量发展。

## 三、以管理会计为抓手，推进管理精细化

一是实现战略导向、考核落地的全面预算管理。以预算管理为切入点，通过打通预算管理与战略规划的关系，把预算管理的统筹与配置资源从年度预算拓展到战略规划制定阶段，打造融合与协同的预算管理。二是创新预算管理方法。通过发挥管理会计在预算管理的刚性约束作用，制定科学的预算目标值，与企业经济效益指标紧密融合，利用信息化手段促进预算管理与其他经营管理的有效整合。三是借助信息技术，构建一体化财务管控体系，推进财务分析信息化，实现数据互联互通，促进财务转型升级，提升协同效益。具体从精细、协同、效率、创新等方面全面提升财务管理，改变模式，优化流程，适应发展需求，进一步提升财务工作的决策支持和价值创造的能力。

## 四、加强风险管理，实现风险管控专业化

一是发挥财务管理的监督作用，着力防范化解重大风险。具体充分揭示风险隐患，高度重视合同、法律及结算风险，密切关注债务风险和金融风险，加强境外投资风险管理和税务风险管理。二是监控高带息负债企业，强化债券发行及兑付月度监测，优化债券结构，严防债务违约风险。三是围绕资金安全管理要求，加快推进财务共享中心建设，提高资金管控水平与风险防范能力，持续优化内控体系建设、强化监督追责力度。

## 五、加强财务职能转化，推进高端财务人才建设

基于高质量发展的要求，重点优化企业财务管理，围绕“目标、风险、控制、路径”，有效提升财务管控能力，引导企业实现经营目标，做到全面预算、业务受控、核算集成、综合分析、风险预警，同时选择相应的财务策略，获得较好的投资回报率，为促进企业高质量发展提供重要支撑。

建立健全不同层级财会人员培养机制，注重培养财会骨干人才、领军人才，组织财务人员重点学习掌握证券、金融、财政、税务等知识，加强投融资人才队伍建设，转变财会人员管理观念，培养财务管理能力，提升财会专业水平，推进工作效率明显提高，助力企业提高运营效率，发挥支撑作用，进而推动企业高质量发展。

# 参 考 文 献


[1] 邓彭庆. 数字经济视角下企业财务管理优化升级路径研究 [J]. 中国商界，2024 (5)：206-207.

[2] 董梦言. 大数据时代企业财务管理信息化问题及对策研究 [J]. 商场现代化，2024 (11)：174-176.

[3] 段栩红. 数字化背景下建筑类国有 A 企业财务共享与管理研究 [D]. 太原：山西大学，2023.

[4] 傅峥裕. 企业财务风险管理研究 [D]. 广州：广东财经大学，2021.

[5] 郭新越. 信息技术投资对 HE 公司财务绩效的影响研究 [D]. 西安：西安理工大学，2023.

[6] 郭永超. A 企业财务风险预警模型构建与应用 [D]. 济南：山东建筑大学，2023.

[7] 韩明超. B 公司财务管理能力评价及提升的研究 [D]. 北京：北京化工大学，2023.

[8] 胡天钰. 企业财务会计基础工作的智能化转型研究 [D]. 北京：北京邮电大学，2023.

[9] 黄海平. 企业财务会计内控管理机制构建与优化分析 [J]. 投资与合作，2024 (5)：118-120.

[10] 黄琳琳. M 企业财务内控管理的研究 [D]. 武汉：武汉工程大学，2021.

[11] 冷双娣. 企业财务数字化转型的探究 [J]. 产业创新研究，2024 (10)：160-162.

[12] 李黎. Y 企业财务共享中心运营管理改进研究 [D]. 昆明：云南师范大学，2023.

[13] 李凌佳. 建筑施工企业管理会计与财务会计融合路径研究 [J]. 活力，2024，42 (9)：124-126.

[14] 李玉. X 企业财务共享中心风险管理研究 [D]. 长沙：中南林业科技大学，2020.

[15] 李正. 业财融合视角下企业财务管理模式研究 [D]. 北京：北京外国语大学，2022.

[16] 刘洁. “大智移云”下 T 企业财务共享服务的风险管理研究 [D]. 哈尔滨：哈尔滨商业大学，2022.

[17] 刘志晖. 企业财务管理面临的风险及控制防范措施 [J]. 现代企业，2024 (5)：9-11.

[18] 马慧敏. M建筑施工企业财务风险管理研究［D］. 成都：四川师范大学，2020.
[19] 亓春海. 财务共享下H公司财务管理模式转型研究［D］. 桂林：桂林电子科技大学，2023.
[20] 乔淑琮. 内控制度对企业财务风险管理的影响研究［J］. 活力，2024，42（9）：79-81.
[21] 邵进. 国有企业财务管理数字化转型的动因、路径及效果研究［D］. 北京：北京外国语大学，2022.
[22] 申利锋. 业财融合视角下G企业财务管理优化策略研究［D］. 邯郸：河北工程大学，2023.
[23] 帅雪梨. 中小企业财务管理存在的问题及对策［J］. 中国集体经济，2024（14）：161-164.
[24] 王欢. 碳管理视角下电力企业财务风险预警体系构建与应用研究［D］. 贵阳：贵州财经大学，2022.
[25] 韦冉. 财务共享下的企业财务风险管理研究［D］. 北京：北京交通大学，2020.
[26] 魏晓蓓. 互联网环境下企业财务共享管理模式应用与评价研究［D］. 南昌：江西财经大学，2019.
[27] 夏丽美. 基于内部控制的YN国有建筑企业财务风险管理探究［D］. 昆明：云南师范大学，2019.
[28] 肖飞菊. 大数据时代企业财务信息化建设探究［J］. 商场现代化，2024（9）：159-161.
[29] 熊兰. 会计信息化对企业财务管理的影响研究［J］. 中国乡镇企业会计，2024（5）：172-174.
[30] 闫春红. 小微企业财务管理模式研究［D］. 太原：山西大学，2019.
[31] 杨博. 财务共享模式的国企财务管理信息化建设［J］. 现代企业，2024（5）：180-182.
[32] 杨娟. 智慧财务建设背景下中小企业财务内控制度完善策略分析［J］. 中国集体经济，2024（14）：149-152.
[33] 杨俊鸿. 企业财务管理风险及相关措施分析［J］. 中国集体经济，2024（15）：157-160.
[34] 易佳. 财务共享服务平台下企业区域财务管理模式［J］. 现代企业，2024（5）：35-37.
[35] 于靖琦. 大数据时代下企业财务管理存在的问题及解决措施［J］. 投资与合作，2024（5）：103-105.
[36] 袁晔. N企业财务管理模式优化研究［D］. 咸阳：西北农林科技大学，2023.
[37] 袁泽宇. 企业财务会计内部控制管理研究［J］. 活力，2024，42（10）：73-75.
[38] 张二静. 关于财务数智化转型的有效路径［J］. 中国市场，2024（15）：131-134.
[39] 张浩浩. 企业财务管理业务与财务核算业务融合的思考［J］. 商场现代化，2024

(9):171-173.

[40] 张瑞锋. 基于价值创造的企业财务战略管理研究 [D]. 济南：山东大学，2019.

[41] 张小波，刘凯. 国有企业内控管理及企业财务风险防范措施研究 [J]. 中国市场，2024 (15):159-162.

[42] 张瑶瑶. 企业财务会计内部控制的优化策略 [J]. 中国集体经济，2024 (14):165-168.

[43] 张月如. D公司财务共享服务中心运营效果评价研究 [D]. 南宁：广西财经学院，2023.

[44] 张悦. 会计信息化对企业财务管理的影响及对策微探 [J]. 中国乡镇企业会计，2024 (5):178-180.

[45] 张紫薇. 轻资产模式下M互联网企业财务风险管理研究 [D]. 西安：西安石油大学，2023.

[46] 赵丹阳. 大数据时代电子商务企业财务风险管理研究 [D]. 北京：北京印刷学院，2019.

[47] 赵肖华. 基于业财融合的互联网企业财务风险管理研究 [D]. 邯郸：河北工程大学，2022.

[48] 赵亚静. 新时期会计审计优化企业财务管理路径 [J]. 活力，2024，42 (9):52-54.

[49] 郑子莹. 大数据背景下企业财务共享中心风险管理研究 [D]. 成都：西南财经大学，2021.

[50] 周天泽. M建筑企业财务风险管理研究 [D]. 咸阳：西北农林科技大学，2019.

[51] 周雅琛. 业财融合视角下G企业财务风险管理研究 [D]. 郑州：河南大学，2021.